毛泽东对新中国的历史贡献

（典藏版）

李 捷／著

社会科学文献出版社
SOCIAL SCIENCES ACADEMIC PRESS (CHINA)

目 录

卷首语
毛泽东与中国共产党的三件大事

毛泽东和中国共产党的历史，和 20 世纪中国人的历史，密不可分。从 20 世纪至今，中国历史上前所未有的翻天覆地的历史性巨变，就是由毛泽东开启的。中国人终于可以在世界上站立起来，结束受尽西方列强屈辱的历史，也是从毛泽东开始实现的。对于这样一位对国家、民族、人民做出巨大历史性贡献的民族英雄，中国人民和中华民族现在和将来都会永远铭记在心。而对那些试图给毛泽东抹黑，甚至是全盘否定毛泽东历史贡献的极少数别有用心的人，我们的回应只能是"尔曹身与名俱灭，不废江河万古流"。

自从毛泽东逝世以后，历史呈现出一个规律：每当中国共产党即将召开全国代表大会，为国家的改革开放和现代化建设的下一步改革发展做出重大决策的时候，总会有一些人出来鼓噪一番，企图在中国共产党指导思想的旗帜上拿掉马克思列宁主义和毛泽东思想。而这种企图总是不能实现。为什么呢？道理很简单，这不但不得人心，而且根本不可能给中国未来的发展指明方向和出路。相反，还会使中国发展误入歧途。

历史反复证明，毛泽东尽管犯过严重错误，包括"文化大革命"这样的极其严重的错误，但是他给中国人民带来的国家利益和民族利益是巨大的。毛泽东以其一生的奋斗，包括牺牲了六位家人，将自己的命运与国家和民族的命运紧紧地连在了一起，将自己的利益与国家的和民族的根本利益紧紧地连在了一起。这就是历史巨人、伟人与凡人、小人的根本区别。在这一点上，历史、现实、未来是相通的。否定了毛泽东，就会从根本上损害国家、民族、人民的根本利益。永远高举毛泽东思想的旗帜，才能更好地维护和发展国家、民族、人民的根本利益。

毛泽东为中国共产党的创建、中国人民解放军的创建、新中国的创建立下的丰功伟绩，为成功开辟社会主义革命道路和在社会主义建设中取得的独创性理论成果和巨大成就做出的杰出贡献，为新的历史时期开创中国特色社会主义提供的宝贵经验、理论准备、物质基础，永远彪炳史册。历史是人民写的，而不是站在人民对立面的少数人写的。公道自在人心。尽管各种"非毛化"的言论不绝于耳，各种造谣污蔑毛泽东的传言在流传，但是这些都不可能抹杀最基本的历史事实，也不可能撼动毛泽东的历史地位和丰功伟绩。

毛泽东的历史地位和伟大贡献，可以从以下五大坐标来审视。

第一，从马克思主义发展的坐标来审视。

毛泽东所处的时代，恰好是马克思列宁主义面临新挑战、新机遇的时代。在这以前，列宁适逢资本主义从自由竞争发展为垄断并且产生了金融寡头和产业托拉斯的时代，从当时的历史条件出发，解决了时代特征、主要矛盾以及如何实现无产阶级革命、建立社会主义国家政权，并在帝国主义国家四面包围之中如何建设社会主义等一系列重大的理论问题和实践问题，创立了列宁主义，使马克思主义从学说变为活生生的实践。

　　毛泽东所处的时代，帝国主义的殖民体系遭遇到前所未有的危机和反抗。一方面是帝国主义国家相互争夺殖民地、相互瓜分势力范围的斗争，最终引发了第二次世界大战；另一方面是广大殖民地半殖民地国家的新觉醒，孕育着反帝反封建的资产阶级民主革命。但是，由于时代变迁，这时殖民地半殖民地国家的解放运动，已不再必然地同资本主义发展前途相联系，而是成为世界无产阶级革命运动的同盟军。列宁看到了这一点，因而形成了由他执笔的共产国际《民族和殖民地问题提纲初稿》。① 毛泽东根据中国实际创立的新民主主义革命理论，成功地解决了在中国这样的半殖民地半封建社会中，如何紧紧依靠中国共产党的领导，将新民主主义革命纳入世界无产阶级革命体系，使中国反帝反封建的革命力量成为世界无产阶级革命的同盟军，最终取得新民主主义革命的彻底胜利，逐步走上社会主义发展道路。这一成功，为广大民族独立国家树立了榜样，也使马克思列宁主义有了在殖民地半殖民地国家的成功实践，并且形成了中国化的马克思列宁主义理论——毛泽东思想。

　　毛泽东的这一探索，并非一帆风顺，而是遭遇了党内把俄国十月革命经验和共产国际指示神圣化、把马克思列宁主义理

---

　　① 《列宁选集》第4卷，人民出版社，1995，第215页。

论教条化的阻碍。因而，毛泽东的探索过程，既是实事求是、依靠群众实践、独立自主地运用和发展马克思列宁主义的过程，也是从各种思想僵化和理论教条中解放出来的过程。正是在这一过程中，毛泽东不但以其一系列独创性的思想极大地丰富和发展了马克思列宁主义，而且极大地推动了对什么是马克思主义、怎样坚持和发展马克思主义的新认知。这突出地表现在三个方面。

一是对马克思主义理论关键在于运用、关键在于实践的思想。因为实践出真知。邓小平也说过，不干，半点马克思主义也没有。毛泽东在延安整风期间回答我们需要什么样的理论家时说过，我们"是要这样的理论家，他们能够依据马克思列宁主义的立场、观点和方法，正确地解释历史中和革命中所发生的实际问题，能够在中国的经济、政治、军事、文化种种问题上给予科学的解释，给予理论的说明"。①

二是马克思主义要同本国实际相结合的思想。毛泽东从1930年5月写作《反对本本主义》一文开始，就强调要独立自主地探索自己的道路，要把马克思主义同中国实际相结合。他在1956年中国进入社会主义社会以后又提出，最重要的是要独立思考，把马列主义的基本原理同中国革命和建设的具体实际相结合。民主革命时期，我们吃了大亏之后才成功地实现了这种结合，取得了新民主主义革命的胜利。现在是社会主义革命和建设时期，我们要进行第二次结合，找出在中国怎样建设社会主义的道路。这个思想不但影响了我们中国共产党人，

---

① 《毛泽东选集》第3卷，人民出版社，1991，第814页。

而且对世界社会主义运动都产生了很深的影响,特别是到了改革开放以后,更是产生了深远的影响。正如邓小平在1982年9月十二大开幕词中所说:"把马克思主义的普遍真理同我国的具体实际结合起来,走自己的道路,建设有中国特色的社会主义,这就是我们总结长期历史经验得出的基本结论。"①

三是实践是检验真理的唯一标准,一切理论都要接受实践的检验。毛泽东认为:"马克思主义的哲学辩证唯物论有两个最显著的特点:一个是它的阶级性,公然申明辩证唯物论是为无产阶级服务的;再一个是它的实践性,强调理论对于实践的依赖关系,理论的基础是实践,又转过来为实践服务。判定认识或理论之是否真理,不是依主观上觉得如何而定,而是依客观上社会实践的结果如何而定。真理的标准只能是社会的实践。实践的观点是辩证唯物论的认识论之第一的和基本的观点。"② 毛泽东还强调,要用发展的眼光对待马克思主义,马克思主义的论断也要放到实践中去接受检验。"客观现实世界的变化运动永远没有完结,人们在实践中对于真理的认识也就永远没有完结。马克思列宁主义并没有结束真理,而是在实践中不断地开辟认识真理的道路。"③

上述新认知,是毛泽东在中国革命的长期实践中反复得到的,由此形成了毛泽东思想的活的灵魂,也是中国特色社会主义理论体系的活的灵魂,这就是实事求是、群众路线、独立自

---

① 《邓小平文选》第3卷,人民出版社,1993,第3页。
② 《毛泽东选集》第1卷,人民出版社,1991,第284页。
③ 《毛泽东选集》第1卷,人民出版社,1991,第296页。

主。因此说，毛泽东是马克思主义中国化的伟大开辟者，也是中国共产党指导思想中三个活的灵魂的奠基人。

第二，从科学社会主义发展的坐标来审视。

毛泽东时代是科学社会主义在第二次世界大战前后发展极其重要的一环。在以下几个方面，毛泽东的探索都是前无古人的。

一是成功解决了一个东方农业国如何通过无产阶级政党对民主革命的领导避免资本主义前途而逐步走上社会主义道路的问题。在探索解决这个问题的时候，毛泽东是冒了巨大的政治风险的。首先遇到的就是中国革命的中心应该放在中心城市还是放在广大农村。毛泽东是在领导湘赣边界秋收起义失败以后，才走上了开辟农村包围城市、最终夺取全国政权的中国革命特殊道路的。接着就遇到了中国革命扎根在农村，建立党组织、建立红色政权、建立人民军队的主要成分是农民的问题。这就发生了一个尖锐的问题，是把党的水准降低到农民意识的水准上，还是使其以无产阶级思想克服农民意识从而提高到无产阶级先锋战士的水平之上，这便是我们通常所说的"思想建党"的实质。这件事，是经过从红四军七大前后到九大最终形成"古田会议决议"才得以实现的。正因为如此，毛泽东将这一决议案的最主要的部分命名为《关于纠正党内的错误思想》，由此形成了建党纲领和建军纲领。在长期的革命斗争中，毛泽东总结出武装斗争、统一战线、党的建设这克敌制胜的三大法宝，精心培育出理论联系实际、密切联系群众、批评和自我批评这三大优良作风，保证了中国革命的胜利。在解放战争期间革命与反革命两大营垒的决战时刻，毛泽东还总结提出新民主主义革命总路线、土地革命总路线，系统地提出新民主主义革命的政治纲领、经济纲领、文化纲领，为新中国的诞生绘制了完整的蓝图。

二是成功解决了一个经济文化落后的东方农业国如何通过社会主义工业化建设和社会主义改造同时并举而逐步确立社会主义基本制度的问题。在探索中国特色社会主义改造道路的时候，毛泽东面临着两大历史传统。一个传统是来自苏联的。苏联进入社会主义是采取"一举进入"的方式，对于工业是一举实现国有化，对于农业是一举实行土地国有化，消灭富农经济，普遍建立集体农庄。这种实践，对于新中国成立之初的中国共产党人影响极大。另一个传统是来自中国自身的。按照毛泽东的设想，在中国革命取得彻底胜利之后，在中国共产党的领导下，是完全有可能通过"不流血的革命"来实现在中国建立社会主义制度这一前所未有的社会大变革的。然而，在中国几千年的历史中，没有"不流血的革命"的先例。封建王朝的更替，要么是通过农民起义、农民战争来实现，要么是通过少数民族政权入主中原等暴力方式来实现。近代以来，就连极其温和的戊戌变法，也不能不以谭嗣同等血染刑场的方式而告失败。如今，中国的社会主义革命能不能以最低限度地避免社会震荡、避免社会生产力的破坏的方式取得成功？这对中国共产党来说，是一个重大考验。实际上，这也考验着中国共产党的执政能力。其结果是，这条道路最终走通了。正如毛泽东在1956年1月指出的："我们进行社会主义革命所用的方法是和平的方法。对于这种方法，过去在共产党内和共产党外，都有许多人表示怀疑。但是从去年夏季以来，由于农村中合作化运动的高潮和最近几个月以来城市中社会主义改造的高潮，他们的疑问已经大体解决了。在我国的条件下，用和平的方法，即用说服教育的方法，不但可以改变个体的所有制为社会主义的集体所有制，而且可以改变资本主义所有制为社会主义所有制。"①

三是对符合本国国情的社会主义建设道路进行了艰辛探索，其成功为最终开创中国特色社会主义道路提供了宝贵经验、理论准备、物质基础，其失误也为开创中国特色社会主义道路提供了重要的借鉴。毛泽东探索的社会主义建设道路，从本质上说，也就是社会主义现代化道路。在此之前，整个世界上的现代化道路无外乎两种类型。一种是西方资本主义国家的现代化道路，尽管就其具体内容也是千差万别，但总体来说是同一种类型。另一种是苏联社会主义现代化道路。苏联社会主义现代化道路取得了极大的成功，成为苏联打败德国法西斯的强大物质基础。但是，这条道路也有其严重的弊端，特别是以牺牲农业为代价，直接满足人民生活的轻工业生产也长期不得过关。可以说，苏联的社会主义现代化发展在很大程度上偏离了社会主义生产是为了最大限度地满足人民日益增长的物质文化需求这一根本目的。毛泽东看到了这些问题，因此着力探索一条适合中国国情的社会主义工业化、现代化发展道路。在1957年2月《关于正确处理人民内部矛盾的问题》中，专门有一部分是探讨"中国工业化的道路"的。毛泽东认为，在我国这样一个大农业国里，"发展工业必须和发展农业同时并

① 《毛泽东文集》第7卷，人民出版社，1999，第1~2页。

举，工业才有原料和市场，才有可能为建立强大的重工业积累较多的资金"。① 他还特别强调，"轻工业和农业有极密切的关系。没有农业，就没有轻工业。重工业要以农业为重要市场这一点，目前还没有使人们看得很清楚。……在第二个五年计划和第三个五年计划期间，如果我们的农业能够有更大的发展，使轻工业相应地有更多的发展，这对于整个国民经济会有好处。农业和轻工业发展了，重工业有了市场，有了资金，它就会更快地发展。这样，看起来工业化的速度似乎慢一些，但是实际上不会慢，或者反而可能快一些"。② 遗憾的是，后来的发展并没有完全按照这个思路来办，而是走了曲折艰难的道路。但是，就提出这一思想本身来说，已经是前无古人的。

与此同时，毛泽东在社会主义发展的理论创新上有三大突破。一是突破社会主义无矛盾、无冲突的思想框框，形成社会主义基本矛盾和人民内部矛盾的学说。二是突破社会主义建设必须以重、轻、农为序的思想框框，形成具有中国特点的以农、轻、重为序，充分发挥两个积极性，两条腿走路的社会主义现代化理论。三是突破社会主义阵营必须以苏联为中心的思想框框，形成独立自主地搞建设、独立自主地搞国防、独立自主地搞尖端技术、独立自主地搞外交、独立自主地进行道路探索的思想。

总之，毛泽东是推动科学社会主义在中国成功实践的第一人。

---

① 《毛泽东文集》第 7 卷，人民出版社，1999，第 241 页。
② 《毛泽东文集》第 7 卷，人民出版社，1999，第 241 页。

第三，从中华民族伟大复兴发展的坐标来审视。

毛泽东是近代以来中华民族最伟大的民族英雄，也是20世纪推动中国发生历史性巨大变化的三位伟人之一。

实现中华民族伟大复兴中国梦，是近代以来中华民族最伟大的理想和追求。为了实现这一理想，中华民族的无数仁人志士做出了一代又一代人的不懈努力和牺牲，也出现了站在时代前列推动中国发生历史性巨大变化的三位伟人。

孙中山先生是伟大的民族英雄、伟大的爱国主义者、中国民主革命的伟大先驱。孙中山先生站在时代前列，高扬反对封建专制统治的斗争旗帜，提出民族、民权、民生的三民主义政治纲领，率先发出"振兴中华"的呐喊，希望推动中华民族摆脱封建专制统治和外国列强侵略，推动中国跟上世界发展进步的步伐，跻身世界先进行列。他领导辛亥革命，推翻统治中国几千年的君主专制制度，开创了完全意义上的近代民族民主革命。辛亥革命推翻了清王朝的统治，结束了统治中国几千年的君主专制制度，传播了民主共和的理念，极大地推动了中华民族的思想解放，打开了中国进步潮流的闸门，以巨大的震撼力和深刻的影响力推动了近代中国的社会变革。

然而，由于历史进程和社会条件的制约，辛亥革命没有改变旧中国半殖民地半封建的社会性质，没有改变中国人民的悲惨境遇，没有完成实现民族独立、人民解放的历史任务。孙中山先生未竟的事业，由毛泽东继承下来，并且找到了实现中华民族伟大复兴的正确革命道路。

毛泽东是伟大的马克思主义者，是伟大的无产阶级革命家、战略家和理论家，同时也是极大地推动了中华民族伟大复兴历史进程、影响深远的民族英雄。中国共产党成立后，继承孙中山先生的遗志和事业，经过北伐、土地革命、抗日战争和解放战争，推翻了帝国主义、封建主义、官僚资本主义三座大山，取得了中华人民共和国的成立和社会主义制度的建立的巨大历史进步。为中华民族的伟大复兴开启了新纪元，谱写了新篇章。中国人民从此站起来了，并且从新民主主义走上社会主义道路，取得建设社会主义的巨大成就。这是中国从古未有的人民革命的大胜利，也是社会主义和民族解放的具有世界意义的大胜利。在这一过程中，毛泽东为我们党和中国人民解放军的创立和发展，为中国各族人民解放事业的胜利，为中华人民共和国的缔造和我国社会主义事业的发展，建立了永远不可磨灭的功勋。

当然，毛泽东在探索中国社会主义建设道路的过程中也出现过严重失误。一个是发动"大跃进"犯了超越社会发展阶段、违背经济发展规律的错误；另一个是发动"文化大革命"犯了阶级斗争严重扩大化、背离经济建设中心的错误。尽管毛泽东的动机是要更好更快地推进现代化建设，是要确保党和国家不改变颜色，但是由于主观严重脱离实际，结果事与愿违。彻底纠正毛泽东晚年错误、带领中国人民走上实现中华民族伟大复兴康庄大道的历史重任，就落在了邓小平肩上。

邓小平是全党、全军、全国各族人民公认的享有崇高威望的卓越领导人，伟大的马克思主义者，伟大的无产阶级革命家、政治家、军事家、外交家，久经考验的共产主义战士，中国社会主义改革开放和现代化建设的总设计师，邓小平理论的创立者。他在中华民族伟大复兴中占有十分重要的历史地位。

一方面，他亲自主持起草第二个历史决议，全面评价毛泽东的历史地位和毛泽东思想的指导作用，避免了中国重蹈苏联全盘否定自己历史的覆辙；另一方面，他又继续毛泽东开始的中国现代化道路的探索，开创了中国特色社会主义和改革开放事业。经过几代中央领导集体的接力发展，中国特色社会主义道路、理论体系、制度显示出蓬勃生机和活力，中国道路、中国经验、中国梦为全世界所瞩目。

第四，从中华文明发展的坐标来审视。

可以说，毛泽东是中华文明发展的集大成者，也是用马克思主义的立场观点方法系统整理中华文明的第一人，解决了中华文明发展在近代以来面临的困境问题，即既要实现中华文化的现代化，又要使中华文化的文化基因得以保留和传承。

自从 1840 年中国国门洞开，各种西方思潮接踵而至，中国传统思想武库又无法为中国变法图强或革命自强提供有力的思想武器之时，中国的有识之士就一直在苦苦寻找救国图存的思想。从学习西方的船坚炮利，到效法日本明治维新，再到辛亥革命创建资产阶级性质的共和国，一切救国方案都试过了，都没有成功。只有到俄国十月革命一声炮响，给我们送来了马克思列宁主义，中国的形势才为之一变。先是由"五四运动"给予封建腐朽文化以致命的打击，继而是中国共产党的诞生掀开了中国反帝反封建民主革命新篇章。以马克思主义为指导，以中国工人阶级的先锋队中国共产党为领导，以工农联盟为基础，联合一切反对帝国主义、封建主义、官僚资本主义的力量结成最广泛的革命统一战线，形成了中国革命史上最为彻底的新民主主义的革命浪潮。

在探索新民主主义革命道路的过程中，毛泽东同样创造性地开辟了一条在马克思主义指导下，批判地继承和弘扬中华优秀文化传统的成功之路，使得古老的中华文明在新时代焕发出新的活力，通过取其精华、去其糟粕获得了新生。这一点，康有为、梁启超没有实现，孙中山同样未能实现，新文化运动和五四运动的旗手们没有实现，只有毛泽东实现了。正如毛泽东所说："学习我们的历史遗产，用马克思主义的方法给以批判的总结，是我们学习的另一任务。我们这个民族有数千年的历史，有它的特点，有它的许多珍贵品。对于这些，我们还是小学生。今天的中国是历史的中国的一个发展；我们是马克思主义的历史主义者，我们不应当割断历史。从孔夫子到孙中山，我们应当给以总结，承继这一份珍贵的遗产。这对于指导当前的伟大的运动，是有重要的帮助的。"[1]

值得一提的是，毛泽东讲这番话的同时，提出了"马克思主义的中国化"这一千古命题。可见"承继这一份珍贵的遗产"在毛泽东的心目中居于何等重要的地位。

与此同时，毛泽东还以其独具一格的诗词艺术和书法艺术，将古老的诗词书法这种表现形式同丰富的时代内涵高度融合为一体，为世人树立了"古为今用""推陈出新"的典范。

第五，从世界文明发展的坐标来审视。

毛泽东的许多探索，具有广泛的国际性。他对中国革命和建设道路的探索，激励着广大民族独立和民族解放国家独立解放之后走自主发展道路，为第二次世界大战后世界多极化发展

---

[1] 《毛泽东选集》第2卷，人民出版社，1991，第533～534页。

趋势冲破美苏冷战格局的束缚和阻碍形成不可阻挡的大趋势做出了突出贡献。毛泽东身处于旧殖民体系解体、民族独立民族解放成为世界发展不可抗拒的潮流的时代。无论在革命时期还是在建设年代，毛泽东始终对亚非拉美国家和民族的独立与解放运动给予极大的同情和支持。在新中国国力十分有限的情况下，仍然对亚非拉美的穷朋友们伸出无私的援助之手，使得中国在广大发展中国家中享有极高的威望。正因为如此，当中国高举起反对美国帝国主义和苏联霸权主义的国际旗帜时，很快就在广大发展中国家中找到了战略支持，并且在它们的积极支持下促成中华人民共和国于 1971 年重新恢复了在联合国中的合法席位。不仅如此，中国从苏联为首的社会主义阵营中走出来，成为最大的发展中国家这件事，极大地改变了世界格局，有力地推动着当时围绕二百海里经济权和石油生产国的定价权开展的捍卫发展中国家经济权益的斗争，使得第二次世界大战后蓬勃发展起来的民族独立、人民解放斗争进一步发展为争取和捍卫经济发展权的斗争，促使整个世界朝着和平发展的方向进步。正是在这样孕育着深刻变动的国际背景下，毛泽东审时度势，提出了"三个世界"的战略思想，从而在世界上第一次出现以世界多极化的趋势为支撑、代表广大发展中国家利益的国际战略理论。这是毛泽东对当今和平与发展的时代主题所做的巨大贡献，与此同时，毛泽东对社会主义平等性的追求，尽管其中存在某些历史的局限，其积极意义不可低估，曾经对世界社会主义思潮产生了广泛的影响。毛泽东对社会主义平等性的追求，不但对于我们今天建设社会主义和谐社会，实现国家繁荣富强、人民共同富裕这两大奋斗目标有着积极作用，而且对整个世界思潮中赢得独立、捍卫主权、争取平等的理念广泛传播、深入人心起了极大的推动与示范作用。这就是为什么说毛泽东是为世界和平进步事业做出了巨大贡献、具有广泛国际影响的伟大人物。到现在为止，世界上为了构建一个更加平等、更加公正的世界政治经济新秩序的斗争远没有结束，毛泽东国际战略思想仍具有强大的生命力、影响力。这是我们中华民族的骄傲，也为中华民族赢得了国际信誉。

中共十八大报告指出："以毛泽东同志为核心的党的第一代中央领导集体带领全党全国各族人民完成了新民主主义革命，进行了社会主义改造，确立了社会主义基本制度，成功实现了中国历史上最深刻、最伟大的社会变革，为当代中国一切发展进步奠定了根本政治前提和制度基础。在探索过程中，虽然经历了严重曲折，但党在社会主义建设中取得的独创性理论成果和巨大成就，为新的历史时期开创中国特色社会主义提供了宝贵经验、理论准备、物质基础。"

这里面实际上概括了在毛泽东领导下，中国共产党带领全国各族人民完成和推进的三件大事。

第一件大事，在毛泽东领导下，中国共产党紧紧依靠人民完成了新民主主义革命，实现了民族独立、人民解放，建立了中华人民共和国。新中国的成立，使人民成为国家、社会和自己命运的主人，实现了中国从几千年封建专制制度向人民民主制度的伟大跨越，实现了中国高度统一和各民族空前团结，彻底结束了旧中国半殖民地半封建社会的历史，彻底结束了旧中国一盘散沙的局面，彻底废除了列强强加给中国的不平等条约和帝国主义在中国的一切特权。中国人从此站立起来了，中华民族发展进步从此开启了新的历史纪元。

第二件大事，在毛泽东领导下，中国共产党紧紧依靠人民完成了社会主义革命，确立了社会主义基本制度。我们创造性地实现由新民主主义到社会主义的转变，使占世界人口1/4的东方大国进入社会主义社会，实现了中国历史上最广泛、最深刻的社会变革，为当代中国一切发展进步奠定了根本政治前提和制度基础。

第三件大事，在毛泽东领导下，中国共产党紧紧依靠人民进行社会主义建设和适合中国国情的社会主义道路的探索。经过20多年的建设，自力更生，艰苦奋斗，建立起独立的比较完整的工业体系和国民经济体系，积累了在中国这样一个社会生产力水平十分落后的东方大国进行社会主义建设的重要经验。在探索过程中，虽然经历了严重曲折，但党在社会主义建设中取得的独创性理论成果和巨大成就，为新的历史时期开创中国特色社会主义提供了宝贵经验、理论准备、物质基础。

这三件大事，从根本上改变了中国人民和中华民族的前途命运，不可逆转地结束了近代以后中国内忧外患、积贫积弱的悲惨命运，不可逆转地开启了中华民族不断发展壮大、走向伟大复兴的历史进军。这在中华民族伟大复兴的历史上占有非常重要的承上启下的地位，必将彪炳史册。

本书就循着上述这三件大事的历史顺序，集中探讨毛泽东对新中国的历史贡献。

第一章

创建中华人民共和国

　　创建中华人民共和国，是毛泽东和中国共产党人为中华民族伟大复兴立下的汗马功劳。从此，为在社会主义条件下实现现代化，实现中华民族伟大复兴中国梦扫清了障碍，铺平了道路。

　　创建中华人民共和国，是在 20 世纪初叶孙中山先生领导辛亥革命推翻了存在上千年的封建帝制的基础上实现的。为此，中国人民在黑暗中探索了很长时间。只有到俄国十月革命一声炮响给中国带来了马克思列宁主义，只有到毛泽东走上中共中央领导岗位给中国革命指明了正确航程，中国的命运、中华民族的命运才为之一变。

　　20 世纪初叶，辛亥革命的成功，打开了通向现代社会的大门。中国社会当时面临两大选择：是走资本主义的发展道路，还是走社会主义的发展道路。历史证明，资本主义道路在中国行不通。历史同样证明，毕其功于一役，一步进入社会主义，在中国同样行不通。要最终走上社会主义的发展道路，必须在中国革命道路上另辟蹊径。这是经过反复探索才得到的结论。

孙中山是中国民主革命的伟大先行者，是"站在正面指导时代潮流的伟大历史人物"。① 他选择的是资本主义发展道路。但是，他无力改变近代中国半殖民地半封建的社会面貌，未能把中国带向现代社会。这使他陷入了痛苦和矛盾之中。

孙中山毕竟是一位伟大的探索者。他在晚年提出了"联俄、联共、扶助农工"三大政策，这对于中国民族资产阶级来说，无疑是一次新生。孙中山的新三民主义，实际上触及了中国民主革命的一些关键问题，如资本主义同社会主义的关系、民族资产阶级同无产阶级的关系、民主革命纲领同农民革命的关系，等等。孙中山无力解决这些问题，但却为后人提供了重要的思想借鉴。同时，他为克服资本主义发展道路上的种种矛盾，开始寻求实行含有某些社会主义因素的社会政策来调解矛盾，这也反映出一个事实：中国不能走西方的老路，只能走自己的新路。

中国共产党从诞生之日起，就把社会主义作为解决近代中国社会基本矛盾的唯一途径。但是在一段时间里，还搞不清社会主义革命同民主革命的关系，不知道在实行社会主义革命之前，首先要完成民主革命的任务。直到中共"二大""三大"提出了反帝反封建的民主革命纲领，做出了实行第一次国共合作的决定，才在理论上、实践上解决了最高纲领和现阶段纲领的关系问题。中国民主革命从此进入了国共合作的反帝反封建革命的新阶段。

---

① 《毛泽东文集》第7卷，人民出版社，1999，第157页。

中国共产党提出反帝反封建的民主革命纲领，是对辛亥革命经验教训的科学总结，也是马克思主义同中国实际相结合的第一个历史性进步。和前人相比，它第一次解决了中国民主革命的对象问题，确定了中国民主革命的反帝反封建性质，并把反帝和反封建紧密地联系起来；它第一次提出了中国民主革命要采取全新的方法，即发动和依靠群众的方法。

这时的中国共产党毕竟还处在幼年，它初步分清了社会主义革命和民主革命的界限，但却分不清新旧民主主义革命的界限，不懂得要在民主革命中争取和坚持无产阶级的领导权，更不懂得要创建自己独立的武装力量。由此出现了以陈独秀为代表的右倾投降主义。

就中国共产党自身的主观认识而言，大革命的失败还有一个重要因素，就是照搬了俄国二月革命到十月革命的模式。当时以为，在社会主义革命到来之前，在资产阶级性质的民主革命中，无产阶级及其政党的中心任务是联合和帮助资产阶级及其政党首先取得民主革命胜利，这时的争夺领导权问题，更重要的是要保证无产阶级及其政党向下一步的社会主义革命过渡的控制权，以及对工农运动的领导权，确保工农运动免遭资产阶级镇压，而不是把资产阶级在工农运动高潮中吓得退出革命联盟。只有在资产阶级及其政党取得民主革命胜利之后，革命的性质开始向无产阶级社会主义革命转变，无产阶级及其政党才可能独立地担负起领导社会主义革命取得胜利的重任。这便是后来被称之为"二次革命论"的指导思想。这里面的关键，是不懂得要从实际出发，而不是从前人的经验出发，也不能从马克思列宁主义的具体论断出发。中国民族资产阶级是一个革命的软弱性和两面性极强的阶级，中国的大资产阶级更是一个买办性和封建性很强的阶级，它们都不可能将中国民主革命引向彻底胜利。不但如此，它们还会在革命力量对比发生变化的关键时刻背叛这场革命而拔刀相向。这就是大革命最为沉痛也最为深刻的教训。毛泽东后来形成的关于统一战线的理论，就是从深刻总结和吸取大革命的经验教训中、从认清中国两部分资产阶级的特性中产生的。

大革命的失败，不是民主革命的终结，而是中国共产党人新的探索的开始。中国半殖民地半封建的性质没有改变，中国民主革命的任务没有完成，但是中国的政治状况却有了很大改变。国民政府从民族资产阶级、小资产阶级、工人阶级、农民阶级的联合政权，演变为官僚资产阶级、大地主阶级的专制政权。民族资产阶级和上层小资产阶级一度退出了革命统一战线，成为蒋介石南京国民政府的追随者。但是，中国资产阶级性质的反帝反封建的民主革命远没有完成，在当时能够担负起这场革命的力量，只剩下工人阶级和农民阶级这两大阶级。这就是毛泽东等人探索中国革命道路时中国的现实阶级状况。

历史现象是复杂的。大革命失败之后，中国民主革命远未完成，革命阶级只剩下工人阶级和农民阶级，对于这种独特的现象，谁也没有遇到过，也没有现成的书本论断可以遵循。对于这种现象，可以作两种解读。一种是教条主义的，那就会认为这时的革命已进入社会主义革命，至少也是从民主革命向社会主义革命的过渡时期。如果不进行实事求是的科学分析，就会得出混淆社会主义革命和民主革命界限的"无间断革命"的错误主张。大革命失败后一段时期的"左"倾盲动，其中一个原因就是误判了革命的性质。另一种是从实际出发的解读，这就是中国还处于民主革命阶段。这是中共六大决议正确分析得出的结论，也是在有了"左"倾盲动招致失败的教训后反思的结果。中共六大政治议决案正确地指出："中国革命现在阶段的性质是资产阶级性的民权主义革命，如认为中国革命目前阶段为已转变到社会主义性质的革命，这是错误的，同样，认为中国现时革命为'无间断革命'也是不对的。"①

在正确判断中国革命所处阶段及其性质以后，并不等于解决了问题的全部。大革命失败以后，民族资产阶级和上层小资产阶级一度退出了革命统一战线，成为蒋介石南京国民政府的追随者，革命营垒里只剩下工人阶级和农民阶级在广大乡村苦斗。但是，这是否就是中国民主革命的常态，还是说将来民族资产阶级和上层小资产阶级，甚至一部分大资产阶级还有重新加入革命营垒的可能。这个问题，同样是中国革命至关重要的问题，而中共六大由于缺少这方面的实践，未能解决这个问题。一方面，中共"六大"正确地解决了"中国革命现在阶段的性质是资产阶级性的民权主义革命"的问题，并批评了"无间断革命"的主张；另一方面，却认为"中国现时资产阶级性的民权革命必须反对民族资产阶级方能胜利，革命动力只是工农"，"民族资产阶级是阻碍革命胜利的最危险的敌人之一"。② 在这种情况下，党仍然不可能有效地阻止三次"左"

---

① 《建党以来重要文献选编》第 5 册，中央文献出版社，2011，第377 页。

② 《建党以来重要文献选编》第 5 册，中央文献出版社，2011，第378 页。

倾冒险主义错误的发生。这是中共六大的一个历史局限。

毛泽东是从大革命失败后血与火的考验中冲杀出来的中国革命领袖，是在破解前无古人的难题、闯过似乎是不可逾越的难关中诞生的中国革命领袖。历史呼唤和锤炼着伟大的人物，这样的伟大人物也应运而生。

在毛泽东领导下，中国共产党在不同的历史时期，抓住了不同的历史机遇，成功地闯过了五大关口。一是闯过道路关，开辟中国革命道路；二是闯过战争关，形成武装斗争这一法宝；三是闯过国共二次合作关，形成统一战线这一法宝；四是闯过思想建党、作风立党关，形成党的建设这一法宝；五是闯过夺取全国胜利关，创建中华人民共和国。

以下我们就循着这一轨迹，看看毛泽东是如何抓住机遇，闯过这一道道关口的。

一　闯过道路关，开辟中国革命道路

大革命失败后，中国共产党在国民党的白色恐怖下，面临着严重的生存问题。毛泽东抓住军阀割据创造的历史机遇，成功地解决了这个问题，并且开辟出中国革命道路。

大革命失败后，全党都在思考和探索中国革命的道路问题，也出现了一时的迷茫。大革命失败后，按照历史的惯性，我们党内的大多数人马上想到的是要武装反对国民党反动派。这样就从大革命的惨痛教训之中，有了两大认识上的进步。一是意识到中国革命靠国民党已经不行了，国民党已经从原来中国共产党昔日的盟友变成了敌人，在大规模地屠杀共产党人。

二是经过大革命失败的教训，全党已经深刻地认识到掌握独立武装、进行武装斗争的极端重要性。国民党调转原来共同面对北洋军阀的枪口在杀共产党人，而且是"宁可错杀一千，不可放过一个"，共产党也绝不能坐以待毙。在这两点上，全党上下的认识都是一致的。所以中共中央"八七会议"做出了实行土地革命、武装反抗国民党反动派的正确决定。但是当时绝大多数人仍然认为需要走俄国十月革命从中心城市进行暴动的道路。

1927 年 8 月 1 日，爆发了中国共产党独立领导的八一南昌起义。八一南昌起义的意义，在于打响武装反抗国民党反动派的第一枪，走上了独立自主地创造人民军队的道路，但走的仍然是中心城市起义的道路，忽视了在农村建立革命根据地，并且在指导思想上存在依靠外援的倾向。当年领导南昌起义的周恩来回忆说："我觉得它的主要错误是没有采取就地革命的方针，起义后不应把军队拉走，即使要走，也不应走得太远。当时如果就地进行土地革命，是可以把武汉被解散的军校学生和两湖起义尚存的一部分农民集合起来的，是可以更大地发展自己的力量的。但南昌起义后不是在当地进行土地革命，而是远走汕头；不是就地慢慢发展，而是单纯的军事进攻和到海港去，希望得到苏联的军火接济。假使就地革命，不一定能保住南昌，但湘、鄂、赣三省的形势就会不同，并且能同毛泽东同志领导的秋收起义部队会合。"[①]

1927 年 8 月 7 日，中共中央在汉口秘密召开紧急会议，

① 《周恩来选集》上卷，人民出版社，1980，第 173 页。

这就是著名的"八七会议"。会议纠正了陈独秀右倾投降主义，确定实行土地革命和武装反抗国民党反动派屠杀政策的总方针，决定在湘、鄂、粤、赣四省发动秋收暴动。毛泽东在发言中不无痛惜地谈到大革命失败的教训，指出："从前我们骂（孙）中山专做军事运动，我们则恰恰相反，不做军事运动专做民众运动。蒋（介石）、唐（生智）都是拿枪杆子起的，我们独不管。现在虽已注意，但仍无坚决的概念。比如秋收暴动非军事不可，此次会议应重视此问题，新政治局的常委要更加坚强起来注意此问题。湖南这次失败，可说完全由于书生主观的错误，以后要非常注意军事。须知政权是由枪杆子中取得的。"① 发言中提到的"新政治局"，就是这次会议选出来的以瞿秋白为首的中央临时政治局，以替代陈独秀的领导，毛泽东在会上被选为政治局候补委员。

这时，毛泽东做出了一个影响其终生也影响中国革命的重大决定。"八七会议"后，中央临时政治局分工之前，瞿秋白征求毛泽东去上海中央机关工作的意见。毛泽东表示，不愿去大城市住高楼大厦，愿到农村去，上山结交绿林朋友。瞿秋白之所以要毛泽东去上海，是因为他一向敬重毛泽东的胆识和才能。毛泽东在大革命失败前夕写的《湖南农民运动考察报告》出版单行本时，瞿秋白专门为之作序，还将毛泽东和彭湃并称作"农民运动的王"。毛泽东深知瞿秋白的表示是对他的信任，但他要到农村干一番大事业的决心已定。会后，毛泽东便义无反顾地踏上了组织发动湘赣边界秋收起义的征程。

---

① 《毛泽东文集》第 1 卷，人民出版社，1993，第 47 页。

"八七会议"还有一件很有意思的事情，这就是会议记录是由邓小平做的。由此才把毛泽东第一次提出的"须知政权是由枪杆子中取得的"著名论断如实地保存下来。当时，邓小平被迫离开冯玉祥的部队后，在中共中央机关担任秘书。主要工作是管理文件、交通、机要等事务，为中央的会议做记录，参与起草文件。

"实践出真知"，谁也不是算命先生。毛泽东要在农村干一番事业的决心已定，但他在领导湘赣边界秋收起义之初，也没有意识到要自觉地到农村去创建像井冈山这样的革命根据地。当时湖南省委下的命令是要参加秋收起义的部队会攻省会长沙，实际上还是搞以城市为中心的革命暴动。毛泽东是奉命去前方执行这个命令的。

9月9日，既是毛泽东这位伟人逝世的日子（1976年），也是这位伟人的伟大事业有了新起点的日子。这就是1927年9月9日，毛泽东领导发动湘赣边界秋收起义。在此前后，他写了一首词《西江月·秋收起义》："军叫工农革命，旗号镰刀斧头。匡庐一带不停留，要向潇湘直进。""地主重重压迫，农民个个同仇。秋收时节暮云愁，霹雳一声暴动。"

然而，湘赣边界秋收起义很快就失败了。十天之后，9月19日晚，毛泽东在湖南浏阳县的里仁学校主持召开前敌委员会会议，讨论起义失败后工农革命军的行动方向问题。这次会上争论得很激烈，多数人认为要继续执行湖南省委的决定，先取浏阳，再攻长沙。经过一夜的讨论，毛泽东终于说服了大家，决定直面敌强我弱的现实，放弃攻打长沙的计划，转向敌人统治力量薄弱的农村、山区，寻求落脚点，以保存实力，再图发展。这次转兵，奠定了毛泽东开辟中国农村第一个革命根据地——井冈山根据地的起点。这时，毛泽东领导的湘赣边界秋收起义部队已由 5000 余人锐减到 1500 余人。

从表面看，湘赣边界秋收起义失败了，但是由此开始了从农村走向城市、走向全国胜利的新探索，产生了中国革命的特殊道路。这条道路不是以中心城市暴动为起点，而是以农村作为长期革命斗争的根据地和中心，经过长期积累和力量对比由量到质的转变，最后夺取全国胜利。毛泽东的伟大过人之处，就在这里。他能从失败中找到通向胜利的道路，他能从当前发生的具体事件中察觉历史发展的必然规律，他能将自己的认识转化为整个革命集体自觉的行动。

由此可见，毛泽东的过人之处，不是什么先知先觉，而在于他能够在事物的运动中意识到原来的路走不通，要走一条新路。当时全党同样都在实践之中，而他能够比其他人更早地发现问题，做出正确的判断，找出新的出路。我们判断形势，碰到一种迷惘之后，同样也需要这样一种精神。但是千万不要把它理想化，不要以为一个事情一出现，我们就可以精确地计算到将来会如何。我们的要求是，经过一段时间的实践，力争比较早地做出科学的判断，做出正确的判断，把工作中的盲目性减少到最小。这就是毛泽东给我们的启示。

只要我们走近毛泽东领导发动湘赣边界秋收起义到进军位于湘赣边界的罗霄山脉中段，最后在井冈山建立农村革命根据地的这段历史，就会发现一个重要的历史现象。历史发展，并不是有一个主观的或者说有一个先入为主的东西预先设定在那里，一切都遵此进行，似乎这就是历史发展规律。事实上没有这样的先验之道，历史的必然性也不是这样来体现的。历史的必然性，体现在一个个表面看来是偶发性的实践之中，体现在一个个表面看来是毫无关联的孤立事件之中。从毛泽东在领导发动湘赣边界秋收起义当中的浏阳、铜鼓脱险，到秋收起义部队没有如期会合而变成三路分头行动，再到起义前夕收编的黔军邱国轩团突然叛变并从背后袭击，以及攻打萍乡失利，攻打醴陵克而复失，攻打浏阳陷入重围损失惨重，等等，这些事件常人遇到，肯定是要横下誓死一搏、拼死一战的决心。当时许许多多、大大小小的起义都经历了如此惨烈的历程，只保留下一些弱小的革命火种。这种精神，令人仰止。这种抉择，无可厚非。但在毛泽东看来，一切都要从最基本的事实出发，而不是从概念和推理出发，更不能仅凭一时冲动和勇敢精神。他首先想到的是保存革命力量，想到的是向统治力量薄弱的广大山区退却，想到的是革命力量要在农村扎根，建立巩固的革命根据地，才能进可攻、退可守。而这些基本点，恰恰是中国革命特殊规律的反映。这些规律，在一年之后，也就是1928年10月写成的《中国红色政权为什么能够存在？》一文中，得到初步的然而又是深刻的总结。

这篇文章是毛泽东为中共湘赣边界第二次代表大会写的决议的一部分。也就是说，他写这篇文章的直接目的，是为了统一参与领导井冈山斗争的党员干部思想。毛泽东在这篇文章中，首先把开辟井冈山革命根据地并能坚持下来这件事，放大到全国乃至世界来看待，也就是沿着由具体到抽象、由井冈山斗争的特殊到全国革命的一般再到世界革命的特殊这样的思想路径来展开的。他指出："一国之内，在四围白色政权的包围中，有一小块或若干小块红色政权的区域长期地存在，这是世界各国从来没有的事。这种奇事的发生，有其独特的原因。而其存在和发展，亦必有相当的条件。"① 这就是这篇文章的标题所提出的问题，"中国红色政权为什么能够存在"。这个问题，实际上是"八七会议"所提问题的继续，也是八一南昌起义等一系列起义所提问题的继续。

凡事都需要既问其所然，又问其所以然。当时，井冈山斗争已经度过了最为艰难的时期，生存问题基本得到解决，并形成了一套较为成功的经验。在"八七会议"以后举行的大大小小的各地起义中，也有一批农村革命根据地生存了下来，先后形成了湘鄂西、海陆丰、鄂豫皖、琼崖、闽浙赣等根据地。但是，如何继续发展，朝哪个方向发展，农村革命根据地在中国革命中处于什么样的地位，这些问题在1928年6月召开的中共六大上，都未能给予理论和实践上的解决。由此，毛泽东从井冈山斗争的实际出发，提出了"中国红色政权为什么能够存在"。这个问题，本该是党中央来回答的，而毛泽东深知实践出真知的道理，向这一在当时最为紧迫也最为尖端的重大理论和现实问题提出了挑战。毛泽东从一开始，就显露出具有胸怀党和中国革命全局、立足于实践最前沿、进行前瞻性理论思维能力的卓越才能。

毛泽东是怎样回答"中国红色政权为什么能够存在"这个问题的呢？首先，他分析了"有一小块或若干小块红色政权的区域长期地存在"同帝国主义间接统治、划分势力范围

---

① 《毛泽东选集》第1卷，人民出版社，1991，第48～49页。

的关联，同与地方的农业经济（不是统一的资本主义经济）相适应的新旧军阀割据的关联，以及由这两种特殊现象导致的另一种现象的出现，即白色政权之间的战争，这是当时半殖民地中国的特征之一。由此，毛泽东指出："因为有了白色政权间的长期的分裂和战争，便给了一种条件，使一小块或若干小块的共产党领导的红色区域，能够在四围白色政权包围的中间发生和坚持下来。"① 他还指出："有些同志在困难和危急的时候，往往怀疑这样的红色政权的存在，而发生悲观的情绪。这是没有找出这种红色政权所以发生和存在的正确的解释的缘故。我们只须知道中国白色政权的分裂和战争是继续不断的，则红色政权的发生、存在并且日益发展，便是无疑的了。"② 在这种分析之中，可以看到毛泽东分析问题有一种特殊的本领，那就是从各种表现之中抓住最具代表性的若干联系，并透过这种联系找到最具有决定意义的现象，亦即本质特征（作为半殖民地中国特征之一的白色政权之间的战争），从而找到了"中国红色政权为什么能够存在"的外部决定性因素。

接着，毛泽东分析了"中国红色政权为什么能够存在"的革命因素。这里面同样存在一种独特的但又是反复出现的现象："中国红色政权首先发生和能够长期地存在的地方，不是那种并未经过民主革命影响的地方，例如四川、贵州、云南及北方各省，而是在一九二六和一九二七两年资产阶级民主革命过程中工农兵士群众曾经大大地起来过的地方，例如湖南、广

---

① 《毛泽东选集》第 1 卷，人民出版社，1991，第 49 页。
② 《毛泽东选集》第 1 卷，人民出版社，1991，第 49 页。

东、湖北、江西等省。"① "至于此刻的红军，也是由经过民主的政治训练和接受过工农群众影响的国民革命军中分化出来的。那些毫未经过民主的政治训练、毫未接受过工农影响的军队，例如阎锡山、张作霖的军队，此时便决然不能分化出可以造成红军的成分来。"② 这时，毛泽东又将视野从世界、全国移到了当年大革命时期的红色区域，将当年的红色区域同白色区域作了比较。就像前面所说的那样，善于在偶发性事件中寻找反复出现的概率，并且善于从反复出现的现象中寻找规律，这是毛泽东的超常之处。

随后，毛泽东又把"有一小块或若干小块红色政权的区域长期地存在"同全国革命形势联系起来考察。如果说前面两点分析侧重于解答农村革命根据地如何继续发展的话，那么，这时的分析更侧重于解答朝着什么方向发展的问题。毛泽东指出："小地方民众政权之能否长期地存在，则决定于全国革命形势是否向前发展这一个条件。全国革命形势是向前发展的，则小块红色区域的长期存在，不但没有疑义，而且必然地要作为取得全国政权的许多力量中间的一个力量。全国革命形势若不是继续地向前发展，而有一个比较长期的停顿，则小块红色区域的长期存在是不可能的。现在中国革命形势是跟着国内买办豪绅阶级和国际资产阶级的继续的分裂和战争，而继续地向前发展的。所以，不但小块红色区域的长期存在没有疑

---

① 《毛泽东选集》第 1 卷，人民出版社，1991，第 49 页。
② 《毛泽东选集》第 1 卷，人民出版社，1991，第 50 页。

义，而且这些红色区域将继续发展，日渐接近于全国政权的取得。"① 这里，毛泽东不仅把红色区域的存在和发展同全国革命形势相联系，而且把它同"日渐接近于全国政权的取得"联系起来。文章是作者心境、心态的流露和写照，从中可以看到一个志存高远、充满自信的毛泽东。写这篇文章的时候，毛泽东不过 35 岁，正是干一番大事业的时候。

读了这篇文章，怎么能够想象这是在穷乡僻壤的环境中写出来的呢！但这就是事实！由此可以强烈地领悟到理论的力量，思想的力量。全党同样都在实践，也有一批党内有影响的领导人分散在各地坚持农村革命根据地的斗争，但能够在大革命失败后短短一年之内，就对中国革命的特殊规律有如此深刻而理性认识的，唯有毛泽东！

当然，认识不可能一次完成，正确而完备系统的认识更是如此。但是，《中国红色政权为什么能够存在？》成为毛泽东开创形成中国革命道路的理论起点，是客观事实。

这以后，毛泽东关于中国革命道路的理论不断发展完备。写于 1928 年 11 月的《井冈山的斗争》，系统论述了工农武装割据的思想。写于 1930 年 1 月的《星星之火，可以燎原》，系统论述了红军、游击队和红色区域的建立和发展是半殖民地中国在无产阶级领导下的农民斗争的最高形式，论述了中国革命在农村点燃的星星之火迟早会成为迎接全国革命高潮的燎原之势的历史必然，批驳了"红旗到底打得多久"的悲观情绪。文章中特别指出："红军、游击队和红色区域的建立

① 《毛泽东选集》第 1 卷，人民出版社，1991，第 50 页。

和发展，是半殖民地中国在无产阶级领导之下的农民斗争的最高形式，和半殖民地农民斗争发展的必然结果；并且无疑义地是促进全国革命高潮的最重要因素。"① 这时，毛泽东不但有了井冈山斗争的丰富经验，而且有了进军赣南闽西，开辟中央苏区的初步经验。实践是理论总结的基础和前提。毛泽东在《星星之火，可以燎原》一文中，总结了两年多的革命实践经验，发展了"工农武装割据"的思想，基本上形成了农村包围城市、武装夺取政权的理论。这一理论的提出，不仅进一步回答了农村革命根据地如何继续发展、朝哪个方向发展的问题，而且明确回答了农村革命根据地在中国革命中处于什么样的地位的问题。

尽管这时毛泽东还不处于中共中央的领导岗位，而且中共中央依然还在上海大城市之中，毛泽东开辟和代表的这条道路后来还不断遭到质疑和非议，但是，中国革命道路的问世，已成为客观事实。不但蒋介石逐渐把围剿的重心转移到了中央苏区，而且中共中央机关在上海遭到严重破坏以后，也不得不把重心向中央苏区转移。这些事件的发生绝非偶然，它昭示着只有毛泽东开辟的中国革命道路才能把中国引向民族独立、人民解放的光明未来。

周恩来作为主要当事人和见证人曾经在 1944 年 3 月《关于党的"六大"的研究》报告中这样回顾这段毛泽东探索中国革命道路的历程：

---

① 《毛泽东选集》第 1 卷，人民出版社，1991，第 98 页。

　　毛泽东同志对这个问题的认识也是有其发展过程的。大革命前，有一次恽代英同志看到陶行知他们搞乡村工作，写信给毛泽东同志。毛泽东同志回信说：我们现在做城市工人工作还忙不过来，那有空去做乡村工作。一九二五年他回家养病，在湖南作了一些农村调查，才开始注意农民问题。在"六大"那时候，关于要重视乡村工作、在农村里搞武装割据的重要与可能等问题，毛泽东同志是认识到了的，而"六大"则没有认识。但是，关于把工作中心放在乡村，共产党代表无产阶级来领导农民游击战争，我认为当时毛泽东同志也还没有这些思想，他也还是认为要以城市工作为中心的。开始他还主张在闽浙赣边创造苏区来影响城市工作，配合城市工作，到给林彪的信中才明确指出要创造红色区域，实行武装割据，认为这是促进全国革命高潮的最重要因素，也就是要以乡村为中心。所以，毛泽东同志的思想是发展的。[①]

　　就是这样，毛泽东将开辟和发展井冈山革命根据地的斗争经验上升到中国革命的基本规律来认识，就是要利用大大小小的军阀之间的矛盾，在敌人统治薄弱的地方求生存、求发展。这些小块的根据地不断扩展，最后汇成革命的洪流，就能够造就迎接革命高潮的中坚力量。

[①] 《周恩来选集》上卷，人民出版社，1980，第179页。

二　闯过战争关，形成武装斗争法宝

道路问题初步解决之后，历史又提出了打大规模歼灭战的问题。毛泽东抓住蒋介石接连发动三次大规模"围剿"创造的历史机遇，成功地解决了这个问题，并且创造出人民军队独特的战略战术。

道路问题至关紧要，但并非是中国革命问题的全部。道路的中心问题，就当时来说，是农村革命根据地能否巩固、能否扩大、能否战胜周围敌人的反复"围剿"。这就取决于能否建设一支能打胜仗的忠于党、忠于人民的新型人民军队。所以，后来毛泽东总结说："没有一个人民的军队，便没有人民的一切。"①

要进行武装斗争，就必须建立起一支新型人民军队。在这以前，中国历史上出现的只有旧式军队，士兵对官长、下级对上级实际上是封建依附关系，军队往往是军阀拥兵自重的资本和工具。它们的军饷和军费，一半来自各级政府，一半来自对人民的劫掠。大革命失败后，通过各地起义参加革命营垒的军队尽管已经脱离了反动阵营，但是仍然在很大程度上保留着旧式军队的习惯势力，如不彻底改造，不但不能担负中国革命的重任，而且在关键时刻还会出现反水叛变的行为，给革命带来极大损失。

毛泽东自带领起义部队进军井冈山的途中，就在探索如何

---

① 《毛泽东选集》第3卷，人民出版社，1991，第1074页。

建立一支人民军队的问题。1927 年 9 月底，在江西永新县三湾村，毛泽东领导进行"三湾改编"，把党的支部建在连上，从此奠定了高度重视党的基层组织工作的传统。随即，在宁冈县古城宣布革命军最早的行军纪律：说话要和气，买卖要公平，不拿群众一个红薯。① 在正式上井冈山之前，又宣布了工农革命军的三项纪律：行动听指挥；不拿群众一个红薯；打土豪要归公。② 在井冈山上，通过对袁文才、王佐部队的改编，积累了对旧式农军进行改造的成功经验。1928 年 1 月，在下山扩大革命形势时，又宣布打仗消灭敌人、打土豪筹款子和做群众工作三项任务。③ 不久，根据部队第一次下乡的经验与教训，宣布工农革命军最早的"六项注意"：还门板；捆铺草；说话和气；买卖公平；不拉伕，请来伕子要给钱；不打人，不骂人。还要求部队每到一地，都要检查"六项注意"的执行情况。④ 这些举措，使得刚刚建立和巩固起来的工农革命军逐渐地同旧式军队有了本质的区别。

　　1928 年 4 月朱德和毛泽东在井冈山会师后，一方面革命力量有了壮大，另一方面旧式军队的习惯远不能适应建立新型人民军队的客观要求的矛盾也日渐积累。到了 1929 年红四军

---

①　逄先知主编《毛泽东年谱（1893～1949）》上卷，人民出版社、中央文献出版社，1993，第 222 页。

②　逄先知主编《毛泽东年谱（1893～1949）》上卷，人民出版社、中央文献出版社，1993，第 225 页。

③　逄先知主编《毛泽东年谱（1893～1949）》上卷，人民出版社、中央文献出版社，1993，第 230 页。

④　逄先知主编《毛泽东年谱（1893～1949）》上卷，人民出版社、中央文献出版社，1993，第 233 页。

进军赣南、闽西期间，这一矛盾有了进一步的发展。

1928 年 6 月 14 日，毛泽东在红四军七大召开以前写复信给林彪，坦言红四军党内存在的争论问题，指出："现在的争论问题，不是个人的和一时的问题，是整个四军党的和一年以来长期斗争的问题"；"党内有争论问题发生是党的进步，不是退步"。① 复信从历史和环境两方面考察了红四军党内存在的问题和争论的原因，列举了"个人领导与党的领导""军事观点与政治观点""流寇思想与反流寇思想""形式主义与需要主义""分权主义与集权"等十四个问题，认为"个人领导与党的领导，这是四军党的主要问题"。② 毛泽东指出红四军不能绝对建立党的领导的原因是：第一，红四军的大部分是从旧式军队脱胎出来的，便带来了一切旧思想、旧习惯、旧制度；第二，这支部队是从失败环境中拖出来结集的，原来党的组织很薄弱，因此造成了个人庞大的领导权；第三，一种形式主义的理论从远方到来。③ 复信指出："形式主义之来源是由于唯心主义，唯心主义之来源是由于游民、农民与小资产阶级成分中产生出来的个人主义，这与小团体主义、流寇思想、单纯军事观点等等是在一条路线基础上的，只是一个东西。这种思想发展的另一方面必定是分权主义——也是代表游民、农民、小资产阶级的一种思想，而与无产阶级的斗争组织（无论是阶级的组织——工会，与阶级先锋队的组织——共产党，

① 《毛泽东文集》第 1 卷，人民出版社，1993，第 64 页。
② 《毛泽东文集》第 1 卷，人民出版社，1993，第 65 页。
③ 逄先知主编《毛泽东年谱（1893～1949）》上卷，人民出版社、中央文献出版社，1993，第 279 页。

或它的武装组织——红军）不相容的。"①　复信还指出："四军党内显然有一种建立于农民、游民、小资产阶级之上的不正确的思想，这种思想是不利于党的团结和革命的前途的，是有离开无产阶级革命立场的危险"，必须"克服这种思想，以求红军彻底改造"。②

这一思想斗争，在 1929 年 12 月召开的红四军第九次代表大会上得到彻底解决。大会通过著名的"古田会议决议"，成为中国共产党建军、建党的纲领性文献。这个决议开宗明义指出："红军第四军的共产党内存在着各种非无产阶级的思想，这对于执行党的正确路线，妨碍极大。若不彻底纠正，则中国伟大革命斗争给予红军第四军的任务，是必然担负不起来的。四军党内种种不正确思想的来源，自然是由于党的组织基础的最大部分是由农民和其他小资产阶级出身的成分所构成的；但是党的领导机关对于这些不正确的思想缺乏一致的坚决的斗争，缺乏对党员作正确路线的教育，也是使这些不正确思想存在和发展的重要原因。大会根据中央九月来信的精神，指出四军党内各种非无产阶级思想的表现、来源及其纠正的方法，号召同志们起来彻底地加以肃清。"③

"古田会议决议"通过批评和肃清单纯军事观点、极端民主化、非组织观点、绝对平均主义、主观主义、个人主义、流寇思想、盲动主义残余等错误观念，真正解决了以无产阶级思

①　《毛泽东文集》第 1 卷，人民出版社，1993，第 74 页。
②　《毛泽东文集》第 1 卷，人民出版社，1993，第 74 页。
③　《毛泽东文集》第 1 卷，人民出版社，1993，第 78 页。

想立党、建军的问题，真正确立了党对人民军队的绝对领导。从此，中国大地上真正出现了绝对听党指挥的新型人民军队。这是破天荒的第一次，也是中国军事历史上从未有过的奇迹。

解决了如何建立人民军队的问题还不够，还必须在此基础上建立起一整套适合红军的战略战术，从而能够驾驭战争的一般规律和革命战争的特殊规律，最终赢得中国革命战争。

毛泽东涉足战争之初，并不懂得军事，也没有上过正规的军校。他自己说，他学习战争的唯一方法，就是从战争中学习战争。他还进一步引申说："革命战争是民众的事，常常不是先学好了再干，而是干起来再学习，干就是学习。从'老百姓'到军人之间有一个距离，但不是万里长城，而是可以迅速地消灭的，干革命，干战争，就是消灭这个距离的方法。"①由主要从战争中学习战争这样一个入门路径所决定，毛泽东特别重视对军事中的认识论方法的研究和总结，特别重视对军事辩证法的研究和总结。因为，只有从方法论和认识论上搞正确，才能保证实践中不迷失方向，才能保证将经验上升为理性的科学性和正确性。由此，毛泽东逐步在战争中成长为一个具有战略眼光和灵活思维的卓越的军事战略家和军事理论家。

毛泽东常说，天下少有常胜将军，我们要求的是"智勇双全的将军"。他还说，他自己的军事生涯，就是从打败仗开始的。这里指的就是领导湘赣边界秋收起义，但他能够从失败中找到通向胜利、通向成功之路。这又是毛泽东的非同凡响之处。不仅如此，他还特别敢冒风险，特别能担当，特别能经得

① 《毛泽东选集》第 1 卷，人民出版社，1991，第 181 页。

起人生的挫折。毛泽东在开辟井冈山革命根据地的时候，敢于打破对俄国十月革命道路具体模式的迷信，敢于打破对共产国际指示的迷信，勇于独辟蹊径。而在当时，这样做是要冒极大的政治风险的。1927 年 11 月 14 日，中共中央临时政治局扩大会议通过的《政治纪律决议案》决定："毛泽东同志为'八七'紧急会议后中央派赴湖南改组省委执行中央秋暴政策的特派员，事实上为湖南省委的中心，湖南省委所作的错误毛同志应负严重的责任，应予开除中央临时政治局候补委员。"①这个消息传达到井冈山，被误传为"开除毛泽东的党籍"。结果，毛泽东不能继续当党代表，只能当师长。过了一段时间，才知道这是误传，才恢复了毛泽东的党籍和党代表职务。"须知政权是由枪杆子中取得的"，是毛泽东总结大革命失败的教训提出的著名论断，但在当时却有人给毛泽东扣了一顶"枪杆子主义"的帽子，理由是马克思没有讲过这样的话。这些都没有吓倒毛泽东。毛泽东很喜欢这句话：彻底的唯物主义者是无所畏惧的。的确，无私才能无畏。正因为如此，毛泽东才能够成为"智勇双全"的人民军队的统帅。

毛泽东高度重视方法论，调查研究成为从战争中学习战争的重要方法。毛泽东刚到井冈山的时候，并没有马上上井冈山。他在做了袁文才、王佐的工作之后，又到宁冈去做社会调查。他要在上山之前先摸清井冈山周围的社会、民情、政治、经济情况。他在调查研究中得到了一条重要的经验。他后来就

---

① 《建党以来重要文献选编》第 4 册，中央文献出版社，2011，第 646 页。

跟大家说：从前井冈山有个"山大王"叫朱聋子。朱聋子打仗很有一套，同官兵打了几十年交道，总结出一条经验，叫作"不要会打仗，只要会打圈儿"。这句话启发了毛泽东。他把这句话改造了一下，叫作"既要会打圈，又要会打仗"①，还说，赚钱就来，蚀本不干，这就是我们的战术。到了1928年1月，毛泽东又总结井冈山斗争和万安农军打游击战的经验，提出了十二字诀："敌来我去，敌驻我扰，敌退我追"。②

起初，毛泽东把整个红军活动的中心一直放在湖南这一边，他最早是看好湘南这一块区域。在调查研究中，毛泽东了解到江西多是客军，与当地反动武装有矛盾，战斗力也弱一些；湖南兵多，土生土长，力量较强。老百姓讲，"没江西人不成买卖，没湖南人不成军队"。从这个特点出发，毛泽东改变策略，制定了对江西取攻势、对湖南取守势的军事斗争方针。他还告诉战士们，我们来一个雷公打豆腐——专拣软的欺。此后，毛泽东就把根据地扩展的方向改为江西，后来又发展到闽西。这才有了赣南闽西为中心的中央革命根据地。

1928年4月朱德率领的南昌起义余部和湘南暴动的农军同毛泽东领导的井冈山部队会师后，井冈山地区红军的力量发生了重要的变化。第一，有了真正意义上的正规部队。八一南昌起义保存下来的部队，由朱德、陈毅率领来到了井冈山，这是人民军队的精华，极大地壮大了井冈山的革命力量，使井冈

---

① 逄先知主编《毛泽东年谱（1893～1949）》上册，人民出版社、中央文献出版社，1993，第229页。

② 逄先知主编《毛泽东年谱（1893～1949）》上册，人民出版社、中央文献出版社，1993，第232页。

山斗争上了一个层次。不久，这两支部队合编为红军第四军。在这支部队里，有三个将领后来成为共和国元帅，这就是朱德、陈毅、林彪。第二，朱德当年在滇军当旅长的时候，曾经驻守四川泸州，在当地清剿土匪，积累了丰富的游击作战经验。这些经验到了井冈山如鱼得水。很快，在毛泽东和朱德的共同总结下提出了十六字诀。① 原先的"敌来我去"变成了"敌进我退"，后两句"敌驻我扰""敌退我追"都没有变，很关键的是在这两句话之间加了第三句话："敌疲我打"。这句话加进去以后，把原先的"十二字诀"升华了。因为中国共产党领导下的红军不像土匪武装，不是为了占山为王，而是要解放全中国，实现革命理想，只图生存、光打游击，不是红军作战的目的。这十六字诀，表面看十分简单，却充满了辩证法，深刻地揭示了中国革命战争的特殊规律，后来我军一整套战略战术都是从这里发展起来的。

毛泽东十分看重十六字诀，认为红军后来的全部战略战术和作战原则都是从这里发展出来的。他在《中国革命战争的战略问题》一文里这样说："然而从一九二八年五月开始，适应当时情况的带着朴素性质的游击战争基本原则，已经产生出来了，那就是所谓'敌进我退，敌驻我扰，敌疲我打，敌退我追'的十六字诀。这个十六字诀的军事原则，立三路线以前的中央是承认了的。后来我们的作战原则有了进一步的发展。到了江西根据地第一次反'围剿'时，'诱敌深入'的方

---

① 逄先知主编《毛泽东年谱（1893～1949）》上册，人民出版社、中央文献出版社，1993，第243页。

针提出来了，而且应用成功了。等到战胜敌人的第三次'围剿'，于是全部红军作战的原则就形成了。这时是军事原则的新发展阶段，内容大大丰富起来，形式也有了许多改变，主要地是超越了从前的朴素性，然而基本的原则，仍然是那个十六字诀。十六字诀包举了反'围剿'的基本原则，包举了战略防御和战略进攻的两个阶段，在防御时又包举了战略退却和战略反攻的两个阶段。后来的东西只是它的发展罢了。"①

国民党和蒋介石集团看到中国共产党依托农村革命根据地发展起来以后，决计集中主力部队发动大规模"围剿"。这样，能否打大规模的歼灭战并在战争中取胜，就成为中国革命道路能否成功的关键。毛泽东亲自指挥红一方面军接连粉碎了国民党军三次"围剿"，形成了红军独特的战略战术。毛泽东在著名的《中国革命战争的战略问题》中，系统地总结了这些战略战术，包括实行积极防御、诱敌深入、初战必胜，集中兵力打运动战、速决战、歼灭战，依托人民的游击战争和巩固的根据地，既反对不顾主客观条件、御敌于国门之外的军事冒险主义，又反对四面出击、两个拳头打人的军事平均主义。在这篇名著里，毛泽东还针对照搬照抄苏联战争经验的军事上的教条主义指出："由此看来，战争情况的不同，决定着不同的战争指导规律，有时间、地域和性质的差别。从时间的条件说，战争和战争指导规律都是发展的，各个历史阶段有各个历史阶段的特点，因而战争规律也各有其特点，不能呆板地移用于不同的阶段。从战争的性质看，革命战争和反革命战争，各

---

① 《毛泽东选集》第 1 卷，人民出版社，1991，第 204～205 页。

有其不同的特点，因而战争规律也各有其特点，不能呆板地互相移用。从地域的条件看，各个国家各个民族特别是大国家大民族均有其特点，因而战争规律也各有其特点，同样不能呆板地移用。我们研究在各个不同历史阶段、各个不同性质、不同地域和民族的战争的指导规律，应该着眼其特点和着眼其发展，反对战争问题上的机械论。"① 这实际上从指导中国革命战争的角度阐述了马克思主义中国化的基本原则。

这些战略战术原则，恰恰是从毛泽东领导中央红军粉碎国民党军队对中央苏区的三次"围剿"中总结出来的。

国民党军队的第一次"围剿"，是 1930 年 12 月 16 日至 1931 年 1 月 3 日发动的。国民党军各路由北向南，采取"分进合击"战术，向中央革命根据地中心地区进攻。毛泽东决定采取"中间突破"的打法，选择对宁冈的国民党军主力张辉瓒师首先下手，"我军实行中间突破，将敌人的阵线打开一缺口后，敌之东西诸纵队便被分离为远距之两群"。战斗打响后，"我们的第一仗就决定打而且打着了张辉瓒的主力两个旅和一个师部，连师长在内九千人全部俘获，不漏一人一马。一战胜利，吓得谭（道源）师向东韶跑，许（克祥）师向头陂跑。我军又追击谭师消灭它一半。五天内打两仗（一九三〇年十二月三十日至一九三一年一月三日），于是富田、东固、头陂诸敌畏打纷纷撤退，第一次'围剿'就结束了。"②

从 1931 年 4 月起，国民党军对中央苏区发起第二次"围

---

① 《毛泽东选集》第 1 卷，人民出版社，1991，第 173 页。
② 《毛泽东选集》第 1 卷，人民出版社，1991，第 217～218 页。

剿"。他们吸取上次的教训，改取"稳扎稳打、步步为营"方针，从江西的吉安到福建的建宁东西八百里战线上，分四路向中央苏区进攻。毛泽东采取"先打弱敌"的战法，首攻富田附近的国民党军第五路军王金钰、公秉藩两师。"胜利后，接着打郭（华宗）、打孙（连仲）、打朱（绍良）、打刘（和鼎）。十五天中（一九三一年五月十六日至三十一日），走七百里，打五个仗，缴枪二万余，痛快淋漓地打破了'围剿'。"① 新中国成立后，毛泽东曾回忆说："打仗也是这样，凡是没有办法的时候，就去调查研究。在第二次反'围剿'的时候，兵少觉得很不好办，开头不了解情况，每天忧愁。我跟彭德怀两个人到白云山上跑了一天，察看地形，看了很多地方。我对彭德怀说，红一军团的四军、三军打正面，打两路，你的红三军团全部打包抄，敌人一定会垮下去。"②

　　蒋介石见两次"围剿"连遭失败，便亲自上阵指挥，于7月初发动第三次"围剿"。这次采取"长驱直入"的战略，企图先击破红一方面军主力，然后再深入进行"清剿"，捣毁中央苏区。毛泽东决定采取"诱敌深入"的方针，避敌主力，打其虚弱。但这一仗打得并不顺利。"我军向富田开进之际，被敌发觉，陈诚、罗卓英两师赶至。我不得不改变计划，回到兴国西部之高兴圩，此时仅剩此一个圩场及其附近地区几十个方里容许我军集中。"③ 此后，毛泽东指挥红军从敌军结合部

① 《毛泽东选集》第1卷，人民出版社，1991，第218页。
② 《毛泽东文集》第8卷，人民出版社，1999，第261页。
③ 《毛泽东选集》第1卷，人民出版社，1991，第219页。

乘隙钻过，先后同国民党军上官云相部、郝梦龄师、毛炳文师连打三仗。"三战皆胜，缴枪逾万"，并吸引国民党军主力掉头向东，企图聚歼主力红军。毛泽东则指挥红军转身西行，在兴国境内以逸待劳。"及至敌发觉再向西进时，我已休息了半个月，敌则饥疲沮丧，无能为力，下决心退却了。我又乘其退却打了蒋光鼐、蔡廷锴、蒋鼎文、韩德勤，消灭蒋鼎文一个旅、韩德勤一个师。对蒋光鼐、蔡廷锴两师，则打成对峙，让其逃去了。"①

在指挥红军反"围剿"的过程中，不仅实战检验了毛泽东的指挥艺术，如"中间突破""先打弱敌""诱敌深入""声东击西"等，而且还积累了如何机动灵活地处理积极防御和消极防御、战略退却与战略反攻及战略进攻、运动战与速决战及歼灭战、内线作战与外线作战的丰富经验。没有这些经验，不可能产生《中国革命战争的战略问题》这篇不朽的毛泽东军事思想的代表作。毛泽东自己也说过："没有那些胜利和那些失败，不经过第五次反'围剿'的失败，不经过万里长征，我那个《中国革命战争的战略问题》小册子也不可能写出来。"②

实践和理论之间，有一座桥梁，那就是总结经验。然而，大家都在总结经验，却并不是每个人都善于把经验上升为理论，特别是能把经验的东西上升为规律和本质的东西。为什么毛泽东思想的创立者只能是毛泽东呢？就是因为毛泽

---

① 《毛泽东选集》第1卷，人民出版社，1991，第219~220页。
② 《毛泽东文集》第8卷，人民出版社，1999，第263页。

东最善于从成功与失败的经历中总结经验，摸索规律，并将其上升为好学、易懂、管用的理论。毛泽东还有一个过人的长处，就是善于将别人的经验转化为自己的思想财富，包括从别人的教训中吸取养料，这些思想财富和养料源于集体智慧和群众实践，但经过他的总结和提炼，更具有揭示事物本质和规律的理论色彩，更具有指导全局和长远的深刻意义，更具有理论指导实践的直观性、有效性、可操作性。由此培育起中国共产党善于不断总结经验、推动理论创新的理论品格，由此培育出一大批拿起枪能打胜仗、放下枪能做群众工作的领导人才。

拿起枪能打胜仗、放下枪能做群众工作这一光荣传统，来自毛泽东治军的重要思想，就是红军既是战斗队又是工作队。这是在井冈山斗争时期总结出来的。因为敌军的"围剿"是一波接一波的，革命根据地也是波浪式地向前推进的。敌人来了，红军就是战斗队；敌人走了，两大战役之间的空隙，红军就成了工作队，深入乡镇做群众的宣传和发动工作。宣传发动工作，最根本的东西就是要给贫苦农民以看得见的实惠。毛泽东提出了"打土豪、分田地"，也就是我们通常说的土地革命。

中国共产党独立领导土地革命的任务，是在党的"八七会议"上提出的。但是土地革命怎么搞，包括毛泽东在内谁也没有经验。在湘南暴动的时候，为了让农民参加革命武装，当时干了一件蠢事，就是在"左"的思想指导下，把老百姓的房子烧了，误以为这样做最革命，这些老百姓成了彻底的无产者，就会跟着我们一块闹革命。结果没想到，这把火把我们和群众隔开了，把很好的群众基础给烧掉了。所以，后来毛泽东总结说，你烧了人家的屋子，人家就要革你的命。经过一段时间的探索，我们开始懂得，要农民跟党走，就要给他们实实在在的利益，就要打土豪、分田地，这才是真正的土地革命。如何打土豪、分田地，这又是一个问题。1928 年冬，毛泽东总结当时的经验，制定了《井冈山土地法》。后来，毛泽东总结说："这个土地法有几个错误：（一）没收一切土地而不是只没收地主土地；（二）土地所有权属政府而不是属农民，农民只有使用权；（三）禁止土地买卖。"① 但尽管如此，这部土地法使得井冈山的土地革命第一次有了政策，有了法规。以后则是逐步完善的问题。

中国共产党领导的人民军队，不是一个单纯为了打仗的军事武装，还要担负发动农民开展土地革命、建立工农兵革命政权的任务。这就是当时毛泽东经常强调的武装斗争、土地革命、建设革命政权"三位一体"。正如毛泽东在 1929 年 12 月形成的红四军九大"古田会议决议"批判"单纯军事观点"时指出的那样："中国的红军是一个执行革命的政治任务的武装集团。特别是现在，红军决不是单纯地打仗的，它除了打仗消灭敌人军事力量之外，还要负担宣传群众、组织群众、武装群众、帮助群众建立革命政权以至于建立共产党的组织等项重大的任务。红军的打仗，不是单纯地为了打仗而打仗，而是为了宣传群众、组织群众、武装群众，并帮助群众建设革命政权才去打仗的，离了对群众的宣传、组织、武装和建设革命政权等项目标，就是失去了打仗的意义，也就是失去了红军存在的

---

① 《毛泽东文集》第 1 卷，人民出版社，1993，第 51 页。

意义。"① 在毛泽东的培育下，中国共产党从井冈山时期起，就有了很强的局部执政的意识，由此决定了只有它有能力创建新中国。

三 闯过国共二次合作关，形成统一战线法宝

中央红军经过二万五千里长征胜利到达陕北之后，中日民族矛盾逐渐上升为国内主要矛盾。毛泽东敏锐地抓住这个历史机遇，确定并推动了抗日民族统一战线的发展，不但赢得了抗日战争的伟大胜利，而且成功推动了中国共产党和中国革命力量的大发展。

1931 年日本帝国主义制造了"九一八"事件，迈出了大举侵华的第一步——独占中国东北。自此，全国抗日救亡热潮日渐高涨，中国共产党发出了停止内战、一致抗日的号召。但蒋介石集团在"攘外必先安内"的政策下，不仅无视民众的抗日救亡热潮，而且加紧对各革命根据地进行"围剿"。其结果，不但激起民怨，而且酿成了震惊中外的"西安事变"。

就在中国国内阶级力量和阶级矛盾发生重大变化的历史时刻，历史的天平再一次发生了有利于中国共产党的倾斜。这时，民族资产阶级和上层小资产阶级不满于国民党蒋介石"攘外必先安内"的政策，对中国共产党"停止内战、一致对外、实行抗日民族统一战线"的主张深表赞同。1932 年国民党军第十九路军上海淞沪抗战，1933 年福建事变，1934 年宋

---

① 《毛泽东选集》第 1 卷，人民出版社，1991，第 86 页。

庆龄等 1700 余人在中国共产党提出的《中国人民对日作战的基本纲领》上签字，1936 年的两广事变、七君子事件和西安事变，都是在这一背景下发生的。这表明，随着日本帝国主义加紧侵华步伐，中日民族矛盾逐步上升为国内主要矛盾，大革命失败后一度出现的民族资产阶级和上层小资产阶级追随国民党的局面，发生了重大转变。

中国共产党一到陕北，立即抓住这千载难逢的大好机遇，对抗日民族统一战线政策做出重大调整。

1935 年 12 月在陕北瓦窑堡召开的中共中央政治局会议上，做出了实行抗日民族统一战线的策略路线。会后，毛泽东在《反对日本帝国主义的策略》报告中，着重指出中国社会正在发生着如下变动：一是民族资产阶级。"我们认为在殖民地化威胁的新环境之下，民族资产阶级的这些部分的态度可能发生变化。这个变化的特点就是他们的动摇。他们一方面不喜欢帝国主义，一方面又怕革命的彻底性，他们在这二者之间动摇着。"[1] 二是国民党营垒。"国民党营垒中，在民族危机到了严重关头的时候，是要发生破裂的。这种破裂，表现于民族资产阶级的动摇，表现于冯玉祥、蔡廷锴、马占山等风头一时的抗日人物。这种情况，基本地说来是不利于反革命，而有利于革命的。由于中国政治经济的不平衡，以及由此而生的革命发展的不平衡，增大了这种破裂的可能性。"[2]

由此，毛泽东批驳了认为中国民族资产阶级不可能和中国

---

[1]　《毛泽东选集》第 1 卷，人民出版社，1991，第 145 页。
[2]　《毛泽东选集》第 1 卷，人民出版社，1991，第 147 页。

工人农民联合抗日的错误观点，指出抗日民族统一战线的基本依据是："日本帝国主义决定要变全中国为它的殖民地，和中国革命的现时力量还有严重的弱点，这两个基本事实就是党的新策略即广泛的统一战线的出发点。""我们一定不要关门主义，我们要的是制日本帝国主义和汉奸卖国贼的死命的民族革命统一战线。"①

经过大革命失败后民族资产阶级投入国民党营垒、中日矛盾上升为主要矛盾后又再一次同情和支持共产党抗日主张这一反一正的变化，验证了中国民族资产阶级的两面性。经过大革命失败后国民党各派系几乎无一例外地投入反共阵营、中日矛盾上升为主要矛盾后某些派别又表现出联共抗日的积极性这一事实，验证了国民党营垒破裂的可能性。但是，一部分带买办性的大资产阶级在中日矛盾上升为主要矛盾后，会不会改变其"攘外必先安内"的政策，而采取联共抗日方针，这一点还有待于进一步的验证。这也是中共中央政治局瓦窑堡会议没有条件解决的问题。

这以后，张学良的东北军在对红军"围剿"遭到惨败后，意识到这场内战不能再打下去了。毛泽东适时加强了对东北军上层的统一战线工作，并指导周恩来与张学良1936年4月9日肤施会谈取得成功。在肤施会谈中，张学良提出，根据他两年来的观察，蒋介石有可能抗日。他主张他在里面劝，共产党在外面逼，促使蒋改变错误政策，走上抗日的道路。② 张学良

---

① 《毛泽东选集》第1卷，人民出版社，1991，第155页。
② 金冲及主编《周恩来传（1898～1949）》，人民出版社，1995，第309页。

的意见，对同年9月中共中央决定改"抗日反蒋"为"逼蒋抗日"方针，起了重要的推动作用。

"逼蒋抗日"局面的真正形成，是1936年12月12日爆发的西安事变推动的结果。通过西安事变的和平解决，迫使蒋介石承诺停止"剿共"、联红容共、"俟抗战起，再联合行动，改番号"。① 后来，在1937年7月7日卢沟桥事变后全国抗战局面出现时，蒋介石于7月23日在庐山发表谈话，承认中国共产党在全国的合法地位。至此，由中国共产党力促的、以国共第二次合作为基础的抗日民族统一战线正式形成。

"解铃还须系铃人。"具有历史讽刺意味的是，十年前，作为中国大地主大买办资产阶级总代表的蒋介石，背叛了孙中山先生奠定的第一次国共合作，向中国共产党人大开杀戒；十年后，也正是蒋介石，不得不放弃"攘外必先安内"的误国政策，再次宣布实行国共合作。这一反一正的事实说明了一条真理：在中国，反共不能长久，反共最终不得人心，统一战线才是人心所向。

这一现象还证明了一个规律，在民族危亡的关头，"由于中国的带买办性的大资产阶级的各个集团是以不同的帝国主义为背景的，在各个帝国主义间的矛盾尖锐化的时候，在革命的锋芒主要地是反对某一个帝国主义的时候，属于别的帝国主义系统的大资产阶级集团也可能在一定程度上和一定时期内参加反对某一个帝国主义的斗争。在这种一定的时期内，中国无产

---

① 力平主编《周恩来年谱（1898～1949）》上卷，中央文献出版社，1989，第340页。

阶级为了削弱敌人和加强自己的后备力量，可以同这样的大资产阶级集团建立可能的统一战线，并在有利于革命的一定条件下尽可能地保持之"。① 这样，第三个问题也在全国抗战实践中得到了解答。

在整个抗日战争中间，以蒋介石为代表的带买办性的大资产阶级具有很强的两面性。在中日民族矛盾面前，一方面，在日本帝国主义的高压和侵略锋芒下，他们具有抗战的积极性；另一方面，在日本帝国主义的政治引诱下，他们又具有动摇性。在国共阶级矛盾面前，一方面，他们始终亡共灭共之心不死；另一方面，他们又不敢贸然反共而背上"萁豆相煎"的千古骂名。在这种情况下，蒋介石会不会有朝一日铤而走险，干出"降日"或"分共"事情来？对此，谁也不摸底。

这个底牌终于有一天摸到了。这就是1941年1月，蒋介石悍然制造了震惊中外的皖南事变，残杀新四军将士6000余人，扣押了抗日名将叶挺军长。消息传来，国人哗然。起初，毛泽东提出要做好最坏的准备，包括要准备出现第二个"四一二"反革命政变（即1927年4月12日蒋介石下令屠杀共产党人的事件）。随后，经过"军事上取守势、政治上取攻势"的有理、有利、有节的策略斗争，使得国共两党的政治对比发生了有利于我的变化，"形成了国共力量对比发生某种变化的关键"。在这种情况下，毛泽东及时提出，"要反对对时局认为国共已最后破裂或很快就要破裂的错误估计以及由此发生的

---

① 《毛泽东选集》第2卷，人民出版社，1991，第607页。

许多不正确的意见"①，努力迫使蒋介石谋取暂时的轻微的缓和。事态果真如毛泽东所判断的那样，这一次反共高潮再一次被打退。

通过皖南事变的斗争，毛泽东得出几条重要的结论。其一，在中国两大矛盾中间，中日民族间的矛盾依然是基本的，国内阶级间的矛盾依然处在从属地位。只要中日矛盾继续尖锐地存在，即使大地主大资产阶级全部地叛变投降，也绝不能造成1927年的形势，重演"四一二"反革命政变和马日事变。其二，指导着国民党政府全部政策的英美派大地主大资产阶级，依然是两面性的阶级。它的抗日和反共，又各有其两面性。在抗日方面，既和日本对立，又不积极地作战，不积极地反汪反汉奸，有时还向日本的和平使者勾勾搭搭。在反共方面，既要反共，又不愿意最后破裂，依然是一打一拉的政策。其三，在反对国民党顽固派的斗争中，将买办性的大资产阶级和没有或较少买办性的民族资产阶级加以区别，将最反动的大地主和开明绅士及一般地主加以区别，这是我党争取中间派和实行"三三制"政权的理论根据。地方实力派的领导成分虽然也是大地主大资产阶级，但是因为他们和统制中央政权的大地主大资产阶级分子有矛盾，故一般地亦须以中间派看待之。如果我们将一切地主资产阶级都看成和国民党顽固派一样，其结果将使我们自陷于孤立。"须知中国社会是一个两头小中间大的社会，共产党如果不能争取中间阶级的群众，并按其情况

———————

① 《毛泽东选集》第2卷，人民出版社，1991，第779页。

使之各得其所，是不能解决中国问题的。"[①] 其四，中国共产党的方针是以革命的两面政策对付蒋介石的两面政策，实行有理、有利、有节的斗争。我党在整个抗日时期，对于国内各上层中层还在抗日的人们，不管是大地主大资产阶级和中间阶级，都只有一个完整的包括联合和斗争两方面的（两面性的）民族统一战线的政策。只有这样，才能发展进步势力，争取中间势力，孤立顽固派。

整个抗日战争期间国民党蒋介石集团的表现，证明了毛泽东这些论断的正确性。整个抗日战争期间中国共产党自身力量和政治影响力的上升，证明了毛泽东这些策略方针的正确性。

经过上述各个回合围绕抗日民族统一战线的博弈，毛泽东在实践中系统地验证了中国中间阶级、上层阶级乃至统治阶级的政治立场和政治特性，掌握了上述各阶级在中日民族战争中的政治底线，从而为统一战线奠定了坚实的政治基础、策略基础和理论基础。毛泽东对统一战线的运用，也到了炉火纯青的地步。

毛泽东在《〈共产党人〉发刊词》中，总结统一战线的发展史，得出六条规律。

（一）由于中国最大的压迫是民族压迫，在一定的时期中，一定的程度上，中国民族资产阶级是能够参加反帝国主义和反封建军阀的斗争的。因此，无产阶级在这种一定的时期内，应该同民族资产阶级建立统一战线，并尽可能地保持之。

（二）又由于中国民族资产阶级在经济上、政治上的软弱

---

① 《毛泽东选集》第2卷，人民出版社，1991，第783页。

性，在另一种历史环境下，它就会动摇变节。因此，中国革命统一战线的内容不能始终一致，而是要发生变化的。在某一时期有民族资产阶级参加在内，而在另一时期则民族资产阶级并不参加在内。

（三）中国的带买办性的大资产阶级，是直接为帝国主义服务并为它们所豢养的阶级。因此，中国的带买办性的大资产阶级历来都是革命的对象。但是，由于中国的带买办性的大资产阶级的各个集团是以不同的帝国主义为背景的，在各个帝国主义间的矛盾尖锐化的时候，在革命的锋芒主要是反对某一个帝国主义的时候，属于别的帝国主义系统的大资产阶级集团也可能在一定程度上和一定时期内参加反对某一个帝国主义的斗争。在这种一定的时期内，中国无产阶级为了削弱敌人和加强自己的后备力量，可以同这样的大资产阶级集团建立可能的统一战线，并在有利于革命的一定条件下尽可能地保持之。

（四）在买办性的大资产阶级参加统一战线并和无产阶级一道向共同敌人进行斗争的时候，它仍然是很反动的，它坚决地反对无产阶级及其政党在思想上、政治上、组织上的发展，而要加以限制，而要采取欺骗、诱惑、"溶解"和打击等破坏政策，并以这些政策作为它投降敌人和分裂统一战线的准备。

（五）无产阶级的坚固的同盟者是农民。

（六）城市小资产阶级也是可靠的同盟者。

因此，无产阶级的政党在同资产阶级（尤其是大资产阶级）组织统一战线的问题上，必须实行坚决的、严肃的两条战线斗争。一方面，要反对忽视资产阶级在一定时期中一定程度上参加革命斗争的可能性的错误。另一方面，则要反对把无产阶级和资产阶级的纲领、政策、思想、实践等看作一样的东西，忽视它们之间的原则差别的错误。中国资产阶级在资产阶级民主革命中的这种二重性，对中国共产党的政治路线和党的建设的影响是非常之大的，不了解中国资产阶级的这种二重性，就不能了解中国共产党的政治路线和党的建设。中国共产党的政治路线的重要一部分，就是同资产阶级联合又同它斗争的政治路线。中国共产党的党的建设的重要一部分，就是在同资产阶级联合又同它斗争的中间发展起来和锻炼出来的。这里所谓联合，就是同资产阶级的统一战线。所谓斗争，在同资产阶级联合时，就是在思想上、政治上、组织上的"和平"的"不流血"的斗争；而在被迫着同资产阶级分裂时，就转变为武装斗争。如果我们党不知道在一定时期中同资产阶级联合，党就不能前进，革命就不能发展；如果我们党不知道在联合资产阶级时又要同资产阶级进行坚决的、严肃的"和平"斗争，党在思想上、政治上、组织上就会瓦解，革命就会失败；又如果我们党在被迫同资产阶级分裂时不同资产阶级进行坚决的、严肃的武装斗争，同样党也就会瓦解，革命也就会失败。

总之，毛泽东通过统一战线遭受挫折和不断发展的历史，依次取得了以下认识：一是通过大革命失败，认识了中国大资产阶级和民族资产阶级的两面性；二是通过民族矛盾上升为中国主要矛盾的大变动，认识了中国大资产阶级和民族资产阶级一定程度上的革命性；三是通过抗日战争中统一战线的内部斗争，特别是皖南事变，认识到中国大资产阶级的两方面的动摇性，从而确立了完整的统一战线的策略方针。而在整个解放战争中，通过两个前途、两种命运的大较量、大决战，实现了爱国民主统一战线的大团结、大发展，形成国统区的第二条战线，最大限度地使国民党反动统治陷入全民包围之中。从这个意义上说，新中国在解放战争硝烟中诞生的过程，也是各革命阶级在国民党内战独裁政策的打压下最终聚集在中国共产党周围，结成最广泛的爱国民主统一战线的过程。

四　闯过思想建党、作风立党关，形成党的建设法宝

中国共产党的诞生，是马克思列宁主义同中国工人运动相结合的产物。就这一点来说，这是无产阶级政党产生的一般规律。如果中国革命始终按照中心城市暴动的路线来走，那么，按照这样的建党一般规律走下去，也应当是顺理成章的。然而历史证明，中国革命不可能沿着这条道路取得成功。这也就意味着，中国共产党的建党道路也必须独辟蹊径，按照自身的特点来选择。

即使在大革命中，中国共产党的发展也遇到了一个问题，这就是人数较少的工人阶级必须同人口众多的农民阶级结成革命同盟军，才能有力量，才能具有最广泛的群众性。五卅运动的成功，以及大革命中工农运动的兴起，都显示了得到先进生产力的代表者——工人阶级领导的农民阶级以及工农联盟的威力。

大革命失败以后，在旧中国这样一个半殖民地半封建的东方大国，斗争的主要形式是无产阶级领导下的农民土地革命战争，革命的主力军和主要同盟者是农民阶级，革命根据地在农

村。这就遇到马克思主义发展史上的新课题：如何在农民和其他小资产阶级的汪洋大海里建设一个具有广泛群众性的、马克思主义的无产阶级先进政党。当时，共产国际认定，中国共产党的党员成分不纯，依据就是工人成分过少，农民成分过多。而毛泽东党的建设理论与实践，正是抓住中国近代社会的这一基本特点，从这里起步开始探索的。

1929 年 12 月发表的《关于纠正党内的错误思想》一文，是毛泽东党的建设理论的奠基之作。当时，中国共产党正在探索农村包围城市、武装夺取政权的伟大道路，面临着在农村建党和建军的紧迫问题。如何把广大的小生产者改造成为具有高度组织性和先进性的无产阶级战士，是决定革命成败的关键。毛泽东批评了极端民主化、非组织观点、主观主义、个人主义等非无产阶级思想，提出有计划地进行党内教育，纠正过去无计划的任其自然的状态，是党的重要任务之一，并着重强调要使党员的思想和党内的生活政治化、科学化。

从此，高度重视党的思想建设，始终把思想建设放在党的建设的首位，就成了毛泽东党的建设理论与实践的一大特色。这一特色，是从中国革命的实际中得来的。每当中国革命处于发展的关键时刻，我们党总要提出从思想上建设党这个历史性课题。解决好这个问题，中国革命才能向前推进。

毛泽东高度重视从世界观和方法论上、从思想根源上解决问题。问题的核心是坚持实事求是的思想路线。在这个带有根本性的问题上，他始终不放松。早在从国内革命战争向抗日民族战争的转变时期，毛泽东就撰写了《实践论》和《矛盾论》，目的就是用马克思主义的认识论观点去揭露党内的教条主义和经验主义，特别是教条主义的错误。特别值得指出的是，毛泽东写作《实践论》时，用的副标题是"论认识和实践的关系——知和行的关系"，而在结束语中又再次强调："通过实践而发现真理，又通过实践而证实真理和发展真理。从感性认识而能动地发展到理性认识，又从理性认识而能动地指导革命实践，改造主观世界和客观世界。实践、认识、再实践、再认识，这种形式，循环往复以至无穷，而实践和认识之每一循环的内容，都比较地进到了高一级的程度。这就是辩证唯物论的全部认识论，这就是辩证唯物论的知行统一观。"①他之所以强调知行关系，并把他所倡导的马克思主义认识论归结为"辩证唯物论的知行统一观"，就是为了力倡理论与实际密切联系的马克思主义学风，坚决反对教条主义的学风。

1937 年 7 月 7 日，日本全面侵华战争爆发。为了使中国共产党担负起领导伟大的抗日战争的历史责任，毛泽东再一次向全党提出了加强党的思想建设的任务。同年 9 月 7 日，他发表《反对自由主义》一文。文章在列举了革命集体组织中自由主义的十一种表现，深入分析其根源后提出：我们主张积极的思想斗争，因为它是达到党内和革命团体内的团结使之利于战斗的武器。每个共产党员和革命分子，应该拿起这个武器。

1942 年，毛泽东决定发动全党整风。由于党中央的所在地在延安，全党整风的重点又是党的高中级干部，所以又称之为延安整风。在这次整风中，毛泽东提出反对主观主义以整顿学风，反对宗派主义以整顿党风，反对党八股以整顿文风，把

---

① 《毛泽东选集》第 1 卷，人民出版社，1991，第 296～297 页。

整风运动的聚焦点放在整顿党的作风上。这是因为，党的作风，是全党包括党的组织和党员在内在思想、政治、组织、工作、生活各方面表现出来的一贯态度和行为。它体现着党的性质和宗旨，是党的世界观在党的行动中的客观表现和形象反映。抓住党风，也就抓住了党的建设的关键，就能把思想教育成果渗透到每个党员的行动中。因此，延安整风又被称作马克思主义的思想教育运动。

延安整风取得了完全的成功。自我们党成立之日起，一直有三大危险相伴随，这就是理论脱离实际的危险、干部脱离群众的危险、党内关系庸俗化的危险。毛泽东把纠正这些错误、端正党风，始终同纠正党内各种错误思想、纠正各种非无产阶级思想紧密联系。通过延安整风，逐渐培育起理论联系实际的作风，密切联系群众的作风，批评与自我批评的作风，使之成为中国共产党区别于其他任何政党的显著标志，还创造出整风这种实行马克思主义自我教育的好办法。这些都是马克思主义建党学说在中国的独创。

第一，理论联系实际的作风，是党的实事求是的思想路线在党的作风建设上的集中体现。

在民主革命时期很长一段时间里，中国共产党内曾经严重地存在把马克思主义经典作家的论述和共产国际的指示神圣化、教条化的倾向，给中国革命带来过多次危害。其中最严重的是王明"左"倾冒险主义在党内长达四年的统治。沉痛的代价终于使中国共产党人认识到：马克思、恩格斯、列宁的理论，是放之四海而皆准的理论。但不应当把他们的理论当作教条看待，而应当看作行动的指南。不应当只是学习马克思列宁主义的词句，而应当把它当成革命的科学来学习。不但应当了解马克思、恩格斯、列宁他们研究广泛的真实生活和革命经验所得出的关于一般规律的结论，而且应当学习他们观察问题和解决问题的立场和方法。毛泽东在1938年召开的党的六届六中全会上鲜明地提出了"马克思主义的中国化"的历史任务。毛泽东还指出：离开中国特点来谈马克思主义，只是抽象的空洞的马克思主义。"洋八股必须废止，空洞抽象的调头必须少唱，教条主义必须休息，而代之以新鲜活泼的、为中国老百姓所喜闻乐见的中国作风和中国气派。"① 在当时讲这番话，是要有足够的理论创新的勇气的。

什么叫理论联系实际？毛泽东有个解释：中国共产党人只有在他们善于应用马克思列宁主义的立场、观点和方法，进一步从中国的历史实际和革命实际的认真研究中，在各方面做出合乎中国需要的理论性的创造，才叫作理论和实际相联系。他对此有个通俗的比喻，叫作"有的放矢"。

学习研究马克思主义，究竟以什么为中心？这个问题在很长一段时间搞不清楚。毛泽东在1942年发表的《改造我们的学习》里明确提出：对于干部的教育，应确立以研究中国革命实际问题为中心，以马克思列宁主义基本原则为指导的方针，废除静止地、孤立地研究马克思列宁主义的方法。早在1930年，他就提出过"没有调查，没有发言权"的观点，曾经起到了振聋发聩的作用。

强调调查研究，强调理论必须联系实际，并不是否认或者

① 《毛泽东选集》第2卷，人民出版社，1991，第534页。

削弱理论的重要作用。毛泽东认为，在马克思主义看来，理论是重要的，它的重要性充分地表现在列宁说过的一句话：没有革命的理论，就不会有革命的运动。然而马克思主义看重理论，正是也仅仅是因为它能够指导行动。如果有了正确的理论，只是把它空谈一阵，束之高阁，并不实行，那么，这种理论再好也是没有意义的。

第二，密切联系群众的作风，是由党的性质和宗旨所决定的。

中国共产党的性质和宗旨，从建党之日起就是明确了的。无数革命先烈为了中国人民的根本利益，英勇地牺牲了。然而，常常有这样一些人，他们也在带领群众前进，但实行的却是主观主义的错误领导，脱离实际，脱离群众，结果必然是损害广大群众的根本利益。他们的干劲越大，损害就越大，造成的干群矛盾也越大。

毛泽东在这方面的最大贡献，是把实事求是的思想路线贯穿到群众路线之中，把马克思主义唯物史观中关于人民群众创造历史的原理渗透到党的工作作风中去，形成了一套行之有效的优良传统。

密切联系群众的作风体现在诸多方面。它既是我们一切工作的出发点，又是衡量一切工作的标尺。毛泽东一贯强调："全心全意地为人民服务，一刻也不脱离群众；一切从人民的利益出发，而不是从个人或小集团的利益出发；向人民负责和向党的领导机关负责的一致性；这些就是我们的出发点。共产党人必须随时准备坚持真理，因为任何真理都是符合于人民利益的；共产党人必须随时准备修正错误，因为任何错误都是不符合于人民利益的。"①

忠言逆耳。以什么样的态度对待群众的意见，是检验是否真正密切联系群众的试金石。延安时期，有人骂毛泽东。毛泽东通过调查研究，了解到群众对征公粮太多、负担过重不满意，便对此引起了注意，并采纳开明绅士李鼎铭的意见，决定实行精兵简政。

密切联系群众，是中国共产党人根本的工作方法。毛泽东要求每一个共产党员特别是党的干部要热爱人民群众，细心倾听群众的呼声，每到一地，就要和那里的群众打成一片。不是高居于群众之上，而是深入于群众之中。要根据群众的觉悟程度，去启发和提高他们的思想认识水平，在群众出于内心自愿的原则之下，帮助群众逐步地组织起来，展开为当时当地内外环境所许可的一切必要的斗争。毛泽东反复强调，应该使每一个同志懂得，只要我们依靠人民，坚决相信人民群众的创造力是无穷无尽的，因而信任人民，和人民打成一片，那就任何困难也能克服，任何敌人也不能压倒我们，而只会被我们所压倒。

密切联系群众作风的理论基石是群众路线。必须从群众中来，到群众中去，实行领导和群众相结合，一般号召和个别指导相结合。这就是说，把群众的意见集中起来，化为系统的意见，又到群众中坚持下去，在群众的实践中检验这些意见是否正确。如此循环往复，使我们的认识更正确、更生动、更丰富。毛泽东还把马克思主义的认识论进一步概括为"从群众中来，到群众中去"。在群众路线之下，将马克思主义的工作

---

① 《毛泽东选集》第3卷，人民出版社，1991，第1094~1095页。

路线和马克思主义的认识路线统一起来，这是毛泽东对马克思主义建党学说的重大理论贡献。

第三，批评和自我批评的作风，是弄清思想是非、加强党内团结的根本保证。

在探索革命道路的过程中，围绕实行什么样的路线、方针、政策展开思想交锋，是不可避免的。在党的历史上，曾经发生过对持不同意见的同志采取残酷斗争、无情打击的错误做法。党内批评和自我批评的作风，正是在系统地纠正和防止"左"倾错误的过程中，在正确开展党内积极的思想斗争的过程中，逐步形成和发展起来的。

毛泽东早在《关于纠正党内的错误思想》里就提出了正确开展党内批评的问题。在对王明"左"倾冒险主义的"无情打击"有了切肤之痛以后，毛泽东在《矛盾论》里从非对抗性矛盾向对抗性矛盾转化的角度，提出要防止过火斗争的问题。他认为，目前我们党内的正确思想和错误思想的矛盾没有表现为对抗的形式。如果犯错误的同志能够改正自己的错误，那就不会发展为对抗性的东西。因此，党一方面必须对错误思想进行严肃的斗争，另一方面又必须充分地给犯错误的同志留有自己觉悟的机会。如果采取过火的斗争，显然是不适当的。但如果犯错误的人坚持错误，并扩大下去，这种矛盾也就存在着发展为对抗性的东西的可能性。从哲学的高度认真总结正反两方面的经验，深入思考如何正确开展党内斗争问题，毛泽东是第一人。

抗日战争中期，为了从思想上、政治上和组织上系统地整顿党的作风，毛泽东和我们党创造了整风运动这样一种马克思主义自我教育的好形式。在整风运动中，批评和自我批评的作风得到确立和发扬。后来，毛泽东谈到"团结——批评——团结"这个公式时说："一九四二年，我们采用了这个方法解决共产党内部的矛盾，就是教条主义者和广大党员群众之间的矛盾，教条主义思想和马克思主义思想之间的矛盾。'左'倾教条主义者从前采用的党内斗争方法叫做'残酷斗争，无情打击'。这是一个错误的方法。我们在批评'左'倾教条主义的时候，就没有采取这个老方法，而采取了一个新方法，就是从团结的愿望出发，经过批评或者斗争，分清是非，在新的基础上达到新的团结。"①

在整风运动开始时，毛泽东提出著名的"惩前毖后，治病救人"的方针，保证了整风运动顺利健康地进行。在审干反特阶段，他提出"一个不杀、大部不捉"的方针，防止因失误而造成无法挽回的损失。当他发现"抢救运动"发生严重问题时，又严厉督促甄别平反，并向搞错了的同志赔礼道歉。在运动后期做出组织结论和处理时，毛泽东提出"思想要弄清，结论要宽大"的方针，使一大批认识错误的同志重新得到任用。在党的七大上，毛泽东还亲自出面做工作，使一些犯过路线错误但又认真改正错误的负责同志继续留在中央委员会工作。

在党的七大政治报告里，毛泽东系统地阐述了党的三大优良传统作风，并且把批评和自我批评的作风同党内民主作风联系起来。他认为，经常地检讨工作，在检讨中推广民主作风，不惧怕批评和自我批评，实行"知无不言，言无不尽""言者

---

① 《毛泽东文集》第7卷，人民出版社，1999，第210页。

无罪，闻者足戒""有则改之，无则加勉"这些中国人民的有益的格言，正是抵抗各种政治灰尘和政治微生物侵蚀我们同志的思想和我们党的肌体的唯一有效的方法。以"惩前毖后，治病救人"为宗旨的整风运动之所以产生了很大的效力，就是因为我们在这个运动中开展了正确的而不是歪曲的、认真的而不是敷衍的批评和自我批评。

毛泽东对党的三大优良传统作风的科学概括，是中国共产党党的建设长期实践的理论升华和经验总结，也是毛泽东党的建设理论和实践中最可宝贵的财富。

1945年召开的党的七大，确立了毛泽东思想为全党的指导思想，制定了正确的路线、方针和政策，使全党在思想上、政治上、组织上达到空前统一。在向大会提交的《论联合政府》书面政治报告里，毛泽东提出，掌握思想教育，是团结全党进行伟大政治斗争的中心环节。如果这个任务不解决，党的一切政治任务是不能完成的。毛泽东在《论联合政府》报告里还讲过一段名言："中国一切政党的政策及其实践在中国人民中所表现的作用的好坏、大小，归根到底，看它对于中国人民的生产力的发展是否有帮助及其帮助之大小，看它是束缚生产力的，还是解放生产力的。"[①] 这是唯物史观贯彻到党的建设学说上的必然结论。

毛泽东曾精辟地概括过一句名言：政治路线确定之后，干部就是决定的因素。高度重视干部队伍建设，形成一整套正确的干部路线和政策，是毛泽东党的建设理论和实践的又一特

① 《毛泽东选集》第3卷，人民出版社，1991，第1079页。

色。这同样是在艰苦卓绝的革命斗争中形成的。

建党以来，中国共产党就十分重视干部的作用。在干部问题上形成一套完整的路线和政策，这是毛泽东的历史功绩。毛泽东为中国共产党确立的干部路线和政策，归根结底就是任人唯贤、德才兼备、五湖四海的干部路线和政策。这是保证党的建设伟大工程的组织基础。

任人唯贤，是针对任人唯亲说的。毛泽东认为："在这个使用干部的问题上，我们民族历史中从来就有两个对立的路线：一个是'任人唯贤'的路线，一个是'任人唯亲'的路线。前者是正派的路线，后者是不正派的路线。"① 什么是"任人唯贤"呢？用毛泽东的话来说就是，"共产党的干部政策，应是以能否坚决地执行党的路线，服从党的纪律，和群众有密切的联系，有独立的工作能力，积极肯干，不谋私利为标准，这就是'任人唯贤'的路线。"②

德才兼备，是针对干部标准上的各种偏颇说的。关于干部标准，毛泽东在不同时期有过一些具体提法，但基本精神是一致的。1937年抗日战争爆发前夕，毛泽东提出，我们党的组织要向全国发展，要自觉地造就成万数的干部，要有几百个最好的群众领袖。这些干部和领袖应当懂得马克思列宁主义，有政治远见，有工作能力，富于牺牲精神，能独立解决问题，在困难中不动摇，忠心耿耿地为民族、为阶级、为党而工作，党依靠着这些人而联系党员和群众，依靠着这些人对群众的坚强领

---

① 《毛泽东选集》第2卷，人民出版社，1991，第527页。
② 《毛泽东选集》第2卷，人民出版社，1991，第527页。

导而达到打倒敌人的目的。这些人不要自私自利，不要个人英雄主义和风头主义，不要懒惰和消极性，不要自高自大的宗派主义，他们是大公无私的民族的阶级的英雄，这就是共产党员、党的干部、党的领袖应该有的性格和作风。这就是德才兼备的干部标准。

五湖四海是针对干部问题上的宗派主义说的。毛泽东提出，指导伟大的革命，要有伟大的党，要有许多最好的干部。在一个四亿五千万人的中国，进行历史上空前的大革命，如果领导者是一个狭隘的小团体是不行的。在党的七大所做的结论里，毛泽东还回顾了土地革命战争时期错误的干部路线给党的事业造成的危害，以此说明搞五湖四海的极端重要性。

培养和造就一大批懂得运用马克思主义原理去解决各种复杂的实际问题，会治党、治国、治军的无产阶级政治家，是干部路线的中心任务。毛泽东在党的六届六中全会上提出，要在全党来一个马克思主义的学习竞赛。如果我们党有一百个至二百个系统地而不是零碎地、实际地而不是空洞地学会了马克思列宁主义的同志，就会大大地提高我们党的战斗力，并加速我们战胜日本帝国主义的工作。

毛泽东认为，领导者的责任，归结起来，主要是两件事，一是出主意，二是用干部。就用干部来说，他又提出，必须善于识别干部、使用干部和爱护干部。所谓善于识别干部，就是不但要看干部的一时一事，而且要看干部的全部历史和全部工作，这是识别干部的主要方法。所谓善于使用干部，就是要根据干部的特点、特长，把他们的智慧和力量最大限度地调动、发挥出来。毛泽东曾经把党委书记比喻为"班长"，认为党委书记要当好"班长",就应该很好地学习和研究问题,注意向党委"一班人"做宣传工作和组织工作,善于处理自己和委员之间的关系,否则就很难把这"一班人"指挥好。如果这"一班人"动作不整齐,就无法带领千百万群众去作战,去建设。所谓善于爱护干部,一是要指导他们,使他们能在党的政治路线下发挥其创造性;二是要提高他们,使他们在理论上和工作能力上提高一步;三是要检查他们的工作,使他们在党组织的监督、检查和帮助下及时纠正缺点和错误,不断进步;四是对犯错误的干部应采取说服教育的方法,不要轻易采取"戴帽子""开展斗争"的方法。

毛泽东特别强调,在干部政策问题上,坚持正派的公道的作风,反对不正派的不公道的作风,借以巩固党的统一团结,这是中央和各级领导者的重要责任。

1949 年 3 月召开的党的七届二中全会,是中国共产党从农村走向城市并成为执政党前夕召开的一次具有重大历史意义的会议。毛泽东在会上所做的报告中,不但提出了创建新中国的各项基本政策,指出中国由农业国转变为工业国、由新民主主义社会转变为社会主义社会的发展方向,而且严肃地告诫全党:务必使同志们继续地保持谦虚、谨慎、不骄、不躁的作风,务必使同志们继续地保持艰苦奋斗的作风。他要求全党防止骄傲、以功臣自居、不求进步、贪图享乐四种情绪,防止糖衣裹着的炮弹的攻击。这实际上提出了我们党在成为执政党以后,如何继续坚持从思想上建设党,防止在歌舞升平的和平年代里自我解除思想武装的严肃课题。

历史证明了毛泽东的预见。

五　闯过夺取全国胜利关，创建中华人民共和国

　　蒋介石集团在抗日战争胜利后悍然发动全面内战，毛泽东抓住蒋介石集团发动内战丧失民心、政治力量对比发生根本变化的历史机遇，从政治斗争、军事斗争、建立最广泛的人民民主统一战线入手，成功解决了决战决胜问题，赢得了中国革命战争的彻底胜利。

　　抗日战争胜利后，中国再次面临内战危机。这是由蒋介石集团顽固坚持反共立场造成的。当时，经过了长期抗战的中国人民人心思定。毛泽东审时度势，不顾个人安危，毅然决定赴重庆谈判，在全国人民特别是各民主党派面前昭示了中国共产党谋求和平建国的诚意。随后，又围绕停战谈判和政治协商会议召开，与各民主党派合作，同蒋介石集团展开了针锋相对的政治斗争。这些斗争使得中国共产党在内战爆发之前，就在道义上赢得了主动，争取了民心。

　　1946 年 6 月，蒋介石集团悍然发动全面内战。他们为一时来势汹汹、接连得手的假象所迷惑，殊不知已在不知不觉之中将自己置于全中国人民的反对声中，成为中国人民的公敌。毛泽东胸有全局，沉着应对，精心组织了粉碎国民党军全面进攻、重点进攻的军事斗争，并抓住时机指挥刘伯承、邓小平率领的中原野战军挺进大别山，彻底改变了中国人民解放军战略防守的态势，直接转入战略进攻，将战争深入到国民党统治区域内。随后，又抓住敌我力量对比的关键时刻，组织实施了辽

沈、平津、淮海三大战役，将国民党军主力聚歼于长江以北，为渡过长江、占领南京、解放全中国创造了条件。这以后，全国解放只是时间问题了。与此同时，国民党统治区域也爆发了反内战、反饥饿的罢工、罢课和游行示威，各民主党派纷纷发表声明，接受中国共产党的领导。国统区第二条战线的形成，表明国民党政权已处于四面楚歌的境地。在中国革命即将胜利的关键时刻，毛泽东告诫全党，政策和策略是党的生命，各级领导万万不可粗心大意。如果我们只取得了军事斗争的胜利，而在工商业政策上、土地政策上、城市政策上犯了错误，同样也会使革命半途而废。为此，毛泽东重申党的各项土地政策，完善和发展党的城市政策和工商业政策，严肃纠正各种"左"倾错误，并适时提出"五一口号"，为人民民主统一战线的建立和巩固奠定了坚实的政治基础。

解放战争时期，是毛泽东思想炉火纯青、最为成熟、最为自如的时期。毛泽东为中国革命的彻底胜利，为中华人民共和国的创建，立下了汗马功劳！正如邓小平所说："没有毛主席，至少我们中国人民还要在黑暗中摸索更长的时间。"① 这是公允之论。

六　卓越的理论贡献

在中国革命实践中，毛泽东思想不但解决了一系列最为紧迫的问题，而且遵循马克思列宁主义关于帝国主义和社会主义

---

① 《邓小平文选》第 2 卷，人民出版社，1994，第 345 页。

革命时代殖民地民族解放运动理论，从中国革命实际出发，成功地解决了民主革命和社会主义革命的关系问题。

在中国的特殊条件下，无产阶级及其政党能不能直接领导民主革命？能不能在民主革命胜利以后，通过无产阶级对统一战线的领导，并建立某种特殊形态的过渡性社会，逐步向社会主义社会和平过渡，避免资本主义发展前途，免除像俄国十月革命那样的第二次革命？解决这两个问题，构成了中国革命的上篇和下篇。毛泽东经过长期的思索和实践，创造性地解决了这两个问题。

第一，区别新旧两种民主主义革命，是毛泽东的重大理论贡献，也是他关于新民主主义理论的全部立论基础。

新旧两种民主革命，革命的性质和任务基本没变，但是国际阵线、领导力量和革命前途都发生了截然不同的变化。中国的新民主主义革命，不再属于世界资产阶级民主主义革命的范畴，而属于世界无产阶级社会主义革命的一部分，成为世界社会主义革命战线的同盟军；革命的领导者，不再是资产阶级及其政党，而是无产阶级及其政党；革命的目的和前途，"决不是也不能建立中国资产阶级专政的资本主义的社会，而是要建立以中国无产阶级为首领的中国各个革命阶级联合专政的新民主主义的社会，以完结其第一阶段。然后，再使之发展到第二阶段，以建立中国社会主义的社会"。[①] 新民主主义革命理论的提出，使中国的民主革命同无产阶级的直接领导、同社会主义紧密地联系起来，形成一个不可分割的整体。这在马克思主

---

① 《毛泽东选集》第 2 卷，人民出版社，1991，第 672 页。

义中国化的历史过程中，是一个决定性的突破。

毛泽东在区分新旧两种民主革命的同时，还阐明了新民主主义同孙中山三民主义的关系。他所强调的孙中山的三民主义，是包括"联俄、联共、扶助农工"三大政策的新三民主义。他认为，这种新三民主义和中国共产党在民主革命阶段的政治纲领基本上相同。而不同的是：第一，革命的一部分纲领不同；第二，有无社会主义革命阶段不同；第三，宇宙观不同；第四，革命的彻底性不同。这些区别的核心，是无产阶级及其政党对民主革命的领导、社会主义的发展前途这两大基本问题。系统地阐明新民主主义和三民主义的联系和区别，也就解决了中国共产党的民主革命纲领同孙中山的三民主义革命纲领的继承和发展的关系，也就完成了中国近代从孙中山到毛泽东的历史性跨越。

第二，正确处理新民主主义同社会主义的关系。不但从理论上说明了新民主主义革命同社会主义革命是中国革命的上下篇，而且在革命纲领和社会政策上把两者严格地区别开来。

毛泽东指出："没有一个新民主主义的联合统一的国家，没有新民主主义的国家经济的发展，没有私人资本主义经济和合作社经济的发展，没有民族的科学的大众的文化即新民主主义文化的发展，没有几万万人民的个性的解放和个性的发展，一句话，没有一个由共产党领导的新式的资产阶级性质的彻底的民主革命，要想在殖民地半殖民地半封建的废墟上建立起社会主义社会来，那只是完全的空想。"①

---

① 《毛泽东选集》第3卷，人民出版社，1991，第1060页。

在阐明新民主主义和社会主义既相联系又相区别的时候，毛泽东始终强调两点：第一，新民主主义和社会主义有严格的界限；第二，新民主主义和社会主义之间没有一条不可逾越的鸿沟。这就为新民主主义作了科学的定位。这个定位，对于中国找到一条不经过资本主义阶段而逐步转变为社会主义社会的道路，具有决定性意义。这样，既坚持了革命的阶段论，同"左"倾冒险主义和民粹主义划清了界限；又坚持了革命的发展论，同"二次革命论"划清了界限，从而实现了中国"卡夫丁峡谷"的历史性跨越。中国革命因此走出了一条既不同于西方资产阶级民主革命又不同于俄国十月革命的新路。

第三，制定既反右又反"左"的民主革命纲领。

毛泽东提出了新民主主义的两条基本纲领。其一，是建立在无产阶级领导下的最广泛的反帝反封建的革命统一战线，实行新民主主义的政治纲领，其最终结果是建立各个革命阶级联合专政的国家，即"工人阶级（经过共产党）领导的以工农联盟为基础的人民民主专政"。① 其二，是彻底实行"耕者有其田"和"没收官僚资本""节制私人资本"的新民主主义经济纲领，建立新民主主义社会。

这些纲领，具有双重的意义。"一方面和旧形式的、欧美式的、资产阶级专政的、资本主义的共和国相区别……另一方面，也和苏联式的、无产阶级专政的、社会主义的共和国相区别"。② 它既保证了反帝反封建民主革命任务的彻底实现，又

---

① 《毛泽东选集》第4卷，人民出版社，1991，第1480页。
② 《毛泽东选集》第2卷，人民出版社，1991，第675页。

避免了欧美式的、资产阶级专政的、资本主义共和国的前途；既保证了中国民主革命成功后的社会主义发展方向，又避免了在民主革命阶段就去勉强完成社会主义的任务；既反对取消无产阶级领导和社会主义前途的资产阶级专政论，也反对混淆民主革命和社会主义革命的"左"倾空谈主义。总之，这既是一个集中国新旧民主革命经验之大成的彻底反帝反封建的民主革命纲领，也是一个既反右又反"左"的正确纲领。

第四，坚持"两点论"的对资政策。

在确定新民主主义的政治纲领和经济纲领的时候，必须解决对民族资产阶级和民族资本的政策问题。毛泽东对民族资产阶级的论断，不但正确地分析了在革命时期民族资产阶级具有两重性，而且肯定了民族资本在建设新民主主义社会中的地位和作用。由于民族资产阶级参加了人民民主革命，"并由于中国经济现在还处在落后状态，在革命胜利以后一个相当长的时期内，还需要尽可能地利用城乡私人资本主义的积极性，以利于国民经济的向前发展。在这个时期内，一切不是于国民经济有害而是于国民经济有利的城乡资本主义成分，都应当容许其存在和发展。这不但是不可避免的，而且是经济上必要的"。[①]

毛泽东在肯定"资本主义经济在中国社会中会有一个相当程度的发展"的同时，也提醒人们注意"这只是中国革命的一方面的结果，不是它的全部结果。中国革命的全部结果是：一方面有资本主义因素的发展，又一方面有社会主义因素

---

① 《毛泽东选集》第4卷，人民出版社，1991，第1431页。

的发展"；① 在强调一切于国民经济有利的城乡私人资本主义的同时，要"对于资本主义采取恰如其分的有伸缩性的限制政策"，"限制和反限制，将是新民主主义国家内部阶级斗争的主要形式"。②

坚持"两点论"，不是没有重点。越是革命将要成功，胜利在望，毛泽东越是把强调的重点放在防止和反对在民族资产阶级和民族资本问题上的"左"倾冒险主义。这是有深刻道理的。

未来是历史的延续。毛泽东开创的中国新民主主义革命道路，继承了孙中山，又不同于孙中山；源于马克思列宁主义，又区别于俄国十月革命。这是毛泽东的过人之处，也是他对科学社会主义理论的重大贡献。

这条道路的成功，奠定了毛泽东的历史地位，其最重要的成果，莫过于中华人民共和国的创建。这条道路的成功，也为毛泽东继续探索，带领新中国走出一条有别于苏联的向社会主义社会过渡的新路创造了条件。

---

① 《毛泽东选集》第 2 卷，人民出版社，1991，第 650 页。
② 《毛泽东选集》第 4 卷，人民出版社，1991，第 1431、1432 页。

第二章

决策抗美援朝

抗美援朝，是新中国成立以后立即面临的一场局部战争。这场战争，本来是我们力图避免的，但是它终于降临到我们头上。这场战争，对刚刚建立的新中国，对刚刚结束了中国革命的中华民族来说，都是一个重大挑战。爱好和平的中国人，不想惹事，但也决不怕事。毛泽东带领中国共产党和中国人民，不但敢于出兵朝鲜，而且最终赢得了这场战争；通过这场战争，教训了不可一世的美国当局，为新中国和平建设赢得了宝贵的和平环境。

一 抗美援朝的出兵决策是怎样做出的？

从朝鲜战争爆发起，中国领导人就高度重视这场战争，密切关注这场战争的进程。中国领导人对这场战争的估计，以及逐渐意识到有可能需要中国出兵援助，到最终做出出兵决策，经历了四个阶段的变化。

第一个阶段：1950 年 6 月 25 日朝鲜战争爆发到双方在洛

东江附近打成胶着状态以前

1950 年 6 月 25 日，朝鲜战争爆发。6 月 27 日，美国总统杜鲁门下令美军第七舰队进入台湾海峡。6 月 30 日，又下令美国陆军干涉朝鲜战争。此举一下子把中国台湾问题同朝鲜战争绑定在一起，做出了干涉朝鲜、剑指新中国的姿态。随后，又"挟天子以令诸侯"，于 7 月 7 日在联合国安理会通过决议，组成以美国为首的"联合国军"，武装干涉朝鲜战争。

刚刚摆脱长期战争困扰，面临国内恢复经济、巩固政权、治理社会等项繁重任务的新中国，始终不希望在自己的近邻发生战事。然而，这种情况既然发生，就必须勇敢地面对。

在朝鲜战争爆发以后，中国政府的基本态度是：赞成金日成进行的统一战争，但把它看成是朝鲜的内政。希望能顺利解决问题，但不准备参与。

周恩来说："原来设想是赶李承晚下海，一鼓而下，很快地解放全朝鲜，使得战争很快结束，至少告一段落。如果美帝国主义要援助的话，他也需要有长期的准备和调动更大的兵力，才能进行登陆作战。这种前途对朝鲜是有利的，朝鲜人民也向着这个目标努力的。但根据两个月来的作战情况，这一设想大体上是不可能实现了。"[①] 这是 8 月底讲的，大体上反映了 6 月下旬到 8 月初中央领导人的基本看法。

1950 年 7 月 13 日决定成立东北边防军，是这一阶段中共中央采取的一项重大举措。当时的重点是不是在出兵呢？据周

---

① 《周恩来军事文选》第 4 卷，人民出版社，1997，第 44 页。

恩来说："我们在第一种设想情况下组织边防军，是备而不用。"①

第二个阶段：1950 年 8 月上旬至 9 月 15 日美军在仁川登陆以前

进入 1950 年 8 月，朝鲜战争双方在朝鲜半岛南端形成了胶着状态。

面对新的情况，中国政府基于新的判断，对应对措施做出重新调整。这时的基本判断是：朝鲜战争有长期化的可能，估计朝鲜人民军有能力进行持久战争。同时，要求东北边防军积极做好准备，力争必要时出手即胜。

8 月 4 日，毛泽东在中共中央政治局扩大会议上说：如美帝得胜，就会得意，就会威胁我。对朝鲜不能不帮，用志愿军的形式，时机当然还要适当选择，我们不能不有所准备。②

第二天（8 月 5 日），毛泽东致电高岗，要求东北边防军要在一个月内完成一切准备工作，准备 9 月上旬能够投入作战。

8 月 18 日，毛泽东又把完成作战准备的时间推迟了半个多月，要求在 9 月 30 日以前完成一切准备工作。③ 这在一定程度上反映出，经过一段时间的观察，毛泽东等中国领导人，对于朝鲜人民军进行持久作战的能力有了一定的信心。

当时中国领导人对朝鲜战局的估计是怎样的？8 月 26 日

---

① 《周恩来军事文选》第 4 卷，人民出版社，1997，第 45 页。
② 见《毛泽东年谱（1949～1976）》第 1 卷，中央文献出版社，2013，第 168 页。
③ 见《建国以来毛泽东军事文稿》上卷，军事科学出版社、中央文献出版社，2010，第 184 页。

周恩来说："现在，朝鲜的敌人变成了一个拳头……因此，不能不设想第二种情况，即战争的长期化。要准备在长期化的战争中逐步消灭敌人。在适当的情况下，朝鲜人民军向后撤一下，使敌人深入，分散兵力，然后达到分路歼敌的目的。这同我们的准备工作是有联系的。"他提出，"我们在第一种设想情况下组织边防军，是备而不用；在第二种设想情况下，是加重了我们的责任，并且应该很快地积极准备。因为这种情况即将成为现实。"①

朝鲜战争由于美国参战变得长期化了，中国要不要出兵？毛泽东说，对朝鲜要帮。这个"帮"是什么含义？周恩来说："根据中国访问朝鲜代表团反映，朝鲜足有进行长期战争的条件。""这说明朝鲜进行长期战争的基本条件是存在的。但最后将美军各个歼灭，看来这个任务势必落在我们肩上。"②

9月5日，毛泽东也说："就目前的情况来看，朝鲜战争持久化的可能性正在逐渐增大。过去，我们对于朝鲜战局的估计有速决和持久两种可能性。所谓速决，就是朝鲜人民军乘胜追击，把美军和李承晚的残余伪军赶到海里去。现在美国在朝鲜已经增加了它的军队，因而战争持久的可能性也就随之增加了。"③

毛泽东的立足点在朝鲜自身的力量上。他说："朝鲜人民是可能坚持这个持久的战局的，他们动员的人力已超过一百

---

① 《周恩来军事文选》第4卷，人民出版社，1997，第45页。
② 《周恩来军事文选》第4卷，人民出版社，1997，第45、43页。
③ 《毛泽东文集》第6卷，人民出版社，1999，第92页。

万，朝鲜人民军队现在有十几万人，今后还能继续补充。"①

前两个阶段，中国领导人对美国的意图是怎样看的呢？周恩来讲过这样一段话："六月二十五日朝鲜战争爆发，给了我们新的课题：支援朝鲜人民，推迟解放台湾。美帝国主义企图在朝鲜打开一个缺口，准备世界大战的东方基地，至少企图将朝鲜人民军压至三八线以北。因此，朝鲜确实已经成为目前世界斗争的焦点。"② 这反映了当时中国领导人对美国干涉朝鲜企图的判断。

值得指出的是，自从朝鲜战争爆发以后，对美国政府向中国发出的每一个挑衅行动，中国政府都做出了强烈的反应。如对 6 月 27 日杜鲁门总统的声明，6 月 28 日毛泽东即郑重宣告："全国和全世界人民团结起来，进行充分的准备，打败美帝国主义的任何挑衅。"7 月 7 日，美国等国组成"联合国军"。7月 13 日，中央军委下达组成东北边防军的命令。

第三个阶段：1950 年 9 月 15 日美军在仁川登陆到 10 月 7 日美军越过"三八线"

9 月 15 日，美军在仁川登陆，朝鲜战局迅速逆转。

9 月 20 日，周恩来致电中国驻朝鲜大使倪志亮，要他转告金日成："我们认为你的长期作战思想是正确的。朝鲜军民的英勇是令人感佩的。估计敌人在仁川方面尚有增加的可能，其目的在于向东延伸占领，切断朝鲜南北交通，并向三八线进逼，而人民军必须力争保住三八线以北，进行持久战方有可

① 《毛泽东文集》第 6 卷，人民出版社，1999，第 92 页。
② 《周恩来军事文选》第 4 卷，人民出版社，1997，第 45、43 页。

能。因此，请考虑在坚持自力更生长期奋斗的总方针下如何保存主力便于各个歼灭敌人的问题。""敌人要求速决害怕持久，而人民军则速决既不可能，惟有以持久战争取胜。"① 这个电报，经过毛泽东的修改。

这时，中国政府不能不开始作最坏的打算，既做好万不得已时出兵朝鲜在准备，也把努力的重心放在尽可能避免朝鲜战争的扩大化。这时的基本判断是：朝鲜战局十分严重，而且有进一步扩大到"三八线"以北地区的危险。希望朝鲜人民军迅速撤至"三八线"以北，在自力更生、长期奋斗的总方针下保存主力。中国方面，一面积极做准备，一面做最大的外交努力，力争避免朝鲜战争的扩大化。

10 月 1 日夜，周恩来又致电倪志亮转金日成。根据朝鲜人民军第一方面军的八个师被隔断的情况，提出"你们的军队必须迅速北撤，愈快愈好"。②

此刻，朝鲜战火已有向"三八线"以北进一步扩大的态势，而"三八线"是中国政府决定出不出兵的底线。③ 在这种情况下，中国政府为了避免朝鲜战争扩大化，采取了一系列措施。

---

① 《周恩来军事文选》第 4 卷，人民出版社，1997，第 56、57、64 页。
② 《周恩来军事文选》第 4 卷，人民出版社，1997，第 56、57、64 页。
③ 1956 年 9 月 23 日毛泽东会见苏共中央代表团时说："美帝国主义如果干涉，不过三八线，我们不管，如果过三八线，我们一定过去打。"见《毛泽东传（1949~1976）》上，中央文献出版社，2003，第 110 页。

9月29日，中国政府得到可靠消息，美军准备越过"三八线"。9月30日，周恩来代表中国政府郑重宣告："中国人民决不能容忍外国的侵略，也不能听任帝国主义者对自己的邻人肆行侵略而置之不理。"10月3日凌晨1时，周恩来又紧急约见印度驻华大使潘尼迦，通过他转达中国政府对美国的警告："美国军队正企图越过'三八线'，扩大战争。美国军队果真如此做的话，我们不能坐视不顾，我们要管。"还说："我们主张和平解决，使朝鲜事件地方化。我们至今仍主张如此。我在十月一日的报告中也声明了我国政府的态度，我们要和平，我们要在和平中建设。"①

然而，美国当局却一再无视中国为制止战争扩大所做的种种努力。10月7日，美军大举越过"三八线"，长驱直入，一直把战火烧到鸭绿江边。如果中国政府吞下这枚苦果，后果不堪设想。

第四个阶段：从10月8日发布组成中国人民志愿军的命令到10月18日最后确定入朝作战的时间

10月1日，斯大林给中国领导人发来要求中国出兵的电报。同一天，金日成也派人送来请求中国援助的信。八天以后，中共中央正式做出出兵抗美援朝的决定。这以后，又经过了反复斟酌，在10月18日最后确定了入朝作战的时间。这就是我们熟知的出兵决策过程。

这一决策的做出，的确是十分艰难的，而且反反复复。这种情况，可以说过去从未有过。为什么会这样艰难而反复？是

---

① 《周恩来外交文选》，中央文献出版社，1990，第25、26页。

因为迫于斯大林的压力？还是另有原因？我想结合决策过程作一些分析。

第一，10月2日毛泽东给斯大林的电报尽管没有发出，但是综合在此之前毛、周的讲话和电报，可以看出，这个电报里阐述的出兵的想法，在毛的头脑里已经酝酿了一段时间，并不是在接到斯大林的电报以后才想到的，也不是只有毛泽东一个人在考虑这个问题。

最早是我们上面已经提到的8月4日毛泽东在中央政治局扩大会议上的讲话，还有8月26日周恩来在检查东北边防军准备工作的会议上的讲话，以及毛、周等人关于东北边防军的多次电报。

还有一个十分重要的细节，是《聂荣臻年谱》提供的。8月2日，代总参谋长聂荣臻向毛泽东、周恩来报告：东北军区请示，能否派部分高炮部队进入朝方一侧，保护鸭绿江大桥？8月4日，毛泽东批示同意。

这些都表明，在适当的时候出兵援助朝鲜，是从8月起逐步明确起来的一个思想。没有明确的只是什么是"适当的时候"。从东北边防军的准备期限一推再推来看，这个"适当的时候"，既要看朝鲜战局的变化情况，也要看我们的准备情况而定。而斯大林的电报和金日成的求援信，恰好促使把这个问题提上了中共中央的议事日程。

第二，在10月2日至5日中共中央开会讨论出兵问题的时候，正是朝鲜战局出现重大变化的关头。在这种情况下讨论出兵问题并要正式做出决策，面临着比以前酝酿提出这个问题的时候更加严峻的局面。这是导致中共中央决策层出现意见分歧的一个最重要的因素。

按照原先的设想，一种是"备而不用"；一种是以朝鲜人民军的力量为主，我们在关键的时候帮他们一把，助一臂之力。这在中央领导层里是没有不同意见的。然而，到了10月初，情况完全变了。中国军队不但要准备担负起抗美援朝战争的责任，而且要准备同美国军队独立作战。这是和以前考虑的情况根本不同的。这意味着：对手更强（直接同美军交战），担子更重（独立支撑战争），赢得战争的把握变小，战争更加残酷，对国内的威胁和消耗更加严重。这无疑加重了决策的风险和难度。

毛泽东也深刻地意识到了这个问题的严重性。因此，他在10月4日的中央政治局扩大会议上，专门让与会者摆了出兵不利的方面，也就是我们通常所说的不同意出兵的理由。毛泽东也承认，这些都有道理。

第三，尽管中共中央讨论出兵决策出现了意见分歧，但是大敌当前，情况危急，中国已经没有多少回旋余地，这些促使中国领导人终于统一了认识，做出了抗美援朝的决策。

10月7日，美军越过"三八线"。10月8日，中共中央发出组建中国人民志愿军的命令，并派周恩来赴苏联同斯大林会谈。这不是时间上的巧合，而是集中体现了两个事件之间的密切联系。

如上所说，"三八线"是中国领导人决定出不出兵的一条底线。如果美军不越过"三八线"，中国就不会出兵；一旦美军越过"三八线"，中国势必出兵。是朝鲜战局恶化，美军大举越过"三八线"，促成了中共中央领导层最终的高度一致。

第四，中国领导人，包括毛泽东在内，都曾渴望得到苏联的先进装备和空军掩护，并且派周恩来去苏联同斯大林商谈，作了最大的努力。但是，当斯大林明确表示不能出动空军入朝参战的时候，中国政府以自己的行动表明，中国的抗美援朝最终是不以苏联是否出动空军掩护作为先决条件的。

二 指导第一次战役到第五次战役

毛泽东和中央军委同远在前线的彭德怀及中国人民志愿军司令部，进行指挥和组织实施了第一次战役到第五次战役，把"联合国军"从鸭绿江边赶回到"三八线"附近，并逐步形成了稳定的攻防线，为后来达成朝鲜停战协议创造了基本条件。从现有的材料来看，在指挥上述五次战役的过程中，毛泽东根据朝鲜战局不断对预定的指导思想做出重大调整，确保了抗美援朝战争的主动权始终掌握在我方手中。其间，大体经过六次比较大的变化。

1. 1950 年 10 月上旬：摆在三八线以北地区，防御到来年春天，再考虑进攻的问题

1950 年 10 月 2 日，决策出兵前，毛泽东给斯大林写了一个电报。尽管这个电报没有发出，但是从中可以看出他对出兵的一些设想。电报说："在目前的情况下，我们决定将预先调至南满洲的十二个师（五六个不够）于十月十五日开始出动，位于北朝鲜的适当地区（不一定到三八线），一面和敢于进攻三八线以北的敌人作战，第一个时期只打防御战，歼灭小股敌人，弄清各方面情况；一面等候苏联武器到达，并将我军装备起来，然后配合朝鲜同志举行反攻，歼灭美国侵略军。"①

电报还提出这场战争有可能被控制为局部战争的设想："只要我军能在朝境内歼灭美国军队，主要地是歼灭其第八军（美国的一个有战斗力的老军），则第二个问题（美国和中国宣战）的严重性虽然依然存在，但是，那时的形势就变为于革命阵线和中国都是有利的了。这就是说，朝鲜问题既以战胜美军的结果而在事实上结束了（在形式上可能还未结束，美国可能在一个相当长的时期内不承认朝鲜的胜利），那末，即使美国已和中国公开作战，这个战争也就可能规模不会很大，时间不会很长了。"他特别强调："我军目前尚无一次歼灭一个美国军的把握"。②

同时，毛泽东也作了坏的打算："我们认为最不利的情况是中国军队在朝鲜境内不能大量歼灭美国军队，两军相持成为僵局，而美国又已和中国公开进入战争状态，使中国现在已经开始的经济建设计划归于破坏，并引起民族资产阶级及其他一部分人民对我们不满（他们很怕战争）。"③

2. 1950 年 10 月中下旬：摆在平壤至元山以北地区，构筑防御阵线，六个月后再谈攻击的问题

在决策抗美援朝的过程中，毛泽东认真研究日益恶化的朝鲜战局，结合考虑苏联不出动空军等复杂因素，更加明确了中

---

① 《毛泽东文集》第 6 卷，人民出版社，1999，第 98 页。
② 《毛泽东文集》第 6 卷，人民出版社，1999，第 97～98 页。
③ 《毛泽东文集》第 6 卷，人民出版社，1999，第 98 页。

国人民志愿军入朝后的最初作战方针。

首先是 10 月 13 日毛泽东给周恩来的电报。在苏联暂不出动空军的情况下，电报说："在第一时期可以专打伪军，我军对付伪军是有把握的，可以在元山、平壤线以北大块山区打开朝鲜的根据地，可以振奋朝鲜人民重组人民军。两个月后，苏联志愿空军就可以到达。六个月后可以收到苏联给我们的炮火及坦克装备，训练完毕即可攻击美军。在第一时期，只要能歼灭几个伪军的师团，朝鲜局势即可起一个对我们有利的变化。"①

10 月 14 日，毛泽东给周恩来的又一个电报里，还提出："在平壤、元山铁路线以北德川、宁远公路以南地区构筑两道至三道防御阵线。如敌来攻则在阵地前面分割歼灭之，如平壤美军、元山伪军两路来攻则打孤立较薄弱之一路。""在六个月内如敌人固守平壤、元山不出，则我军亦不去打平壤、元山。在我军装备、训练完毕，空中和地上均对敌军具有压倒的优势条件之后，再去攻击平壤、元山等处，即在六个月以后再谈攻击问题"。②

从以上两个电报可以看出，毛泽东的部署发生了两个重要变化。一是作战对象，从打美军为主变为专打南朝鲜军队；二是防御线从"三八线"以北退到了平壤、元山以北。但有一点还不变，就是仍然要到半年以后再谈攻击的问题。

上述方针的核心之点，是要先在朝鲜北部地区站稳脚跟、

① 《毛泽东文集》第 6 卷，人民出版社，1999，第 103 页。
② 《毛泽东文集》第 6 卷，人民出版社，1999，第 105 页。

重新装备训练，然后再图发展。这一方针实现的前提条件，是朝鲜战局能够较长时间稳定在平壤附近。后来，随着美军等快速挺进到鸭绿江边附近，这种作战条件不复存在。

当时中共中央还对整个出兵决策的结局作了三种估计："（一）邻境战争，国内平安；（二）邻境战争，国内被炸；（三）邻境战争，敌人在我海口登陆，全国卷入战争。我们的对策暂以第二种局势为基点。"①

3. 第一次战役打响以后：利用志愿军入朝作战的突然性，力争在朝鲜北部接连给敌人以一个至两个较大的打击，使该线的防御局面改变为进攻局面

志愿军渡江后，情况发生了很大变化。原定的阻敌方案，即在平壤、元山一线防御六个月以后再进攻的作战部署，已经不适用了。毛泽东决心利用入朝作战的突然性，改取运动歼敌。

10 月 21 日凌晨 2 时 30 分，毛泽东致电彭德怀等，正式下达第一次战役的部署。他看出麦克阿瑟在战略判断上犯了一个大错误，即"美伪均未料到我志愿军会参战，故敢于分散为东西两路，放胆前进"。他断定："此次是歼灭伪军三几个师争取出国第一个胜仗，开始转变朝鲜战局的极好机会。"②

过了一个小时，毛泽东又电告邓华等："现在是争取战机

---

① 《陈云文集》第 2 卷，中央文献出版社，2005，第 181 页。

② 《建国以来毛泽东军事文稿》上卷，军事科学出版社、中央文献出版社，2010，第 268 页。

问题，是在几天之内完成战役部署以便几天之后开始作战的问题，而不是先有一个时期部署防御然后再谈攻击的问题。"①

毛泽东在 10 月 23 日复彭德怀的电报中指出：朝鲜战局，就军事方面来说决定于下列几点。第一，目前正在部署的战役是否能利用敌人完全没有料到的突然性全歼两个、三个甚至四个伪军师。此战如果是一个大胜仗，则敌人将作重新部署，立即处于被动地位；如果这次突然性的作战胜利不大，使我不得不于阵前撤退，则形势将改到于敌有利。第二，敌人飞机杀伤我之人员、妨碍我之活动究竟有多大。如果我能利用夜间行军作战做到很熟练的程度，则我军可以继续进行野战及打许多孤立据点，如此便有迫使美国和我进行外交谈判之可能；如果敌人飞机对我的伤亡和妨碍大得使我无法进行有利的作战，则在我飞机条件尚未具备的半年至一年内，我军将处于很困难的地位。第三，如果美国再调五个至十个师来朝鲜，而在这以前我军又未能在运动战中及打孤立据点的作战中歼灭几个美军师及几个伪军师，则形势也将于我不利；如果相反，则于我有利。以上这几点，均可于此次战役及尔后几个月内获得经验和证明。总之我们应在稳当可靠的基础上争取一切可能的胜利。②

1950 年 10 月 25 日，第一次战役在遭遇战中打响。这同

---

① 《建国以来毛泽东军事文稿》上卷，军事科学出版社、中央文献出版社，2010，第 270 页。

② 见《毛泽东文集》第 6 卷，人民出版社，1999，第 107～108 页。

时也是中国人民志愿军入朝作战后打的第一仗，后来成为中国人民志愿军抗美援朝、保家卫国作战纪念日。

经过从 10 月 25 日至 11 月 5 日的艰苦作战，毙、伤、俘敌人 1.5 万余人。"联合国军"从此再没有能接近中朝边境半步。

第一次战役是入朝行进当中的遭遇战。为扩大战役效果，志愿军决心主动发起第二次战役。第二次战役于 11 月 25 日至 12 月 24 日进行。如果说，第一次战役对敌人来说带有出其不备的性质，第二次战役则带有乘胜追击的特点。

在毛泽东看来，第一次战役，关键是要解决能不能站稳的问题。这个问题经过第一次战役，他认为是解决了。11 月 13 日，毛泽东致电斯大林说："据我的观察，朝鲜的战局，是可以转变的。现在我志愿军十六个师在朝鲜西北战线方面，已给了敌人第一个打击，已经初步地立稳了脚跟，只要能再给该线敌人（八个师）以一个至二个较大的打击，就能将该线的防御局面改变为进攻局面，而这是有可能的。东北战线方面，我志愿军仅有两个师，敌人（五个师）还很猖獗，现在增派八个师去，准备给敌人一个打击，转变该线的战局。"①

第二次战役比第一次战役打的还要漂亮，歼敌 3.6 万余人，把"联合国军"一举赶回"三八线"以南。经过第二次战役，毛泽东认为解决了战争的主动权问题，朝鲜战局从防御退却转入全线反攻，而且进到了"三八线"附近，反击的作战意图基本实现。

① 《毛泽东军事文集》第 6 卷，军事科学出版社、中央文献出版社，1993，第 201 页。

4. 第三次战役发起前后：战争仍要作长期打算，速胜的观点是有害的。但从政治上考虑，我军必须越过"三八线"

第一次战役和第二次战役的胜利，也鼓舞了朝鲜人民军的士气。在第二次战役发起后不久，金日成专程赶到北京，商讨下一步作战方针等问题。1950 年 12 月 3 日，毛泽东在会见金日成时，对朝鲜战局发展前途做出两种可能的估计。他说："战事有可能迅速解决，但也可能拖长，我们准备至少打一年，朝鲜方面也应作长期打算。"① 这里，毛泽东强调的重点，是准备长期。

1950 年 12 月 26 日，毛泽东致电彭德怀等，提出："战争仍然要做长期打算，要估计到今后许多困难情况。要懂得不经过严重的斗争，不歼灭伪军全部至少是其大部，不再歼灭美英军至少四五万人，朝鲜问题是不能解决的，速胜的观点是有害的。"②

但在这时，12 月 14 日，联合国通过了"停火决议"。前一天，12 月 13 日，毛泽东在给彭德怀的电报里又强调指出："目前美英各国正要求我军停止于三八线以北，以利其整军再战。因此，我军必须越过三八线。如到三八线以北即停止，将给政治上以很大的不利。"③

为了不让美国操纵联合国通过的"停火协议"阴谋得逞，

---

① 《建国以来毛泽东军事文稿》上卷，军事科学出版社、中央文献出版社，2010，第 388 页。
② 《毛泽东军事文集》第 6 卷，军事科学出版社、中央文献出版社，1993，第 250、239 页。
③ 《毛泽东军事文集》第 6 卷，军事科学出版社、中央文献出版社，1993，第 250、239 页。

中国人民志愿军于 1950 年 12 月 31 日组织发起了第三次战役。1951 年 1 月 4 日攻克当时的汉城（即今韩国首都首尔）。第三次战役共歼敌 1.9 万人，大获全胜。连续经过三次战役，部队极度疲劳，作战物资供应不上，志愿军总部主动于 1951 年 1 月 8 日下达命令，结束了第三次战役，部队转入休整补充。

5. 第四次战役至第五次战役期间：希望在中朝大军压迫下，或者由中朝军队打得美军无法再打下去的情况下，迫使美军退出南朝鲜，根本解决朝鲜问题

在连续取得三次战役的胜利后，毛泽东曾经作过一种估计，即在中朝大军的压迫下，或者由中朝军队打得美军无法再打下去的时候，迫使美军退出南朝鲜，根本解决朝鲜问题。从事后情况看，这显然是一个乐观的估计。

1951 年 1 月 14 日，毛泽东致电彭德怀。第二天，1 月 15 日，又把这个电报转发给斯大林。电报说："今后敌人统帅部的方针有两种可能性。（一）在中朝两大军队压力下，略作抵抗，即退出南朝鲜。如果是这样，那就是我们的充分准备工作的结果，因为敌人知道我们做了充分的准备工作，我们的军事力量更加强大了，敌人才知难而退。（二）敌人在大丘、釜山地区作顽强抵抗，要待我们打得他们无法再打下去了，方才退出南朝鲜。如果是这样，我们必须做充分准备才能再战……有一种可能，即客观形势迫使我们在二月间就要打一仗，打了再休整，再去完成最后一战的准备工作，这一点也要估计到。"①

毛泽东在这里做了两种估计，一种是乐观的，希望短期内

---

① 《抗美援朝战争史》第 2 卷，军事科学出版社，2000，第195 页。

解决问题；另一种是准备长期。他这时的重点是在争取短期解决问题。当时，除了战场上进展比较顺利以外，还有一个重要的因素，促使他力争短期。这就是国内承受了巨大的财政压力，而且毛泽东也看出，美国想打一场消耗战，来拖垮新生的共和国。从这方面考虑，也希望短期内解决问题。

但是，第四次和第五次战役都表明，中国还不具备能够短期内解决问题的实力，最后的胜利必须通过长期战争才能得到。

如果说，前三次战役都是中国人民志愿军主动发起的，第四次战役的发起有了很大不同。"联合国军"乘我军休整之机，迅速调整好阵容，即于1951年1月25日向正在休整的志愿军部队发起进攻。志愿军一边结束休整，一边组织反击，并主动放弃汉城，在边退却边防守中最终把"联合国军"阻止在"三八线"附近。第四次战役历时近3个月，于4月21日结束，歼敌7.8万人。战役中，美军撤换了麦克阿瑟，由李奇微担任"联合国军"总司令。

在第四次战役中，我方也果断做出重大调整。

第一，做出了各大军区部队轮番入朝作战的决定。

中共中央军委根据毛泽东的意见，于2月7日做出决定，实行轮番作战。即将过去从国内部队抽调老兵补充志愿军的办法，改为以军为单位，成建制地由国内调往朝鲜战场，轮番作战。2月25日，根据毛泽东的指示，中央军委副主席周恩来和彭德怀共同召集军委各总部负责人会议，讨论各大军区部队轮番入朝参战和如何保障志愿军物资供应问题。就在这一天，以杨得志为司令员的第十九兵团作为第二番兵力入朝参战。3月18日，陈赓为司令员的第三兵团，也入朝参战。

3月1日，周恩来就朝鲜战局和志愿军采取轮番作战方针问题为毛泽东起草了一封给斯大林的电报，经毛泽东修改后发出。电报说："从目前朝鲜战场最近进行的战役（按：指第四次战役）中，可以看出，敌人不被大部消灭，是不会退出朝鲜的，而要大部消灭这些敌人，则需要时间，因此，朝鲜战争有长期化的可能，至少我应作两年的准备。""为粉碎敌人意图，坚持长期作战，达到逐步歼灭敌人之目的，我中国志愿军拟采取轮番作战的方针。""总之，在美国坚持继续作战，美军继续获得大量补充并准备和我军作长期消耗战的形势下，我军必须准备长期作战，以几年时间，消耗美国几十万人，使其知难而退，才能解决朝鲜问题。"① 还说，彭德怀希望苏联尽快派空军掩护中朝军队的后方。3日，斯大林复电，同意派两个苏联空军驱逐机师进入朝鲜境内作战，掩护中朝军队的后方。

第二，提出了"朝鲜战争能速胜则速胜，不能速胜则缓胜，不要急于求成"，使战役指导上有更大的回旋余地。

1951年2月21日，彭德怀从前线回到北京，向毛泽东详细汇报了朝鲜战争情况，突出地提出兵员不足和后勤保障问题。毛泽东经过认真思考，向彭德怀提出："朝鲜战争能速胜则速胜，不能速胜则缓胜，不要急于求成。"② 这使彭德怀有了很大的相机处置的余地。这个方针，同毛泽东在第三次战役结束不久所做的乐观估计是不同的。

---

① 《周恩来军事文选》第4卷，人民出版社，1997，第162、164页。

② 《彭德怀自述》，人民出版社，1981，第261页。

经过一、二、三次战役的战略进攻，又经历了第四次战役的积极防御，毛泽东对朝鲜战争规律的认识逐步深化，长期作战的准备更加明确。他对抗美援朝战争总的指导方针，被概括为"战争准备长期，尽量争取短期"。

6. 第五次战役后期至停战谈判：从运动战转为阵地防御战，在战略战术上作长期准备，把战线稳定在"三八线"附近。同时，以打促谈，力争通过谈判解决问题

第五次战役的准备工作，是在第四次战役边退却边防守中完成的。第四次战役结束的第二天，即 1950 年 4 月 22 日，中国人民志愿军发起第五次战役，全线实行反击，迫使"联合国军"向"三八线"以南退后了 50～70 公里。随机进入双方对峙状态，直至 6 月 10 日第五次战役结束。第五次战役共歼敌 8.2 万人。

这次战役是抗美援朝战争期间中朝方面发起的最后一次大型战役，此后战争逐步转入边打边谈、谈谈打打的持久战。

第五次战役中，继续对抗美援朝的特殊规律进行摸索，相继实现了两个转变，即从打大规模的歼灭战向打小规模的歼灭战（"零敲牛皮糖"）转变，装备物资从主要取之于战场和自身携带向建立现代化后勤保障体系转变；从打运动战为主向打阵地战为主转变，从以军事解决为主向以打促谈转变。由此带来抗美援朝战争指导上的四个重要调整。

第一，从大规模歼灭战向小规模歼灭战转变，提出"零敲牛皮糖"的作战指导思想。

"联合国军"在武器装备方面占有优势，它不仅有技术精良的装甲兵、炮兵，而且有制空权，机动性很强。志愿军对美军一个团左右的兵力曾经多次进行合围，却始终不能消灭它，至多消灭一个营。这与国内战争特别是解放战争后期的情况大不相同，那时人民解放军常常是整师整旅地乃至几个师几个旅地消灭敌人。

第五次战役中，毛泽东意识到这一点。1951 年 5 月 26 日，毛泽东致电彭德怀说："历次战役证明我军实行战略或战役性的大迂回，一次包围美军几个师，或一个整师，甚至一个整团，都难达到歼灭任务。这是因为美军在现时还有颇强的战斗意志和自信心。为了打落敌人的这种自信心以达最后大围歼的目的，似宜每次作战野心不要太大，只要求我军每一个军在一次作战中，歼灭美、英、土军一个整营，至多两个整营，也就够了。"毛泽东在电报中要求，目前打美英军只实行战术的小包围，打小歼灭战，经过打小歼灭战进到打大歼灭战。①

第二天，5 月 27 日，毛泽东召见志愿军参谋长解方和第三兵团司令员陈赓（6 月 1 日被任命为志愿军第二副司令员）时，又重申了这个作战方针，把它叫作"零敲牛皮糖"，"每军一次以彻底干脆歼敌一个营为目标"。毛泽东还嘱咐说，要"将朝鲜战局的长期性、艰苦性使全体干部和战士有充分认识与思想准备"。②

到 6 月 3 日，毛泽东致电斯大林，说："因为我军技术条件比敌人差得很远，无法迅速解决朝鲜问题，而决定用长期战

---

① 见《建国以来毛泽东军事文稿》上卷，军事科学出版社、中央文献出版社，2010，第 490 页。

② 见《建国以来毛泽东军事文稿》上卷，军事科学出版社、中央文献出版社，2010，第 492 页。

争的方针去解决它，则需要有一个逐步削弱敌人的阶段，然后转到最后解决问题的阶段。""敌人现在不但火力很强，战斗意志也还未衰落。我军过去总想用大包围的方法，企图一次解决敌人一个至几个整师，结果没有达到目的，而包围和歼灭敌军的几个连至一二个营的机会则较多。因此，不要做现在我军还不能做到的事，不要企图打大规模的歼灭战，而应精心设计，寻找机会，多打小规模的歼灭战。"①

第二，从主要取之于战场、取之于自身携带，向建立现代化后勤保障体系转变。

就在 1951 年 6 月 3 日给斯大林的电报里，毛泽东还提出被李奇微称作"礼拜攻势"的问题。他说："我军每次进攻时，只能由战斗员自己携带七天的粮食和弹药。用完了，停下来，等候补给。如果没有解决敌人，只好撤回来。这是因为敌人用大量空军封锁我军战线的近后方，我们的车辆大部被击毁，粮弹送不上去。敌人已经完全明了我军的这种情况。当我军前进时，它就全线后撤。等候我军粮弹用完，它就举行反攻。"②

1951 年 5 月 19 日，即在第五次战役期间，中央军委决定成立志愿军后方勤务司令部，洪学智兼任司令员。这是人民解放军建立现代化后勤保障体系的开始。

第三，从运动战向阵地战转变。

毛泽东给斯大林写电报的时候，已临近第五次战役尾声。

---

① 《毛泽东年谱（1949～1976）》第 1 卷，中央文献出版社，2013，第 355 页。

② 《毛泽东年谱（1949～1976）》第 1 卷，中央文献出版社，2013，第 355 页。

第五次战役是 6 月 10 日结束的。这次战役共歼敌八万二千余人（是五个战役中歼敌数最多的一次），把战线稳定在"三八线"附近地区。从此，朝鲜战争进入了相持阶段，战争的形式主要是阵地战。

第四，从以军事解决为主向以打促谈转变，力争通过谈判解决朝鲜半岛的战事问题。

五次战役的反复较量证明，美国吞并朝鲜，把战火烧到中国大陆的战略图谋已无法实现。美国统治集团已经看到了这一点。在 1951 年 6 月美国参议院军事委员会和外交事务委员会举行的听证会上，魏德迈承认："朝鲜战争是一个无底洞，看不到联合国军有胜利的希望。"另外，志愿军和人民军要想迅速击败"联合国军"，彻底解决朝鲜半岛的问题，也是不可能的。

6 月 11 日，第五次战役结束后的第二天，毛泽东致电彭德怀说："六、七两个月内如不发生意外变化（即登陆），我们必须完成下列各事：（甲）以积极防御的方法坚持铁原、平康、伊川三道防线，不使敌人超过伊川线；（乙）迅速补充三兵团及十九兵团至每军四万五千人，并有相当训练；（丙）十三兵团各军休整完毕；（丁）加强各军师火力，特别是反坦克反空军炮火；（戊）迅速修通熙川至宁远至德川的公路至少一条，最好有两条，并于熙川德川孟山地区囤积相当数量的粮食，以备万一之用。"①

---

① 《毛泽东军事文集》第 6 卷，军事科学出版社、中央文献出版社，1993，第 290 页。

这时，在毛泽东面前，出现了两条战线——军事战线和政治战线，一个是打，一个是谈。

到6月中旬，一个新的指导方针被提了出来，这就是"充分准备持久作战和争取和谈达到结束战争"。在军事上则进一步概括出"持久作战、积极防御"的方针。[①]

这些方针的调整，标志着中国军队深刻认识并掌握现代化战争规律的开始。运动战、歼灭战、主要从战争的胜利中解决军队给养，这本来是中国人民解放军的特长。但这些特长，在朝鲜战场上都不能完全适用了。在抗美援朝战争的开始，借用国内战争的经验，这是不能避免的事情。而仅仅经过八个月的作战，中国领导人就摸索出现代化战争的一些重要规律，这是一个奇迹。这对中朝军队在朝鲜战场上即将到来的长达两年之久的军事斗争和政治斗争交错、边打边谈、又谈又打的局面下，牢牢掌握主动权，赢得抗美援朝战争的最后胜利，具有至关重要的意义。

抗美援朝战争，是我军在从革命战争向保卫国防的进程中，经历的第一次全新样式的现代化战争。对于这场战争，思想准备普遍不足，对其规律的认识更是需要有一个长期的磨合过程。新中国最高军事统帅部，能够在毛泽东的带领下，仅仅用了九个月的时间，就初步摸索出适合我军特点的现代化战争攻防之道，并最终通过政治与军事并用的手段赢得这场战争，殊为不易。这场战争，对于加快中国人民解放军军队建设正规化、国防建设现代化步伐，也具有十分重要的意义。这是后话。

---

① 见《彭德怀年谱》，人民出版社，1998，第506页。

经过五次战役，朝鲜战局始终稳定在"三八线"上。这为赢得整个抗美援朝战争的胜利，奠定了决定性的基础。随后，又经过两年的谈谈打打、打打谈谈，最终迫使以美国为首的"联合国军"于1953年7月27日签署了《朝鲜停战协定》。为了赢得战场胜利，中国人民志愿军也付出了36.6万人的牺牲。这是在军事装备悬殊、后勤医疗保障落后条件下，不能不付出的代价。"为有牺牲多壮志，敢教日月换新天。"这是获取胜利的代价，是光荣的代价。

对这段辉煌历史，近些年来有人时不时发出一些非议。下面选录的，是2000年中国人民志愿军出国作战50周年前夕，我同《中国党政干部论坛》记者的一段访谈，题为《新世纪的门槛与抗美援朝战争》。在这段访谈中，我针对当时一些人的疑惑，根据历史资料谈了我的看法。今天再看，也有一定价值。特抄录如下：

记者：今年是中国人民志愿军赴朝鲜作战50周年。当年，刚刚站起来的中国人民面对世界头号强国——美国的战争威胁，和朝鲜人民一道，保家卫国，以弱抗强，谱写了一曲爱国主义和革命英雄主义的凯歌。然而，现在有人对当年中国领导人的出兵决策，提出了疑问。甚至还有人想否定这场战争。那么，应当怎样认识当年中国领导人做出出兵决策的正确性和紧迫性？希望能谈谈你的看法。

李捷：抗美援朝战争，对于以毛泽东为核心的中国领导人来说，是一场不期而遇的战争。就在1950年6月25日朝鲜战争爆发的二十天前，6月6日到9日，刚刚召开了中共七届三中全会，毛泽东当时有一个估计，认为新的世界战争是能够制止的，当务之急是迅速恢复国民经济。这次会议还决定当年复员一部分军队。

抗美援朝战争，也是中国政府所尽力避免，但却被强加在中国人民头上的一场战争。6月27日，美国决定出兵干涉朝鲜内战，还命令第七舰队入侵台湾海峡，侵略矛头不仅对准朝鲜，也指向了中国。6月28日，毛泽东在中央人民政府委员会第八次会议上做出强烈反应。同一天，周恩来还发表了关于美国武装侵略中国领土台湾的声明。这是中国政府为控制事态发展所做的第一个努力，却被美国政府置若罔闻。9月15日美军在仁川登陆，朝鲜战局发生根本性逆转。10月1日，南朝鲜军队越过三八线。为阻止战争事态向三八线以北扩大，在此前一天，中国政府就发出了严正警告。10月3日凌晨，周恩来又紧急约见印度驻华大使，正告美国政府：如果美军越过三八线，我们不能坐视不顾。然而，美国当局却一再无视中国这个刚刚赢得民族独立的主权国家的警告，10月7日美军大举越过三八线，长驱直入，一直把战火烧到鸭绿江边。这是对中国国家安全与和平的严重挑战。如果中国政府吞下这枚苦果，后果不堪设想。中国人民为了捍卫来之不易的民族独立，为了保卫自身安全与和平，只有挺身而出，"保卫中国，支援朝鲜"。

记者：这让人想起1966年4月面对美国扩大侵越战争的叫嚣，周恩来总理警告美国人的四句话。据说，美国政府对此十分重视，始终不敢把地面战争扩大到越南北方。这大概是吸取了朝鲜战争的教训。

李捷：是的。那四句话是：中国不会主动挑起对美国的战争；中国人说话是算数的；中国是作了准备的；战争打起来，就没有界限。关键是中国人说话算数。但是，要让强权国家承认这一点，必须要有行动，必须让它尝到苦头。正是有了抗美援朝的正确决策，才使中国在世界上树立起了负责任的大国形象。中国人不但站立起来了，而且成为敢于同强权国家抗争的主持正义、维护和平的重要力量。就这点来说，抗美援朝决策的深远影响，不能低估。

抗美援朝出兵决策，用一个字来比喻，就是"难"。毛泽东和他的战友们，一生中做出过许多个重大决策。抗美援朝可以说是他们最难做出的一个决策。难在哪里？难就难在要和世界上头号强国作战，胜负未卜；难就难在军事成败关系到国家安宁，一发千钧；难就难在党内意见一时不能统一，各有道理。有的时候，形势比人强。从 10 月 2 日到 5 日，中央召开了三次会议，专门讨论出兵朝鲜的问题。与此同时，朝鲜战场的局势也在瞬息万变。强敌压境，终于造成了这种局面：战争已经不可避免。这是党内终于形成出兵共识的决定性原因。

在事关国家利益的重大问题上，中国领导人从来没有看别人的脸色行事。解放战争是这样，抗美援朝决策也是这样。当然，中国领导人，包括毛泽东在内，都曾渴望得到苏联的先进装备和空军掩护，并且派周恩来去苏联同斯大林商谈，作了最大的努力。在现代化战争中，这对最大限度地减少军队伤亡、确保战争主动权，是十分必要的。但是，当斯大林表示不能立即提供空军掩护的时候，中共中央政治局还是一致做出了出兵朝鲜的郑重决策。这说明，中国共产党的出兵决策是独立自主地做出的，是保家卫国的需要，而且是没有任何先决条件的。国难当头，中国人民宁可忍受最大的民族牺牲，也要誓死捍卫独立与和平。我想，这就是抗美援朝战争体现出来的崇高的爱国主义和革命英雄主义精神。

记者：你刚才多次提到国家安全、国家利益和爱国主义，当时反复强调的一个口号，就是"保家卫国"。但这一次反侵略战争，是应朝鲜民主主义共和国的请求出国作战。这里面是不是还有国际主义的问题？现在怎样来看这个问题？

李捷：我想，这实际上就是爱国主义和国际主义相统一。抗美援朝战争，是中国人民同仇敌忾、共御外侮的反侵略战争，又是中朝两国人民休戚与共、并肩作战的反侵略战争。1950年11月4日中国共产党和民主党派共同发表《联合宣言》，其中引用了一句老话，叫作："唇亡则齿寒，户破则堂危"。并且说："救邻即是自救，保卫祖国必须支援朝鲜人民。"这就是我们当时对爱国主义和国际主义相统一的具体理解。

抗美援朝战争，是中国共产党领导的人民军队第一次出国作战。解决好为谁而战的问题，是当务之急。抗美援朝战争的使命是什么？毛泽东把它概括为"保卫中国，支援朝鲜"。也就是说，只有支援朝鲜，才能保家卫国；支援朝鲜，也就在保家卫国。国际主义要以爱国主义为基础。这样就使中国军民从内心里把两者看作是一回事，为抗美援朝的胜利奠定了坚实的国内民意基础。

抗美援朝战争，也是中国人民军队和外国友军（朝鲜人民军）第一次协同作战。爱国主义和国际主义相统一，对于维护两军统帅部的协调统一，增强中朝两国、两党、两军的团结，起了非常重要的作用。毛泽东把它称作"胜利的政治基础"。事实证明，如果只有爱国主义，没有国际主义，也不会有共同事业中的国际团结。

抗美援朝战争的实践，丰富并发展了爱国主义和国际主义相统一的内涵。当然，我们所说的国际主义，绝不是要搞"输出革命"，而是要在反对霸权主义、维护世界和平方面伸张正义，有所作为。我想，这种精神至今也没有过时。

记者：抗美援朝战争的确如你所说，把国内和朝鲜前线紧密联系成了一个整体，形成了一股全民族的力量。这是抗美援朝战争的成功之处。但也有人说，这场战争阻碍了中国经济和社会进步，使我们付出了高昂的代价。你怎么看这个问题？

李捷：战争就意味着代价。这是无法回避的客观现实。正因为如此，渴望恢复经济的中国人民才尽一切努力避免这场战争。抗美援朝战争的头八个月，的确给国内造成了巨大的负担。军费开支占了财政开支的将近一半，极大地影响了其他事业的正常进行；美国等国的禁运封锁，使进出口贸易严重受阻；人心浮动，物资紧缺，物价上涨。毛泽东也看出，美国在和我们打一场长期消耗战，中国凭现有的力量又不可能迅速解决朝鲜问题。能不能经受住现代战争的巨额的长期消耗，这是对新中国的严峻考验。

怎么办？中共中央采取了几项果断措施，终于在1951年下半年走出了困境。一是在国内发起抗美援朝运动。工人、农民、知识分子、爱国的工商业家、各民主党派、各群众团体，都表现出高昂的爱国热情。从1951年6月发起捐献飞机大炮运动以来，仅一年的时间，全国人民的捐款总额就可以买 3710 架战斗机。这充分证明了毛泽东在《论持久战》里说过的话："战争的伟力之最深厚的根源，存在于民众之中。"二是开展了大规模的增产节约运动。增产与节约，双管齐下。增产运动，把国内建设同支援前线紧密地结合起来，努力生产、坚守岗位，就是支援抗美援朝。在党政军部门厉行节约，发现了严重的贪污问题，开展了严惩腐败分子的"三反"运动。三是提出了"边打，边稳，边建"的新方针，核心是在战争条件下解决好继续建设的问题。这些措施，对于支持战争，推动国内建设和社会进步，都起了十分重要的作用。

1951 年底是一个转折点。这一年，国内工农业总产值比上年增长 19%，国家财政在新中国成立后第一次出现 10.9 亿元的节余。到了抗美援朝战争的第三年初（1952 年底），国民经济恢复的任务就提前完成了。紧接着，又启动了第一个五年计划。大规模的国家工业化建设，在抗美援朝战争的硝烟中拉开了帷幕。正因为如此，毛泽东在 1953 年 2 月才有可能宣布："美帝国主义愿意打多少年，我们也就准备跟它打多少年，一直打到美帝国主义愿意罢手的时候为止。"

用抗美援朝战争推动国内建设，又用国内建设保证抗美援朝战争，这创造了现代化战争史上的奇迹。

说到代价，现在有一种得不偿失论。这里有两个问题，一是如何判断战争的输赢；二是如何评价战争的得失。

抗美援朝战争，是通过谈判结束的，基本上恢复了朝鲜战争爆发以前的局面。就这一点而论，战争似乎没有赢家，打了个平手。但是，抗美援朝战争，是在以美国为首的"联合国军"打到鸭绿江边，大军压境的情况下开始的。这是一个最基本的客观事实。我们有充分的理由说，中国人民志愿军和中国人民赢得了这场战争。即便战争的结局在三八线上打了个平手，反映了当时双方所能达到的实力，试看直至当今的世界上，能和这样的强国较量而且迫使它不得不言和的，又有几个？站在世纪的门槛上，对抗美援朝战争进行深刻的反思，这是必要的。但是违背客观事实，对自己的历史妄自菲薄，长强权的志气，灭以弱抗强的威风，这对世界和平与社会进步有何好处？！

记者：有人说，苏联是最大的赢家，既让中国背了债，又叫中美结了怨。是这样吗？

李捷：这也就是战争的得失问题。这里澄清一个基本的事实。中美结怨，是从中国人民打败国民党之日就开始的，根源就在美国政府实行扶蒋反共政策，对新中国实行不承认和敌视政策。中国革命的胜利，本来是中国人自己的事，是中国人争取独立自由的结果。但是，美国当局却把它看作是"共产主义扩张"，苏联又多了一个附庸国。这就是他们的"冷战思维"。朝鲜战争爆发，美国做出的反应是双管齐下，既要干涉朝鲜，又要阻止中国人民解放台湾。当时，中国连出兵的想法都还没有，美国已经把矛头对准了中国。这也是冷战思维的结果。冷战思维，使美国作恶事，也使它干蠢事。做梦也没有想到中国出兵，就是一桩蠢事。遗憾的是，至今美国还有一部分人死抱住冷战思维不放，把它看成是美国的安全利益。看来，他们并没有从朝鲜战争中吸取足够的教训。

说到得失，有不同的算法，可以算小账，也可以算大账。我主张算大账，要看战略得失。第一，打破了美国对中国的不接触政策，迫使它在事实上承认中国的国际地位，才有 1954 年中国出席日内瓦会议，以及中美大使级会谈在 1955 年启动。第二，树立起负责任的大国形象，特别是在亚非国家中的影响日益扩大。1955 年，中国成功地出席了亚非万隆会议。第三，加强了中国同苏联的关系，中国在社会主义阵营中的地位和威望大大提高。从 1953 年 5 月起，苏联逐步扩大对华援建项目，形成 156 项重点工程。这对中国工业化和国防现代化起了重要作用。我们得到的实际利益，远大于战争的债务。第四，为国内大规模工业化建设赢得了和平的国际环境。中国在抗美援朝战争结束后，及时提出了和平共处五项原则，并和多数周边国家和平解决了边界问题。总之，抗美援朝战争的胜利，为中国的国内建设和国际环境都带来了深远的影响和新的转机。抗美援朝决策，使中国获得的战略利益是巨大的，甚至超过了决策者原先的预料。

记者：这场战争距今已有 50 年了。当年做出这个决策的中国领导人毛泽东、刘少奇、周恩来、朱德等，以及在前线指挥这场战争的彭德怀元帅，都已离开了我们。今天，我们想起他们，仍怀有一种崇高的敬意和钦佩。那么，抗美援朝战争作为中国人民反抗外国侵略威胁的现代奇观，是否体现了一种值得后人永远纪念的精神？今天来纪念中国人民志愿军出国作战 50 周年，又有哪些现实意义？

李捷：这个问题问得好。抗美援朝战争的确凝聚着一种民族精神。这就是国难当头万众一心的精神，挺身而出伸张正义的精神，捍卫和平同仇敌忾的精神，保家卫国勇于牺牲的精神，不畏强权敢于胜利的精神。它是1840年以来中国人民反抗西方列强侵略、争取民族独立的光荣斗争传统的结晶。这种精神，集中地体现在以毛泽东为代表的中国共产党人身上。国难当前，毛泽东毅然把自己的长子毛岸英送上了朝鲜前线，英勇地牺牲在美国飞机的轰炸之下，牺牲后又和其他的志愿军将士一样长眠在朝鲜的国土上。真理的力量与人格的力量结合起来，这种榜样的力量是无与伦比的。在抗美援朝战争中，共产党员冲锋在前，享受在后，涌现出杨根思、邱少云、黄继光、罗盛教等一大批英雄群体，成为民族和时代的骄傲。前不久，江泽民同志概括提出"三个代表"的重要思想。回顾中国共产党领导抗美援朝战争的光辉实践，对于我们全面加强党的建设，加强党的思想政治工作，具有深远的启示意义。

半个世纪过去了，中国和世界都发生了翻天覆地的变化。中国的社会主义改革开放取得了举世瞩目的成就，冷战格局不复存在，和平与发展成为当今世界的两大主题，是当今具有深远影响的三件大事。但是，天下并不太平。冷战思维仍然存在，强权政治和霸权主义还有新的发展，不公正不合理的国际政治经济旧秩序并没有根本改变。这些是对世界和平与发展的最大威胁。中国今后的发展不可能一帆风顺，必然会遇到各种来自内部和外部的挑战。站在迈向21世纪的门槛上，面对各种机遇与挑战，纪念抗美援朝战争50周年，可以唤起我们居安思危的意识，不畏强权的气概，万众一心的精神，捍卫和平的决心。这是时代的呼唤、时代的要求。50年前，独立与建设是中国的最大利益和最大希望。为此，中国人民不惜面对强敌，做出最大的民族牺牲，赴汤蹈火，在所不辞。50 年后的今天，和平与发展是中国的根本利益，是 21 世纪中国腾飞的希望。为了达到这个目标，中华民族同样准备面对最严峻的困难和挑战，"不管风吹浪打，胜似闲庭信步"。

第三章

确立社会主义基本制度

探索出具有中国特点的社会主义改造道路，成功地在一个经济文化落后的东方大国确立起社会主义基本制度，这是毛泽东对新中国的又一个历史性贡献。这条道路的开辟，同样来之不易。

探索具有中国特点的社会主义改造道路，需要有客观条件，同样需要接连过几个关口。要过哪几个关口呢？一是新生政权能否巩固的关口；二是国民经济能否迅速恢复的关口；三是能否开展大规模工业化建设的关口；四是能否在没有大的社会震荡的前提下平稳地过好社会主义这一关。在毛泽东的领导下，这几个关口都平稳地渡过了。

一 过好巩固新生政权这一关

1949 年 10 月 1 日，毛泽东在北京天安门城楼上，向全世界庄严宣告，中华人民共和国中央人民政府今天成立了！随着这一声宣告，中国进入了新的历史纪元，中华民族伟大复兴掀开了新的篇章。

然而，毛泽东此时此刻的心情一点也不轻松。为什么呢？当时，国民党蒋介石的力量还在大陆的东南、中南、西南、西北等地负隅顽抗，并部署下100余万军队、200多万政治土匪及60多万特务分子继续进行破坏捣乱。与此同时，以美国为首的西方国家继续以敌视的目光看待新生的人民政权，提出所谓"等待尘埃落定"的理论，对新生的共和国不予承认，并策划着把它扼杀在摇篮里的新阴谋。在广大的新解放区，还没有开展土地改革，反动会道门等黑恶势力活动还很猖獗，匪患还有待肃清。这些情况都威胁着新生的人民政权。人民政权能不能巩固？能不能顶得住西方国家的政治孤立、经济封锁、军事威胁？能不能迅速平息历来威胁人民生命财产安全的黑恶势力和匪患？这对新生的人民政权和中国共产党的执政能力都是一个严峻的考验。

为了巩固新生的人民政权，毛泽东接连发起了三大运动，这就是土地改革运动、镇压反革命运动、抗美援朝运动。

彻底铲除存在了上千年的封建土地制度，是中国共产党领导的任务。实行土地改革，得民心、顺民意，有着充分的客观依据和理由。土地改革，革除的对象就是封建土地制度。正是这种封建土地制度，造成了广大农民对地主的依附关系，造成了中国原来的土地制度极不合理。占乡村人口不到10%的地主和富农，占有约70%～80%的土地，他们借此残酷地剥削农民。而占乡村人口90%以上的贫农、雇农、中农及其他人民，却总共只占有约20%～30%的土地，他们终年劳动，不得温饱。另据新中国成立之初在华东及中南一些乡村的调查材料来看，乡村中90%的土地是中农、贫农及一部分雇农耕种的，但他们只对一部分土地有所有权，对大部分土地则没有所有权。这就是中华民族被侵略、被压迫、穷困及落后的根源，是国家民主化、工业化、独立、统一及富强的基本障碍。这种情况如果不加改变，中国人民革命的胜利就不能巩固，农村生产力就不能解放，新中国的工业化就没有实现的可能。

土地改革的任务，在新中国成立以前，在有1.25亿人口的老解放区已经基本完成，约占全国农业人口1/3的老解放区农民实现了"耕者有其田"。但是，还有2/3的农民依然生活在封建剥削压迫之下。继续实行土地改革，使广大新解放区的农民从封建土地制度下解放出来，是彻底完成民主革命任务的应有之义。

在1949年12月毛泽东访问苏联前夕召开的中共中央政治局会议上毛泽东就指出："这（指土地改革）是中国人民民主革命继军事斗争以后的第二场决战。因为这次土地改革工作是在与资产阶级合作的条件下进行的，同以前在战争期间与资产阶级隔绝的情况下进行是不同的，所以需要更加谨慎，领导机关要掌握得很紧，随时了解情况，纠正偏向，以求少犯错误。土地改革将对地主和对富农分为两个阶段有好处，便于保护中农。"[1]

这里指出了新中国成立以后的土地改革，同在此之前的土地改革相比，有两点不同。一是这时的土地改革是在与资产阶级合作的条件下进行的，以前则是在与资产阶级隔绝的情况下

---

[1] 《毛泽东文集》第6卷，人民出版社，1999，第25页。

进行的。二是这时的土地改革需要把地主和富农分开两个阶段处理，以前则是同时处理。这表明，毛泽东已经意识到执掌全国政权之后中国共产党的领导方式已经发生了某种转变。

事实上，实行土地改革是写入 1949 年 9 月 29 日新中国成立前夕通过的《共同纲领》的。这部《共同纲领》在当时起着临时宪法的作用。其中规定："土地改革为发展生产力和国家工业化的必要条件。凡已实行土地改革的地区，必须保护农民已得土地的所有权。凡尚未实行土地改革的地区，必须发动农民群众，建立农民团体，经过清除土匪恶霸、减租减息和分配土地等项步骤，实现耕者有其田。"① 这就为人民政府在全国无一例外地实行土地改革提供了法律依据。

正是依据这部临时宪法的规定，在广大新解放区尚未开展土地改革之前，大都经历过发动农民群众，建立农民团体，进行清除土匪恶霸、减租减息运动，为最后分配土地准备了条件。这里的关键，是铲除长期为害一方的土匪恶霸，而要铲除这些地头蛇，就必须首先把农民发动起来、组织起来，才有胆量和力量同土匪恶霸作面对面的斗争。

要进行有理有据的斗争，就必须制定相应的法律。1950 年 6 月，中央人民政府颁布了《中华人民共和国土地改革法》。

《土地改革法》明确了土地改革的基本目的，不是单纯地为了救济穷苦农民，而是为了使农村生产力从地主阶级封建土

① 《建国以来重要文献选编》第 1 册，中央文献出版社，1992，第 7 页。

地所有制的束缚之下获得解放,以便发展农业生产,为新中国的工业化开辟道路。只有农业生产能够大大发展,新中国的工业化能够实现,全国人民的生活水平能够提高,并在最后走上社会主义的发展道路,农民的穷困问题才能最后解决。

《土地改革法》的指导思想是没收封建性经营土地,保护工商业,保存富农经济,将没收的土地和其他生产资料分配给无地少地的农民。从这一指导思想出发,《土地改革法》规定应该没收和征收的土地是:(一)地主的土地;(二)祠堂、庙宇、寺院、教堂、学校和团体在农村中的土地及其他公地;(三)工商业家在农村中的土地;(四)因从事其他职业或因缺乏劳动力而出租的超过当地每人平均土地数200%以上的土地和半地主式的富农出租的土地。除此以外,富农的土地及其他财产一般不动,中农、贫农、雇农及其他农村人民自有的土地及其他财产均不动。[①]

《土地改革法》还规定了几条大的政策界限。如规定:"本法适用于一般农村,不适用于大城市的郊区。"[②] 因为大城市郊区情况更加复杂,牵涉到城市民族工商业家的利益,因此要另行制定土地改革的办法。又规定:"本法不适用于土地改革业已基本上完成的地区。"[③] 因为老解放区的土地改革绝大

---

① 《建国以来重要文献选编》第1册,中央文献出版社,1992,第336~337页。

② 《建国以来重要文献选编》第1册,中央文献出版社,1992,第344页。

③ 《建国以来重要文献选编》第1册,中央文献出版社,1992,第344页。

多数是在战争条件下进行的，当时还不可能实行对地主、富农的处置较为宽大的政策。对这种历史造成的不同情况，当然需要予以确定下来。又如，规定"本法不适用于少数民族地区"。① 就全国来说，计划从 1950 年冬季起，在两年半到三年内基本完成土地改革。但在少数民族聚居的地区，除东北朝鲜族地区和蒙古族地区已经实行土地改革，以及其他若干地区少数民族中已有多数群众要求实行土地改革得以进行外，其余 2000 万左右人口的少数民族地区在什么时候能够实行土地改革，要看各少数民族内部的工作情况与群众的觉悟程度如何才能决定。中央提出，应该给予各少数民族更多的时间去考虑和准备他们内部的改革问题，而绝不可性急。这些大的原则界限，保证了土地改革的稳步进行，并且按照既定的法制轨道进行。

土地改革到 1953 年春基本完成。通过土地改革，先后使 3 亿多无地少地的农民（包括老解放区农民在内）无偿地获得了约 7 亿亩土地和大量其他生产资料，占中国绝大多数人口的农民群众获得了翻身解放。土地改革使中国农村的土地占有关系发生了翻天覆地的变化。以华东为例，经过土地改革，贫雇农人均土地从 0.6 亩变为 2.4 亩，中农人均土地从 2.1 亩变为 3 亩。孙中山先生"耕者有其田"的夙愿，在中国共产党领导下成了现实。

与土地改革并称为新中国成立之初的"三大运动"的，还有镇压反革命运动。这件事同样关系到新生政权的巩固。

---

① 《建国以来重要文献选编》第 1 册，中央文献出版社，1992，第 344 页。

为什么要开展镇压反革命运动？原因很简单，就是因为存在大量的与新生人民政权为敌的反革命势力。这些势力，既有国民党反动派败逃往台湾时留下的一大批军警匪特，也有长期占山为王的土匪力量。不消灭这些势力，政权不能巩固，百姓不得安宁，社会无法稳定。

1950 年 3 月 18 日，中共中央发布《关于镇压反革命活动的指示》。这个指示指出："最近各新解放区的股匪有许多地区业已肃清，另有许多地区的股匪则正在清剿中。但在股匪业已肃清地区，又发生多次反革命的武装暴动，杀害我们干部多人，抢劫甚多公粮和物资，并在各地工厂、仓库、铁路和轮船上进行了多次的破坏。这证明在这些地区反革命分子的活动仍然是十分猖獗的；而我们工作中的缺点亦给了反革命分子以造谣和鼓动群众的机会。对于这些反革命活动，各地必须给以严厉的及时的镇压，决不能过分宽容，让其猖獗。"①

然而，在 1950 年 6 月朝鲜战争爆发后，反革命势力的活动再度猖獗起来。特别是美国军队于同年 9 月 15 日在朝鲜中部仁川登陆以后，这些反革命势力以为第三次世界大战很快就要打起来了，蒋介石将要从台湾反攻大陆，便重新开始四处活动。这些暗藏的反革命分子破坏工厂、铁路、仓库，烧毁民房，抢劫粮食、财物，甚至袭击和围攻县、区、乡人民政府，残杀革命干部和积极分子。1950 年这一年，在新解放区有近 4 万名干部和群众被反革命分子杀害，其中仅广西就有 3000 多

---

① 《建国以来重要文献选编》第 1 册，中央文献出版社，1992，第141 页。

名干部被杀害。

与此同时，很多地方发生了过分宽大的偏向，曾经引起各阶层人民对人民政府的不满。就像彭真在 1951 年 2 月 20 日《关于镇压反革命和惩治反革命条例问题的报告》中所说的那样："人民责备我们'宽大无边'、'有天无法'，说：'天不怕，地不怕，就怕共产党讲宽大'，'人民政府什么都好，就是对坏人这样客气，看着坏人残害老百姓，不给老百姓做主，不好'。有的工人义愤填膺地质问干部说：'看！我们竞赛几个月，特务放一把火就完蛋了；再不镇压，说什么我们也不竞赛了'。有的说：'政府睡着了'，'连敌我都不分'。有的人说政府'姑息养奸，贻害人民'，'简直不像个人民政府的样子'。"①

为了给民除害、巩固新生人民政权，1950 年 10 月 10 日，也就是毛泽东做出组成中国人民志愿军决定的第三天，中共中央发出了《关于镇压反革命活动的指示》，揭开了大规模镇压反革命运动的序幕。

这个指示规定了"镇压与宽大相结合"的方针，"对于首要的、怙恶不悛的、在解放后特别是经过宽大处理后仍然继续作恶的反革命分子"要公开判决，予以镇压；"对于罪恶较轻而又表示愿意悔改的一般特务分子和反动党团的下级党务人员"实行管制；"对于真正的胁从分子、自动坦白的分子和在反对反革命的斗争中有所贡献的分子，应分别予以宽大的待

---

① 《建国以来重要文献选编》第 2 册，中央文献出版社，1992，第 48～49 页。

遇，或给以适当的奖励。"① 这就是通常所说的"首恶者必办，胁从者不问，立功者受奖"政策。

镇压反革命，是一个新生政权的正当权力。早在新中国成立前夕制定的《共同纲领》总纲第七条明文规定："中华人民共和国必须镇压一切反革命活动，严厉惩罚一切勾结帝国主义、背叛祖国、反对人民民主事业的国民党反革命战争罪犯和其他怙恶不悛的反革命首要分子。"②

但是，毛泽东并没有因为师出有名而放松对政策和策略的掌握。他在这一时期的多封电报里反复告诫，"对镇压反革命分子，请注意打得稳，打得准，打得狠，使社会各界没有话说。""所谓打得稳，就是要注意策略。打得准，就是不要杀错。打得狠，就是要坚决地杀掉一切应杀的反动分子（不应杀者，当然不杀）。"③

他在看了中共中央中南局的一个指示后，立即将其批转其他几个中央局。中南局的指示总结说："镇压反革命的战线与抗美援朝土地改革两条重要战线必须密切配合，要使这几个方面的打拉策略步骤配合得宜，取得相互支援之效，而不可无策略地多面出击，引起全局紧张，孤立自己。"还提出，"肃反工作必须强调打得准、打得狠、打得稳，要做到有准备、有重点、有区别、有分寸"。毛泽东对此加以肯定，并说："这是

① 《建国以来重要文献选编》第 1 册，中央文献出版社，1992，第 421 页。

② 《建国以来重要文献选编》第 1 册，中央文献出版社，1992，第 3 页。

③ 《毛泽东文集》第 6 卷，人民出版社，1999，第 117 页。

关于镇压反革命的全套策略问题，如果不在干部中弄清楚，并加以严密掌握，就有为反革命所利用，为民主人士所不满，为人民所不同意，使我党陷入被动的可能。目前几个月，肃反正在高潮，务望注意策略，达到团结各界人民彻底镇压反革命的目的。"①

为了进一步做到有法可依，1951 年 2 月由中央人民政府颁布了《中华人民共和国惩治反革命条例》，对不同犯罪情节规定了量刑标准。此后，又多次发布指示，强调防止"逼供信"的发生。

在镇压反革命运动中，毛泽东还总结各地经验，决定实行在世界刑法史上从未有过的做法，即对一部分反革命分子采取判处死刑缓期执行。1951 年 5 月 8 日，毛泽东以中共中央名义起草了《关于对犯有死罪的反革命分子应大部采取判处死刑缓期执行政策的决定》。决定写道：

> 中央已决定，在共产党内，在人民解放军内，在人民政府系统内，在教育界，在工商界，在宗教界，在各民主党派和各人民团体内清出的反革命分子，除罪不至死应判有期或无期徒刑、或予管制监视者外，凡应杀分子，只杀有血债者，有引起群众愤恨的其他重大罪行例如强奸许多妇女掠夺许多财产者，以及最严重地损害国家利益者；其余，一律采取判处死刑、缓期二年执行、在缓刑期内强制

① 《建国以来毛泽东文稿》第 1 册，中央文献出版社，1987，第 751～752 页。

劳动、以观后效的政策。这个政策是一个慎重的政策，可以避免犯错误。这个政策可以获得广大社会人士的同情。这个政策可以分化反革命势力，利于彻底消灭反革命。这个政策又保存了大批的劳动力，利于国家的建设事业。因此，这是一个正确的政策。估计在上述党政军教经团各界清出来的应杀的反革命分子中，有血债或有其他引起群众愤恨的罪行或最严重地损害国家利益的人只占极少数，大约不过十分之一二，而判处死刑缓期执行的人可能占十分之八九，即可保全十分之八九的死罪分子不杀。他们和农村中的匪首、惯匪、恶霸不同，也和城市的恶霸、匪首、惯匪、大流氓头及会道门大首领不同，也和某些最严重地损害国家利益的特务不同，即没有引起群众痛恨的血债或其他重大罪行。他们损害国家利益的程度是严重的，但还不是最严重的。他们犯有死罪，但群众未直接受害。如果我们把这些人杀了，群众是不容易了解的，社会人士是不会十分同情的，又损失了大批的劳动力，又不能起分化敌人的作用，而且我们可能在这个问题上犯错误。因此，中央决定对于这样的一些人，采取判处死刑缓期执行强制劳动以观后效的政策。如果这些人中有若干人不能改造，继续为恶，将来仍可以杀，主动权操在我们手里。下面是东北军区保卫部在军区系统逮捕第一批二百零四名反革命分子的报告，发给你们阅看，请东北军区即照上述原则处理。各地党政军教经团中清出来的反革命分子，请各地均照上述原则处理。其应执行死刑的极少数人（大约占死罪分子的十分之一二），为慎重起见，一律要报请大行政区或大军区批准。有关统一战线的重要分子，须报请中央批准。此外，对于农村中的反革命亦只杀那些非杀不能平民愤者，凡人民不要杀的人一律不要杀。其中有些人亦应采取判死缓刑的政策。人民要求杀的人则必须杀掉，以平民愤而利生产。①

至1951年10月，全国规模的镇压反革命运动基本结束。不但国民党遗留在大陆的反革命残余势力得到铲除，而且旧中国历代政府屡剿不止的匪患，以及城市中的黑社会势力也得以根除。

与土地改革和镇压反革命相配合，还在城市里开展了禁毒、禁赌、禁娼斗争。仅用了两三年的时间，就使旧社会的三大毒瘤基本上销声匿迹。以下一组数据最能说明问题。1950年全国刑事案件发生率占总人口的万分之九，1951年下降到万分之五点九，1952年为万分之四点二，1953年为万分之五。② 饱受社会动荡之扰的人们，终于能过上太平日子了。

毛泽东还于1950年4月30日发布命令，颁布《中华人民共和国婚姻法》，宣布废除封建婚姻制度，"实行男女婚姻自由、一夫一妻、男女权利平等、保护妇女和子女合法利益的新民主主义婚姻制度"。③ 这是中央人民政府正式颁布的第一部

---

① 《建国以来重要文献选编》第 2 册，中央文献出版社，1992，第 256 ~ 258 页。
② 王善中：《论镇压反革命运动》，《党的文献》1996 年第 6 期，第 56 ~ 60 页。
③ 《建国以来重要文献选编》第 1 册，中央文献出版社，1992，第 172 页。

法律，使广大妇女获得婚姻自由的权利。

"新旧社会两重天"，喜换新颜的人民群众用朴素的语言表达对人民政府的拥戴和感激，表达对幸福生活的渴望。

就在这时，美国侵略者在武装干涉朝鲜内战之后，又不顾中国政府的多次严正警告，悍然于1950年10月大举越过作为南北朝鲜临时分界线的"三八线"，将战火烧到了中朝边境的鸭绿江边。

此时此刻，毛泽东度过了最难以下决心的日子。当时，中国刚刚经历战争，开始过上和平的生活，人心思定，百废待兴。而面对的又是世界上最强大的对手，要战而胜之，谈何容易。但经过反复权衡，毛泽东最终下定了派中国人民志愿军出兵朝鲜、抗美援朝的决心。

从1950年10月19日起，中国人民志愿军雄赳赳、气昂昂跨过鸭绿江，随即打响了一场保家卫国的正义战争。从1950年10月25日第一次战役起，到1951年6月10日止，经过五次战役，将战线稳定在"三八线"附近。

随后，又开始了艰苦的以谈对谈、以打对打的漫长斗争。以谈对谈，指的是时断时续的停战谈判；以打对打，指的是"三八线"附近的拉锯战。这种状态，从1951年7月起，经过了整整两年时间。在这期间，中国人民志愿军创造出"轮番作战""坑道战"等战法，使美国为首的"联合国军"望而却步。

正是在这种形势下，毛泽东在1953年2月7日全国政协一届四次会议闭幕会上宣告："我们愿意立即停战，剩下的问题待将来去解决。但美帝国主义不愿意这样做，那么好吧，就打下去，美帝国主义愿意打多少年，我们也就准备跟它打多少年，一直打到美帝国主义愿意罢手的时候为止，一直打到中朝人民完全胜利的时候为止。"①

1953 年 7 月 27 日，《朝鲜停战协定》签字。持续近三年的抗美援朝战争胜利结束。

为支援抗美援朝战争，在国内掀起了大规模的抗美援朝运动。各民主党派发出联合宣言，给予积极响应。各行各业努力生产，厉行节约，将增产节约省下来的资材支援抗美援朝前线。豫剧表演艺术家常香玉巡回义演，为志愿军捐献了一架喷气式战斗机，被命名为"香玉"号。国内还积极组织慰问志愿军的代表团，鼓舞前方斗志。抗美援朝运动不但极大地调动起各族人民的劳动热情和奉献精神，而且有力地推动了国内经济建设，实现了前方打仗和后方建设两不误。

《朝鲜停战协定》签字生效后，曾任中国人民志愿军司令员兼政治委员的彭德怀在中央人民政府委员会会议上庄严宣告："它（指抗美援朝战争的胜利）雄辩地证明：西方侵略者几百年来只要在东方一个海岸上架起几尊大炮就可霸占一个国家的时代是一去不复返了，今天的任何帝国主义的侵略都是可以依靠人民的力量击败的。它也雄辩地证明：一个觉醒了的、敢于为祖国光荣、独立和安全而奋起战斗的民族是不可战胜的。"②

抗美援朝战争的胜利，使中国人民扬眉吐气，新中国的国际威望空前提高，也为新中国的经济建设和社会改革赢得了一个相对稳定的和平环境。

---

① 《人民日报》1953 年 2 月 8 日。
② 《人民日报》1953 年 9 月 13 日。

二　平稳渡过迅速恢复国民经济这一关

当中国人民解放军占领南京的时候，人们都为中国共产党的治国能力捏了一把汗。有的说，共产党能马上得天下，不能下马治天下。有的说，共产党军事上 100 分，政治上 90 分，经济上要得 0 分。能否控制住物价上涨、经济下滑的颓势，是对新生人民政权的第一大考验。这场斗争的主战场，就在有"冒险家乐园"之称的上海。

首先遇到的是"银元之战"。上海等城市解放后，人民政府明令禁止银元等在市场流通，规定人民币为唯一合法货币。投机资本根本不把人民政府放在眼里，趁机违法倒买倒卖银元，并扬言解放军进得了上海，人民币进不了上海。毛泽东派陈云坐镇上海，指挥军管会查封证券大楼，将投机商人逮捕法办，一举平息了"银元之战"。在随后开展的"米棉之战"中，人民政府在各地调运了大批粮食、棉花、棉布、煤炭，这些物资都是投机资本囤积居奇的"砝码"。在物价上涨最猛时，全国各大城市根据中央的统一号令，将这些物资集中投放市场，平抑物价，同时收紧银根，投机商人周转不灵，纷纷破产。

通过这两次较量，资本家不得不佩服共产党的治国理政能力，社会主义国营经济站稳了脚跟。一位上海民族资本家感慨地说："六月银元风潮，中共是用政治力量压下去的。此次仅用经济力量就能稳住，是上海工商界所料不到的。"[1] 毛泽东

---

① 《陈云文选》第 2 卷，人民出版社，1995，第 52 页。

也高兴地赞誉这两场斗争的意义不下于淮海战役。

此后中央政府又决定统一国家财政经济工作，将国家收入的主要部分集中到中央，将国家掌握的重要物资从分散状态集中起来，统一军政机关和公营企业的现金管理，一律存入国家银行。

1950年3月，中央人民政府指定中国人民银行作为国家现金调度的总机构，设计分支机构，代理国库。外汇牌价和外汇调度由中国人民银行统一管理。从此开始了中国人民银行作为国家银行的历史。这一招很快见效。1950年5月底，全国现金收支实现平衡，现金支出大幅度减少，存款和外汇储备显著增加。与1950年2月相比，各项存款增加4倍，外汇储备增加2倍。事实证明，国家银行制度的建立，为有效抑制通货膨胀、加快货币流转提供了重要的稳定器。

通过这些治理，通货膨胀得到抑制，财政收支接近平衡，使得国民党统治时期持续12年之久的通货膨胀、物价高涨的情况一去不复返，并告别了旧中国几十年习以为常的财政收支严重亏空的状况。这为人民安居乐业、工商百业复兴奠定了基础。

1950年6月，毛泽东在中共七届三中全会的报告中提出用三年左右时间争取国家财政经济状况基本好转的总任务，明确了三项条件，即土地改革的完成、工商业的合理调整、国家所需经费大量节减，并确定了"不要四面出击"的策略原则。这次会议为迅速恢复国民经济制定了行动纲领。

中国的国民经济基础本来就很薄弱，底子很薄，又经过连年的战乱破坏，已到了20世纪30年代以来的最低谷。1949年工业总产值与最高水平相比减少了一半。其中重工业减少

70%，轻工业减少 30%。粮食产量比最高水平减少约 25%，棉花减少 48%。据联合国"亚洲及太平洋社会委员会"统计，1949 年中国人均国民收入仅有 27 美元，而亚洲平均水平为 44 美元，印度为 57 美元。新中国就是在这样的烂摊子上起步的。所谓恢复国民经济，就是要在生产水平和生产能力上超过或接近当时历年的最高水平。

毛泽东和中央人民政府采取了几项重要举措。**一是兴修水利设施**。水患是旧中国长期危害人民生命财产安全的一大自然灾害。国家在十分困难的情况下，向水利建设投入大量资金。国家用于水利建设的费用同国民党政府水利经费最高年份相比，1950 年相当于其 18 倍，1951 年相当于其 42 倍，1952 年相当于其 52 倍。[①] 1950～1952 年，全国直接投入水利建设的总人数达到 2000 万，完成土方约 17 亿立方米，相当于开凿 10 条巴拿马运河或 23 条苏伊士运河，[②] 兴建起根治淮海工程、官厅水库工程、荆江分洪工程等著名水利工程。毛泽东先后发出"一定要把淮河修好""要把黄河的事情办好"的号召，有力地鼓舞着人民群众兴修水利、根治水患的热情。

二是大力恢复交通运输，特别是铁路运输。首先抢修津浦、京汉、粤汉、陇海、京绥等被战争破坏的铁路干线，并修复了被国民党军破坏了的淮河大桥、湘江大桥、珠江大桥等。1950 年，被长期战乱破坏的全国原有铁路网基本恢复，华北、

---

① 许涤新：《中国过渡时期国民经济的分析（1949～1957）》，人民出版社，1962，第 28 页。

② 《人民日报》1952 年 10 月 1 日。

华南中断了十几年的铁路交通重新连接起来。计划兴建半个世纪的成渝铁路也在两年之内开工建成。通往世界屋脊拉萨的康藏公路、青藏公路也开始兴建。到1952年，全国共修复铁路1.4万多公里，新建铁路1263公里。1949年到1952年，公路通车里程由80768公里增加到126675公里，超过新中国成立以前的最高水平。①

旧中国的邮政十分落后，许多乡村不能通邮。1949年，全国有邮电局（所）2.63万个，1952年达到4.95万个，增长88.21%。邮路长度，1949年为70.6万公里，1952年达到128.97万公里。② 除了西藏、宁夏以外，北京和各省、市之间基本上能直接和转接通话，全国约有30%的县城可以和省会直通电话、电报。

三是迅速恢复工业生产。 首先是集中恢复和兴建一批国营企业，如阜新海州露天煤矿、鞍山钢铁公司无缝钢管厂和轧钢厂、山西重型机械厂等。在国民经济恢复时期，国家增加对重工业和化学工业的投资，在投资总额78亿元中达到34.5%。其中，对生产资料生产的投资，达到21.6亿元，占工业投资的80%；对消费资料生产的投资为5.3亿元，占20%。这一时期共恢复和改建国营和公私合营企业2013个，属于生产资料生产的企业为1058个。③ 这种集中力量首先恢复生产资料

---

① 《当代中国经济》，中国社会科学出版社，1987，第301～302页。
② 《中国经济年鉴·1984》（三），经济管理出版社，1984，第35页。
③ 当代中国研究所：《中华人民共和国史稿》第1卷，人民出版社、当代中国出版社，2012，第139页。

生产能力的做法，保证了国家有足够的能力先搞恢复，再搞建设。同时，毛泽东和中央人民政府还制定了以恢复东北工业基地为主、兼顾内地的政策，使东北工业迅速恢复，带动了全国经济的迅速恢复。

其次是合理调整公私关系、劳资关系、产销关系，依靠国家帮助，使广大私营工商业渡过难关。1951年，私营工业生产总值增加39%，私营商业零售总额增加36.6%，民族资本获得的利润超过国民党统治时期的任何一年。[①] 这奠定了民族资产阶级同中国共产党长期合作的基础。

这一时期，一项具有决定意义的措施，是在毛泽东和中央人民政府领导下，没收原先为官僚资本所控制的工业企业，成为社会主义性质的国营工业。到1949年底，国家共没收企业2858个。其中包括发电厂138个，采煤和采油企业120个，铁锰矿15个，有色金属矿83个，钢铁冶炼厂19个，金属加工厂505个，化学加工厂107个，造纸厂48个，纺织厂241个，食品厂844个。[②] 社会主义工业在整个工业的比重占总产值的26.7%，而在生产资料生产中的比例占到了48%。[③]这表明，从新中国刚建立起，国营经济就确立起整个经济的主导地位，成为使新中国稳步地向社会主义方向发展的决定

---

① 胡绳主编《中国共产党的七十年》，中共党史出版社，1991，第282~283页。

② 吴承明、董志凯主编《中华人民共和国经济史（1949~1952)》，社会科学文献出版社，2010，第138~139页。

③ 当代中国研究所：《中华人民共和国史稿》第1卷，人民出版社、当代中国出版社，2012，第139页。

性因素。

在党内实行"三反"（反贪污、反浪费、反官僚主义），社会上实行"五反"（反行贿、反偷税漏税、反盗骗国家财产、反偷工减料、反盗窃国家经济情报）之后，公私关系、劳资关系一度紧张，市场萧条。毛泽东和中央人民政府发现后，立即决定调整关系，扩大国家加工订货、收购包销，保证合理利润，使民族工商业继续发展。

到 1952 年底，国民经济恢复和财经状况的根本好转的目标顺利实现。三年间，工农业总产值平均年增长率为 21.1%。1952 年的工农业总产值比 1949 年增加了 65%，主要的工业产品（除煤还略少外）和农产品都超过了战前年产量的最高水平。据初步统计，以新中国成立前最高年产量为 100，则生铁为 105，钢锭为 170，煤为 95，电力为 114，水泥为 153，棉纱为 150，棉布为 165，造纸为 212，粮食为 109，棉花为 155。[①] 国家财政收支已经完全平衡。1950 年，财政总收入 65.2 亿元，总支出 68.1 亿元，赤字 2.9 亿元。1952 年，财政总收入 183.7 亿元，总支出 176 亿元，结余 7.7 亿元。[②] 国营工业有了长足发展。1949～1952 年，国营工业产值从 36.8 亿元增长到 142.6 亿元，增长了 387.5%。[③] 社会主义性质的国营经济在工业上和商业上都已经确定地取得领导地位。这一切，为国

---

① 《建国以来重要文献选编》第 4 册，中央文献出版社，1993，第 2 页。

② 《中国统计年鉴（1984）》，中国统计出版社，1984，第 417 页。

③ 汪海波：《新中国工业经济史》，经济管理出版社，1994，第 179 页。

家的大规模建设准备了良好的条件。

更为重要的还是国民经济在质上的变化。1949年，国营工业只占工业总产值的34%左右，私营工业则占63%左右（此外，合作社经营的和公私合营的工业共占约3%）。到1952年，使用机器的现代工业的产值占工农业生产总值的28%左右，农业及其副业、个体手工业和工场手工业的产值占工农业生产总值的72%左右；而在工业总产值中，国营工业约占51%，资本主义工业占40%左右（此外，合作社经营和公私合营的工业共占约9%）。[1]

尽管如此，中国的工业化程度仍然很低。现代化工业在工农业生产中所占比重仍不及3/10；国营工业在现代工业中已占据优势，但资本主义工业仍占相当大的比重。"我国在国民经济发展水平上还是落后的、贫穷的农业国，还是不能自己制造汽车、拖拉机、飞机，不能自己制造重型的和精密的机器，没有现代国防工业的国家。"[2] 1952年，我国钢的年产量平均每人约2.4公斤，苏联平均每人约150余公斤；我国棉布的年产量平均每人可得约9米，苏联每人可得约23米。[3] 在这种情况下，毛泽东向全党和全国人民提出了由落后的贫穷的农业国变为富强的社会主义的工业国家的任务。

---

[1] 《建国以来重要文献选编》第4册，中央文献出版社，1993，第703页。

[2] 《建国以来重要文献选编》第4册，中央文献出版社，1993，第704页。

[3] 《建国以来重要文献选编》第4册，中央文献出版社，1993，第704页。

三 顺利实现大规模工业化建设良好开局

实现国家工业化，把中国从一个落后的农业国变为一个先进的工业国，这是中华民族的无数仁人志士梦寐以求的强国之梦。然而，这样的梦想在旧中国无法实现，只能使有识之士抱恨终身。新中国的成立，为实现这一梦想创造了条件。

毛泽东在1949年6月新政治协商会议筹备会上的讲话中豪迈地宣布："中国人民将会看见，中国的命运一经操在人民自己的手里，中国就将如太阳升起在东方那样，以自己的辉煌的光焰普照大地，迅速地荡涤反动政府留下来的污泥浊水，治好战争的创伤，建设起一个崭新的强盛的名副其实的人民共和国。"①

1952年国民经济恢复工作完成时，中国工业发展的水平仍然是很低的。现代工业在工农业总产值中的比重只有26.6%，重工业在工业总产值中的比重只有35.5%。苏联在第一个五年计划开始前的1928年，这两个比重已经分别达到45.2%和39.5%。1952年，中国许多重要工业产品的人均产量不仅远远落后于美国，甚至落后于印度。如钢产量，美国为538.3公斤，印度为4公斤，中国为2.37公斤；发电量，美国为2949度，印度为10.9度，中国为2.76度。② 当年毛泽东曾

---

① 《毛泽东选集》第4卷，人民出版社，1991，第1467页。
② 胡绳主编《中国共产党的七十年》，中共党史出版社，1991，第294页。

说："现在我们能造什么？能造桌子椅子，能造茶碗茶壶，能种粮食，还能磨成面粉，还能造纸，但是，一辆汽车、一架飞机、一辆坦克、一辆拖拉机都不能造。"①

新中国就是在这样一穷二白的基础上，开始国家有计划的大规模工业化建设的。这个计划，现在被称作"五年规划"，当年被叫作发展国民经济的第一个五年计划。从 1953 年开始至今，已经有了 12 个五年计划或规划。

要搞五年计划的设想，是毛泽东 1951 年 2 月在中共中央政治局扩大会议上提出来的。他在这次会议上说，"三年准备、十年计划经济建设"的思想，要使省、市级以上干部都明白。准备时间，现在起，还有 22 个月，必须从各方面加紧进行工作。② 他所说的还有 22 个月的准备时间，指的就是到 1952 年底。准备工作之一，就是编制第一个五年计划。

在这次会议上，毛泽东采纳时任政务院总理周恩来的建议，成立由周恩来、陈云、薄一波、李富春、聂荣臻、宋劭文六人组成的领导小组，组织领导第一个五年计划的编制工作。

毛泽东多次主持会议，提出指导性意见，审阅计划草案。五年计划的基本方针、基本任务等重大问题，都是在他主持的中央会议上确定的。

计划编制工作起步时，可谓困难重重。缺少对全国资源情况的调查统计资料，对编制长期计划毫无经验，也缺乏经济建

---

① 《毛泽东文集》第 6 卷，人民出版社，1999，第 329 页。
② 《建国以来重要文献选编》第 2 册，中央文献出版社，1992，第 39 页。

设工作的人才。而且，当时工业化的起步主要靠苏联的援助，而苏联援助的重点工程项目的主要部分还没有确定下来。

一年之后，即 1952 年 2 月，搞出了各财经部门第一个五年计划期间初步设想的材料。半年之后，同年 8 月中旬，在周恩来的主持下，形成了五年计划的总体框架——《中国经济状况和五年建设的任务》。报告提出 1957 年的工农业总产值为 1952 年的 187%，其中工业总产值为 254%，农业总产值为 157.9%，[①] 展示了中国共产党人集中精力搞工业化的决心。

1952 年 8 月 15 日，受毛泽东委托，周恩来率中国政府代表团带着试编出来的《五年计划轮廓草案》前往苏联，征询苏共中央和苏联政府的意见。

斯大林对中国政府代表团来访高度重视，三次同周恩来一行举行会谈。在 9 月 3 日的第二次会谈中，斯大林表示，中国三年经济恢复时期的工作，"给我们这里的印象很好"。但是，在五年计划中规定工业总产值每年递增 20% 是勉强的，不留后备是不行的。必须要有后备力量，这样才能应付意外的困难和事变。他建议中国将每年的工业增长速度定到 15%，还表示愿意为中国实现五年建设计划提供所需的地质勘探、设备供应、设计图纸、专家派遣、技术干部培训、信贷等援助，并派出专家帮助中国建设。[②]

后来中国的"一五"建设实践，证明了斯大林的建议是

---

① 金冲及主编《周恩来传（1949~1976）》上，中央文献出版社，1998，第 113 页。

② 力平、马芷荪主编《周恩来年谱（1949~1976）》上卷，中央文献出版社，1997，第 257~258 页。

正确的。最后确定的工业生产平均增长速度为 14.7%。

9 月 24 日，周恩来等回国。当天，毛泽东主持召开中共中央书记处会议，听取周恩来等关于同苏联商谈情况的汇报。会议就五年计划的方针和任务等进行了讨论。在这次会议上，毛泽东第一次提出过渡时期总路线的初步构想，以国家工业化带动对资本主义工商业、农业、手工业的社会主义改造，为五年计划的制订确定了根本指导思想。

在中国这样落后的国家实现工业化，有两条道路可供选择，一条是从发展轻工业开始，另一条是从重工业建设开始。经过反复比较和论证，毛泽东和中国共产党选择了优先发展重工业的方针。这样做，既可以为工业化打下冶金和制造业的基础，还可以增强国防实力。这对于像中国这样长期积贫积弱的落后国家来说，不失为一条工业化实现从无到有跨越式发展的途径。

优先发展重工业，在"一五"期间，主要体现在重点建设苏联援建的 156 项骨干工程。这些项目，无论就其建设规模还是技术水平，在中国都是前所未有的，为中国建立比较完整的基础工业体系和国防工业体系，为中国的工业化奠定了重要基础。这一时期，苏联派来的专家有 3000 多人，中国派往苏联留学的学生达 7000 多人，实习生有 5000 人。这些留学生和实习生，很多成为中国现代化建设的技术骨干。

1956 年是中国工业化建设史上取得多个突破的一年。在这一年，中国第一家生产载重汽车的长春汽车制造厂建成投产，中国第一家飞机制造厂试制成功第一架喷气式飞机，中国第一家制造机床的沈阳第一机床厂建成投产，中国第一家生产电子管的工厂北京电子管厂正式投产。也就在这一年，第一个五年计划原定的主要指标大都提前完成。这为第一个五年计划在结束时大幅度地超额完成创造了条件。

1953~1956年，全国工业总产值平均每年递增19.6%，农业总产值每年递增4.8%。最为难得的是，这一时期的经济效益较好，重要经济部门之间比例较为协调，国民收入中积累率保持在20%~25%，基本建设投资在国家财政支出中的比重保持在35%~40%。

这些建设成就，是整个旧中国在上百年的时间里从未有过的，而在毛泽东和中国共产党领导下，仅仅用了四年时间就全部实现了。这极大地提高了毛泽东和中国共产党在全国人民心目中的威望。

也正因为如此，毛泽东在1956年伊始就向全国人民提出："我国人民应该有一个远大的规划，要在几十年内，努力改变我国在经济上和科学文化上的落后状况，迅速达到世界上的先进水平。"[1]

四 水到渠成、心情愉快地过好
社会主义这一关

"中华人民共和国的成立，标志着中国革命第一阶段的基本结束和中国革命第二阶段的开始。中国革命第二阶段的任务，就是要在中国建立社会主义的社会。"[2] 这是毛泽东在提

---

[1] 《毛泽东文集》第7卷，人民出版社，1999，第2页。
[2] 《建国以来重要文献选编》第4册，中央文献出版社，1993，第693页。

出过渡时期总路线以后所做的概括，表明了在过渡时期总路线提出以后对新民主主义同社会主义的关系的认识。然而，新中国成立后的很长一段时间里，中国共产党人包括毛泽东在内，都还没有达到这样的认识高度。

如果说毛泽东创立新民主主义理论，主要是通过对前人的突破完成的；那么，中国社会主义改造道路的确立，则主要是通过对自我的突破实现的。

当时对新民主主义的认识，集中起来，体现在三个关系上。

一是新民主主义和社会主义的关系。当时普遍认为，在完成了民主革命以后，要有一个新民主主义经济大发展的阶段，过渡到社会主义社会还在很远的将来。也就是说，新民主主义社会的一端是民主革命的完成，另一端是向社会主义转变，这中间的很长一段时间，都将是新民主主义的五种经济成分共同发展的时期。

二是新民主主义五种经济成分的关系。新民主主义经济政策，是毛泽东在中共七届二中全会闭会不久概括出来的，后被写进《共同纲领》，即"公私兼顾、劳资两利、城乡互助、内外交流"。[①] 这项政策的核心，是在国营经济的领导下，国营经济、合作社经济、农民和手工业者的个体经济、私人资本主义经济、国家资本主义经济这五种经济成分"分工合作，各得其所，以促进整个社会经济的发展"[②]。在五种经济成分中，

---

① 《建国以来重要文献选编》第 1 册，中央文献出版社，1992，第 7 页。
② 《建国以来重要文献选编》第 1 册，中央文献出版社，1992，第 7 页。

国营经济同其他经济成分的关系是领导与被领导的关系。但是，就促进整个社会经济的发展和繁荣而言，它们之间又是平等的，是在总目标下共同发展的关系。尽管国家同私人资本主义限制与反限制的斗争会成为阶级斗争的主要形式，但在很长一段时期内还谈不上消灭私人资本的问题。

在五种经济成分中，国营经济和私人资本主义经济的关系，合作社经济同农民个体经济的关系，是两个总揽全局的关系。在同私人资本主义经济的关系上，是利用和限制的政策，"在可能的条件下，逐步地增加国民经济中的社会主义成分，加强国民经济的计划性，以便逐步地稳当地过渡到社会主义"。① 在同农民个体经济的关系上，采取既不是放任自流，也不是急躁冒进的政策，而是"谨慎地、逐步地而又积极地引导它们向着现代化和集体化的方向发展"。②

当时认为，新民主主义经济的发展，既是社会主义因素的发展，也是资本主义因素的发展。那么，是什么力量决定了社会主义的发展方向，而避免资本主义前途呢？这就是国营经济的领导作用和加强国民经济的计划性。

三是经济建设（工业化）和向社会主义过渡的关系。当时认为，向社会主义过渡，首先要有一定的社会物质基础；在国民经济恢复以后，要立即开始大规模工业化建设，是毫无疑义的。问题在于，是一边建设一边过渡，两者同时并举；还是先搞建设，等到物质基础基本具备了，然后再过渡。当时的普

① 《刘少奇选集》上卷，人民出版社，1981，第428页。
② 《毛泽东选集》第4卷，人民出版社，1991，第1432页。

遍认识倾向于后者。

1949 年 3 月中共七届二中全会决议提出了两个转变："使中国稳步地由农业国转变为工业国,由新民主主义国家转变为社会主义国家。"① 把由农业国转变为工业国放在第一位,先打物质基础,再搞社会变革。到 1951 年 2 月中旬,中共中央政治局召开扩大会议,毛泽东提出"三年准备、十年计划经济建设"的思想,是七届二中全会提出的两个转变的具体化,使全党对于什么时候向社会主义过渡有了更加明确的看法。对此,当时普遍理解是:"三年准备、十年建设是为工业国有化作准备的",到那时或再搞个五年计划,然后向社会主义过渡。

至于向社会主义过渡的方式,当时的认识是采取"一举过渡",即先由五种经济成分共同发展,等到条件成熟以后,再通过强制的方式一举实现向社会主义过渡。具体方式,毛泽东提出过"实行私营工业国有化和农业社会化"的设想。② 刘少奇同志也认为进入社会主义可分为两个步骤:对大中型私人企业,可以一步实行国有化,这是第一步。"再进行一个时期的建设,国有化更巩固、更发展了,就可以进一步采取农业集体化步骤"③。这是第二步。

这种构想在如何发展新民主主义社会经济等方面,包含了

---

① 《建党以来重要文献选编》第 26 册,中央文献出版社,2011,第 210 ~ 211 页。
② 《毛泽东文集》第 6 卷,人民出版社,1999,第 80 页。
③ 《刘少奇论新中国经济建设》,中央文献出版社,1993,第 212 页。

中国革命的一些新鲜经验，例如对五种经济成分及其相互关系的分析，要允许资本主义有相当程度的发展，等等。但也有局限性，对如何向社会主义过渡的问题，基本上没有突破苏联的过渡模式，主要表现在：一是在工业化建设同过渡的关系上，设想先打基础再过渡；二是通过工业国有化一举过渡。另外，对在实际生活中新民主主义社会表现出来的过渡性估计不足。

按照当时的理解，1949 年中华人民共和国刚成立时，民主革命的任务尚未全部完成。1950 年 6 月召开的中共七届三中全会决定，首先集中力量完成民主革命的遗留任务（包括土地改革、镇压反革命等）和进行恢复国民经济、争取国家财政经济状况基本好转的工作，以便为开展有系统的社会主义改造和有计划的经济建设创造条件。

然而，谁也没有想到的是，新中国成立后的最初三年，即 1949～1952 年，也就是人们心目中还在为新民主主义的发展而努力之时，实际上社会主义革命的任务已经开始实行了。这主要表现在以下三个方面。

第一，没收官僚资本，确立社会主义性质的国营经济的领导地位。

解放战争时期，随着对大中城市的接管，没收官僚资本的工作即已开始。新中国成立后，这项工作在全国范围展开。官僚资本是官僚资产阶级依靠超经济的特权，在剥削劳动人民和兼并民族工商业的过程中形成和发展起来的。没收官僚资本归人民的国家所有，是《共同纲领》规定的一项历史任务。到1950 年初，人民政府共接管官僚资本的工矿企业 2800 余家、金融企业 2400 余家，这些企业成为新中国成立初期国营经济的主要组成部分。

没收官僚资本具有两重性质：从反对外国帝国主义的附庸——中国的买办资产阶级——的意义上看，它具有民主革命的性质；从反对中国的大资产阶级的意义上看，它又具有社会主义革命的性质。通过没收官僚资本，并在企业内部进行民主改革和生产改革，中国资本主义经济的主体部分被改造为社会主义性质的国营经济，中国的大资产阶级被消灭了。随着没收官僚资本和原官僚资本企业的民主改革、生产改革工作的完成，确立了社会主义性质的国营经济在国民经济中的领导地位，这就为全面进行社会主义改造奠定了重要的物质基础。

第二，开始将资本主义纳入国家资本主义轨道。

新中国在利用资本主义工商业的过程中，已经开始对它进行适当的限制，并把其中的大部分引上了初级形式的国家资本主义的道路。1952 年，私营工业产值的 56% 已属于加工、订货、统购、包销部分。私营经济中不利于国计民生的部分被削弱以至淘汰。资本主义金融业则在此时完成了社会主义改造。私营经济在数量上是明显上升的，但在国民经济中的比重却下降了。

第三，引导个体农民在土地改革后逐步走上互助合作的道路。

1952 年，全国已有 40% 的农户参加了互助组，少数农户还参加了半社会主义或社会主义性质的农业生产合作社。

与此相应，国民经济三年恢复时期的实践出现了一些没有预料到的新情况。

第一，随着国营经济的迅速壮大，新中国成立初期五种经

济成分的格局发生了重大变化。

原来设想，"经过十年经济建设，国营企业可能达到百分之十几、二十、三十，国营经济的作用也增大，主要是领导作用、控制作用愈来愈大"。① 结果，在国民经济恢复时期，工业化进程和国营经济的发展速度，都大大超过了原来的估计。工业总产值在全国工农业总产值中的比重，从 1949 年的 30%上升到 1952 年的 41.5%，其中现代工业产值的比重从 17%上升到 26.6%。国营工业在全国工业（不包括手工业）总产值中的比重，从 1949 年的 34.7%上升到 1952 年的 56%。② 在这种情况下，五种经济成分之间的关系开始发生重大变化。特别是民族资本，经过"五反"和调整公私关系，通过扩大加工订货和统购包销，同国家计划和国营经济开始结成紧密的联系，逐步走上国家资本主义的道路，已经是大势所趋。

第二，民族资本迅速恢复和发展以后，同国家和国营经济展开了反限制的经济斗争。

经过"五反"运动，国家对民族资本取得了决定性的胜利，"开始造成了我们国家有可能完全控制资本主义工商业的局面"，"资产阶级已被工人群众和工人阶级所领导的国家的威力所压倒了"。③ 原先估计，在进入社会主义的过程中，工

① 《刘少奇论新中国经济建设》，中央文献出版社，1993，第 206 页。
② 胡绳主编《中国共产党的七十年》，中共党史出版社，1991，第 285 页。
③ 《建国以来重要文献选编》第 8 册，中央文献出版社，1994，第 149、150 页。

人阶级同资产阶级"不可能设想没有激烈的阶级斗争"。经过"五反"运动再看，进入社会主义，"总的来说，就是和平转变的道路"，"而且要转变得很自然，'水到渠成'"。①

第三，相当多的农民表现出了相当高的合作生产积极性。

许多分得土地的农民缺乏独立生产能力，难以单独抵御天灾人祸，纷纷走上了互助合作的道路，并且增产增收。实践打破了先机械化后集体化、没有机械化互助组不能发展为农业生产合作社的框框。

这些情况促使毛泽东等中央领导人重新思考一些问题。

首先促使毛泽东等领导人重新思考向社会主义过渡问题的，是1951年关于山西发展农业生产合作社问题的那场争论。在争论中，毛泽东批评了互助组不能生长为农业生产合作社的观点和现阶段不能动摇私有基础的观点，提出：既然西方资本主义在其发展过程中有一个工场手工业阶段，即依靠工场分工以形成新生产力的阶段，则中国的合作社依靠统一经营形成新生产力，去动摇私有基础，也是可行的。② 同年12月，中共中央做出了《关于农业生产互助合作的决议（草案）》，充分肯定了在实践中涌现出来的各种走向农业社会主义化的过渡的形式，从此，开始了走中国式的农业合作化道路的探索。这是第一个变化，即**从先有机械化再有合作化到认识到依靠统一经营和分工协作也可以搞农业合作化。**

---

① 《周恩来经济文选》，中央文献出版社，1993，第125、126页。
② 薄一波：《若干重大决策与事件的回顾》（上），中共党史出版社，2008，第135页。

接着，从 1952 年起，中共中央开始着手编制第一个五年计划，大规模的工业化建设即将开始，这再一次促使中共中央领导人重新思考工业化和社会主义改造的关系问题。1952 年 9 月 24 日，中共中央书记处会议讨论"一五"计划的方针任务，听取周恩来同志关于"一五"计划轮廓问题同苏联商谈情况的汇报。毛泽东提出：我们现在就要开始用 10～15 年的时间，基本上完成到社会主义过渡，而不是 10 年或者以后才开始过渡。① 这是第二个变化，即**从先打基础再过渡到认识到工业化与社会主义改造可以同时并举。**

在国民经济恢复时期即将结束的时候，公私比重的重大变化使毛泽东等人意识到：整个过渡时期，各种经济成分的关系客观上几乎每天都在变。"过渡时期每天都在变动，每天都在发生社会主义因素。"② 现在不是要不要变、等到什么时候再变的问题，而是采取什么方式变更有利的问题。这使他们逐步放弃了原先关于"确立新民主主义社会秩序"的设想。这是第三个变化，即**从力图保持新民主主义社会的相对稳定到认识到新民主主义社会实际上处在不断变动之中。**

1953 年 5 月，李维汉把关于资本主义企业中公私关系问题的调查报告送给毛泽东看，立即引起他的极大兴趣。毛泽东从这个报告中受到启发，做出了两个决定。第一，把中共七届二中全会以来对私人资本限制、利用的政策，改为限制、利

---

① 薄一波：《若干重大决策与事件的回顾》（上），中共党史出版社，2008，第 151 页。

② 毛泽东：《在中共中央政治局会议上的讲话》，1953 年 6 月 15 日，转引自《党的文献》2003 年第 4 期，第 20 页。

用、改造的指导方针。第二，把在实践中创造的一系列从低级到高级的国家资本主义，作为"改造资本主义工商业和逐步完成社会主义过渡的必经之路"。[①] 同时，还提出用和平赎买的手段来实现对资本主义工商业的改造。这是第四个变化，即**从私营工业国有化的认识到对资改造可以通过各种形式的国家资本主义，并决心实行赎买政策。**

上述四个变化，大体上反映了毛泽东等党和国家领导人从新民主主义发展理论演变为中国社会主义改造理论的认识过程。这些问题一解决，过渡时期总路线的总体思路也就形成了。

1953 年 6 月 15 日，毛泽东在中共中央政治局会议上正式提出了过渡时期总路线。其表述为："从中华人民共和国成立，到社会主义改造基本完成，这是一个过渡时期。党在这个过渡时期的总路线和总任务，是要在一个相当长的时期内，逐步实现国家的社会主义工业化，并逐步实现国家对农业、对手工业和对资本主义工商业的社会主义改造。"[②]

从对新民主主义社会发展的原有设想，到形成过渡时期总路线，是一次认识上的飞跃。这个过程，实际上也是不断突破苏联模式的束缚，不断解放思想，在理论上超越自我的过程；也是不断认识中国国情和特殊规律，探索适合中国实际情况的社会主义改造道路的过程；又是推进马克思主义中国化的新飞

---

① 《毛泽东文集》第 6 卷，人民出版社，1999，第 291 页。

② 《建国以来重要文献选编》第 4 册，中央文献出版社，1993，第 700~701 页。

跃，实现中国社会 20 世纪又一次历史性变革的过程。

在这个过程中，从理论上和实践上实现了以下突破：第一，在国家工业化建设和社会主义改造的关系上，突破了先打基础、再过渡的框框，创造了工业化和改造同时并举的道路；第二，在向社会主义过渡的方式上，突破了一举过渡的框框，变为逐步过渡，瓜熟蒂落，水到渠成；第三，在农业社会主义改造上，突破了先机械化、后集体化的框框，创造出初级社、高级社等适应不同生产力发展水平和地区特点的过渡形式；第四，在资本主义工商业改造上，突破了单一国有化的框框，创造出从初级到高级的各种国家资本主义的过渡形式，实现了对资产阶级的和平赎买政策，避免了"流血革命"；第五，在公有制的实现形式上，突破了单一国有制，形成了国营经济、公私合营经济、集体所有制经济三足鼎立的新格局。

以上五个突破集中到一点，就是在一个政治经济文化落后的农业大国里走出了向社会主义社会过渡的新路，解决了社会变革与物质基础、和平过渡与阶级斗争的矛盾问题。

充分肯定社会主义改造的巨大成就，并不妨碍对其历史局限性作深刻的反思。

首先，过渡时期总路线的出发点是"一化"带"三改"，体现了工业化与社会主义改造并举的思想，是中国共产党的独创。但是，社会主义改造加速进行的结果，使得社会主义改造在很大程度上脱离了工业化进程，孤军冒进。

其次，在缺乏经验的情况下，实际上搬用了单一公有制模式，企图过早地消灭私有经济。这集中体现在下面这句话："党在过渡时期的总路线的实质，就是使生产资料的社会主义所有制成为我国国家和社会的唯一的经济基础。"① 不适当地强调了社会主义经济成分的单一性，没有认识到社会主义初级阶段经济成分的多样性和复杂性。对各种非公有制经济成分进行社会主义改造，是完全必要的。但是，改造不等于消灭。在确立了公有制经济主体地位后，在进入社会主义初级阶段条件下，必须而且也完全可能使多种经济成分共同发展。在进入社会主义社会以后，未能解决好在经济上如何利用资本主义的历史性课题。毛泽东在社会主义改造基本完成之后也意识到这个问题，提出："可以消灭了资本主义，又搞资本主义。"② 这是毛泽东打下的一个历史的"结"。这个"结"，后来由邓小平在坚持社会主义公有制的主体地位的前提下打开了。

我们在深刻认识这些失误的时候，不能苛求前人，更不能简单地否定前人。在中国这样一个长期处于半封建半殖民地社会的落后的农业国里，能够依靠中国共产党的坚强领导，依靠人民政府的高度威信，在短短的时间里，实现从新民主主义社会向社会主义社会的过渡，确立社会主义根本制度，这是在新中国成立初期难以想象的奇迹。这场社会主义改造来势迅猛，却没有引起剧烈的社会震荡，社会生产力不但没有遭到破坏，反而有所发展；民族资产阶级不但没有抵制这场改造，反而心情比较顺畅地接受了改造；工农联盟和工人阶级同民族资产阶级的联盟不但没有瓦解，反而在新的基础上更加巩固。这些都

---

① 《建国以来重要文献选编》第 4 册，中央文献出版社，1993，第702 页。

② 《毛泽东文集》第 7 卷，人民出版社，1999，第 170 页。

说明中国走出了一条独特的社会主义改造道路。这条道路的成功，是中国共产党人立足于本国实际，对科学社会主义理论的又一个重大贡献。

这是中国共产党的成功，也是毛泽东的成功。

通过社会主义改造，社会主义公有制第一次在古老的中国大地上建立起来，并成为中国社会主义经济制度的基础。在此之前，1954 年 9 月召开第一届全国人民代表大会，通过了由毛泽东主持起草的首部《中华人民共和国宪法》。这部宪法规定了国家的根本性质是工人阶级领导的、以工农联盟为基础的人民民主国家，在此基础上确立了人民代表大会制度、中国共产党领导的多党合作政治协商制度、民族区域自治制度。这标志着社会主义基本政治制度也在中国得到全面确立。这些制度，既符合科学社会主义基本原理，又从一开始就具有中国自己的特点，因而能够不断坚持发展直至今日，成为毛泽东留给新中国的最可珍贵的财富。

第四章

总结苏联社会主义建设经验教训

　　1956 年，既是中国社会主义改造成功实现之年，也是独立自主地探索中国社会主义建设道路的起步之年。在这一年中，发生了一个在国际共产主义运动中影响深远的重大事件，引发了毛泽东对社会主义建设规律的深深思考。这就是苏共二十大的召开和斯大林评价问题的提出。

　　在国际共产主义运动出现一股全盘否定斯大林的风潮面前，毛泽东和中国共产党不但没有为其所动，而且旗帜鲜明地顶住了这股逆流，澄清了是非，稳住了阵脚，维护了社会主义阵营的团结。不仅如此，毛泽东还娴熟地运用辩证唯物主义和历史唯物主义的世界观和方法论，一分为二地分析了斯大林的功绩与错误，分析了苏联社会主义建设的成功与教训，并且以此为借鉴，开始了独立自主地对适合中国国情的社会主义建设道路的探索，使科学社会主义在中国出现了勃勃生机。

　　1956 年 2 月 14 日至 25 日，苏联共产党召开第二十次全国代表大会。这是苏共在斯大林逝世后召开的第一次全国代表大会。大会期间，赫鲁晓夫作了《关于个人崇拜及其后果》的秘密报告，全面批判斯大林。不久，这个报告在西方世界披露出来，在国际上引起轩然大波。

毛泽东对斯大林也有不满。1956 年 9 月 24 日，毛泽东对南斯拉夫共产主义者联盟代表团说："我在见到斯大林之前，从感情上说对他就不怎么样。我不太喜欢看他的著作"，"他写的关于中国革命的文章我更不爱看。他和列宁不同，列宁是把心给别人，平等待人，而斯大林则站在别人的头上发号施令。他的著作中都有这种气氛。"① 正因为如此，在斯大林问题上，毛泽东并不反对进行必要的批评和揭露，并且认为："对斯大林的批评，我们人民中有些人还不满意。但是这种批评是好的，它打破了神化主义，揭开了盖子，这是一种解放，是一场'解放战争'，大家都敢讲话了，使人能想问题了。这也是肯定，否定，否定之否定。"② 他所反对的是在斯大林问题上出现的全盘否定，不加分析地一棍子打死，甚至过分追究个人责任的错误做法。

同其他社会主义国家关系中的不平等问题，一直是苏联同社会主义各国关系的症结，中国也深受其害。这个问题发端于斯大林时期，在赫鲁晓夫执政以后虽然有所好转，但并没有根本改观。1956 年下半年发生的波兰和匈牙利事件，就是这种矛盾的一次总爆发。

1956 年 6 月，波兰西部的工商业城市波兹南发生流血冲突事件。尽管事件很快得到控制，但它在波兰统一工人党内部产生重大分歧。此时，苏共中央领导人对波兰局势十分担忧。

---

① 《毛泽东文集》第 7 卷，人民出版社，1999，第 125 页。
② 《毛泽东文集》第 7 卷，人民出版社，1999，第 126 ~ 127 页。

他们认为在波兰党内出现了一股要脱离社会主义阵营的倾向，必须坚决制止。10月中旬，苏联军队在通向波兰的交通要道上集结，苏联军官指挥的三个坦克纵队包围了波兰首都华沙。10月19日，赫鲁晓夫带领苏共代表团未经波方邀请飞抵华沙，要求正在召开的波兰统一工人党八中全会暂时休会。波党只得停止会议，连夜同苏共会谈，但对赫鲁晓夫等人的蛮横态度并未屈服。波兰局势处在十分严重的时刻。

赫鲁晓夫飞抵华沙的同一天，苏联驻华大使尤金向毛泽东递交了苏共中央关于准备对波兰动用武力、邀请中共派代表团去莫斯科参加讨论波兰问题的社会主义国家会议的信件。在同尤金的会见中毛泽东表示，如果苏联不动用武力，也不召开国际会议谴责波兰，而同意用和平方式解决苏波分歧，中共同意派代表团去莫斯科和苏共商谈解决问题的办法。当天，毛泽东还约见波兰驻华大使基里洛克，把这个答复通报给了波兰领导人。①

10月21日、22日晚，毛泽东先后主持召开中共中央政治局常委扩大会议和政治局扩大会议。会议讨论苏共中央给中共中央的通知。在听取新华社社长吴冷西介绍外国通讯社报道有关波兰情况后，毛泽东指出：苏联准备对波兰进行武装干涉违反起码的国际关系准则，是严重的大国沙文主义。会议认为，在目前这种关键时刻，中共中央应当采取紧急措施，向苏共中央发出严重警告，坚决反对苏联对波兰采取武装干涉。波兰局

---

① 《中华人民共和国外交史（1949～1956）》，世界知识出版社，1994，第61～62页。

势虽然比较复杂，但"看来还不像马上要脱离社会主义阵营，走入西方集团"，应当承认目前波共中央的领导，在平等的基础上同它合作，争取波兰留在社会主义阵营里。

10月22日晚的中央政治局会议一直开到次日零时40分结束。23日1时许，毛泽东由刘少奇、周恩来、陈云、邓小平陪同，紧急约见苏联大使尤金。毛泽东严厉指出：中共中央政治局一致认为，苏联武装干涉波兰是违反无产阶级国际主义原则的。中共中央坚决反对这样做。如果不听劝告，中共中央和中国政府将公开谴责你们。

3时左右，毛泽东召集刘少奇、周恩来、邓小平再次开会讨论波兰局势问题。会议决定接受苏共中央的邀请，由刘少奇、邓小平、王稼祥组成中共代表团前往莫斯科同苏共中央领导人会谈。会议明确了这次代表团的任务是调解，方针是着重批评苏共的大国沙文主义，同时劝说波党顾全大局，方式是只分别同苏共或波党会谈，不参加苏波两党的会谈。

10月23日，刘少奇率中共代表团抵达莫斯科。从23日至31日，刘少奇同苏共中央领导人商谈解决波兰问题。会谈中，刘少奇向苏共中央领导人转达了毛泽东关于苏联同东欧各国关系的建议：对东欧各国政治经济上放手，让他们自己去搞；在军事上，征求他们的意见，问他们是否要华约，是否要驻军，或者是要华约但苏联撤军，敌人进攻时再去。赫鲁晓夫表示同意毛泽东的意见。[1] 10月30日，苏联政府发表《关于

---

[1] 《中华人民共和国外交史（1949～1956）》，世界知识出版社，1994，第62页。

发展和进一步加强苏联同其他社会主义国家的友谊和合作的基础的宣言》，承认过去的错误，表示了改善相互关系的愿望。11月1日，中国政府发表了支持苏联政府声明的声明。

波兰事件结束后，毛泽东在1956年10月31日会见波兰大使基里洛克，提出要反对大国沙文主义，并认为赫鲁晓夫提出反对斯大林的个人崇拜，"并没有提出本质的问题。要反对主张沙文主义的个人崇拜，要反对个人专制和个人独裁的个人崇拜。只说反对个人崇拜，不能解决问题"。①

一波刚平，一波又起。10月23日，布达佩斯街头出现了示威游行的群众队伍。示威游行队伍越来越大，占领匈牙利劳动人民党和政府的一些机关，发生同保安部队的冲突，造成了流血事件。23日深夜，也就是中共代表团到达莫斯科的当晚，局势仍在继续恶化。这场社会动乱，是由匈牙利劳动人民党内引起的。苏共二十大以后，匈牙利劳动人民党内和社会上一部分人强烈要求改变现行政治制度和经济制度，要求对匈党在斯大林时期所犯错误进行彻底清算，要求摆脱苏联的控制争取独立自主，引发了匈牙利党内的严重分歧。事态发展到流血的程度，匈牙利劳动人民党及政府逐渐失去对局势控制的能力。

10月30日，匈牙利局势进一步恶化，全国已处于无政府状态，反政府势力已占优势。得知这一情况，一向强硬的苏共中央突然改变了态度。苏共中央向刘少奇和中共代表团表示，苏共中央对此态势已经绝望，准备从匈牙利撤出军队。随即，刘少奇召集中共代表团成员紧急讨论了一整天，并把讨论的结

---

① 《毛泽东会见波兰大使基里洛克的谈话》，1956年10月31日。

果在电话中向北京作了请示汇报。在当天晚上举行的苏共中央主席团会议上，刘少奇代表中共代表团向苏共中央提出反对苏军撤出匈牙利，认为在现在这种局势下苏军撤出匈牙利，将其交给使用暴力手段的反政府势力是不妥当的。

苏共中央采纳了中共代表团的意见。10月31日晚，在莫斯科机场为刘少奇和中共代表团送行时，赫鲁晓夫告诉刘少奇，苏共中央经过开会研究，已经决定在匈牙利采取进攻方针，尽全力挽救匈牙利的局势。

11月1日，毛泽东在刘少奇一行回到北京后，连夜听取刘少奇就波匈事件和苏共中央的处理情况作详细汇报，汇报一直持续到次日清晨。第二天，毛泽东又主持召开中共中央政治局常委会议，再次听取刘少奇等人的汇报，并对东欧局势进行讨论。

应当说，在处理社会主义国家间关系的问题上，通过波兰事件，中共赢得了兄弟党的尊重。这是长期处于"老大哥"中心地位的苏联领导人所不愿意看到的。中国领导人希望苏联领导人从此放弃大国沙文主义，同社会主义各国平等相处，尊重别国的主权和战略利益，日后证明，这种希望落了空。

从1956年2月苏共召开第二十次全国代表大会起，直到匈牙利事件被平息，国际共产主义运动在整个1956年遇到了前所未有的挑战。所以毛泽东将这一年称作"多事之秋"。

面对国际共产主义运动的新变动，毛泽东一则以喜，一则以忧。喜的是斯大林的个人崇拜等问题得到揭露，忧的是列宁主义的地位受到削弱。毛泽东曾经说："一九五六年，斯大林受到批判，我们一则以喜，一则以忧。揭掉盖子，破除迷信，去掉压力，解放思想，完全必要。但一棍子打死，我们就不赞成。"①

毛泽东认为，斯大林犯错误的思想根源，首先是主观认识脱离了客观实际。1956 年 8 月 30 日，他在中共八大预备会议第一次会议的讲话中指出："所谓犯错误，就是那个主观犯错误，那个思想不对头。我们看到的批评斯大林错误的许多文章，就是没有提到这个问题，或者很少提到这个问题。斯大林为什么犯错误呢？就是在一部分问题上他的主观跟客观实际不相符合。"②

毛泽东还进一步指出斯大林在思想方法上的片面性和形而上学。1957 年 1 月，他在省、市、自治区党委书记会议的讲话中指出："斯大林有许多形而上学，并且教会许多人搞形而上学。他在《苏联共产党（布）历史简明教程》中讲，马克思主义辩证法有四个基本特征。他第一条讲事物的联系，好像无缘无故什么东西都是联系的。……他第四条讲事物的内在矛盾，又只讲对立面的斗争，不讲对立面的统一。按照对立统一这个辩证法的根本规律，对立面是斗争的，又是统一的，是互相排斥的，又是互相联系的，在一定条件下互相转化的。""苏联编的《简明哲学辞典》第四版关于同一性的一条，就反映了斯大林的观点。"③

在正确指出斯大林错误的同时，毛泽东对赫鲁晓夫等过分

---

① 《毛泽东文集》第 7 卷，人民出版社，1999，第 370 页。
② 《毛泽东文集》第 7 卷，人民出版社，1999，第 89~90 页。
③ 《毛泽东文集》第 7 卷，人民出版社，1999，第 194 页。

指责斯大林的所谓"个人品质"问题，进而全盘否定斯大林的错误做法，也深感忧虑。他多次强调，对斯大林要三七开。苏联发生的错误，包括斯大林的错误，是部分性质的、暂时性质的，是可以纠正的。在《论十大关系》中，毛泽东重申："中央认为斯大林是三分错误，七分成绩，总起来还是一个伟大的马克思主义者，按照这个分寸，写了《关于无产阶级专政的历史经验》。三七开的评价比较合适。斯大林对中国做了一些错事。第二次国内革命战争后期的王明'左'倾冒险主义，抗日战争初期的王明右倾机会主义，都是从斯大林那里来的。解放战争时期，先是不准革命，说是如果打内战，中华民族有毁灭的危险。仗打起来，对我们半信半疑。仗打胜了，又怀疑我们是铁托式的胜利，一九四九、一九五〇两年对我们的压力很大。可是，我们还认为他是三分错误，七分成绩。这是公正的。"①

毛泽东的上述论述，对于解放思想、稳定人心起了重要的作用。正是从这些认识出发，毛泽东在 1956 年 4 月和 12 月，先后主持起草了两篇重要文章，集中阐发中国共产党在斯大林问题以及由此引发的苏联建设经验和社会主义建设规律等重大问题的意见。这两篇文章是 1956 年 4 月 5 日发表的《关于无产阶级专政的历史经验》和同年 12 月 29 日发表的《再论无产阶级专政的历史经验》。

1956 年 4 月 5 日，《人民日报》以该报编辑部名义发表《关于无产阶级专政的历史经验》，并且特意说明"这篇文章

---

① 《毛泽东文集》第 7 卷，人民出版社，1999，第 42 页。

是根据中国共产党中央政治局扩大会议的讨论，由人民日报编辑部写成的"。

《关于无产阶级专政的历史经验》一文，是在毛泽东的提议和主持下，并经他多次修改写成的。文章草稿写出后，毛泽东还于4月2日凌晨4时致信刘少奇、邓小平同志，提出请邓小平立即印成清样，送给中央政治局委员、中央副秘书长，以及王稼祥、陈伯达、张际春、邓拓、胡绳等。3日下午，召集一次政治局会议，由看过清样的同志参加，提出意见。4日下午，打成第二次清样，由书记处再斟酌一下，争取5日见报。信中还说，目前有了这篇社论就够了。

这篇文章在当时的国际背景下有着深刻的含义。西方政界人士从赫鲁晓夫的"秘密报告"及其反响中，认为已看到在共产主义"铁幕"后面的裂缝，积极推行和平演变战略，企图使社会主义阵营解体。他们的许多活动都是在所谓"反斯大林主义"的旗号下进行的，具有很大的煽动性和迷惑性。而在社会主义国家中，不少领导人对此缺乏应有的警惕，对斯大林的错误又缺少正确的分析，简单地批判"斯大林主义"。这种情况继续下去，势必造成严重的思想混乱，特别是在马克思列宁主义的一些基本问题上造成混乱。在国际共产主义运动的大是大非问题上，中国共产党人有必要旗帜鲜明地表明自己的原则立场。

毛泽东主持起草的《关于无产阶级专政的历史经验》这篇文章和毛泽东在起草过程中所做的修改，提出不少重要的思想。这些重要思想，既是对国际共产主义运动经验教训的总结，也可以看作是对中国社会主义建设规律的初步探索的开端。

一　第一次提出实现马克思列宁主义基本
原理同中国具体实际第二次
结合的命题

这是在讨论《关于无产阶级专政的历史经验》一文的过程中，毛泽东提出的。探索中国的社会主义建设道路，首先有一个如何把马克思列宁主义原理同中国实际相结合的问题。1956 年 4 月初，在中共中央书记处会议上毛泽东提出："我认为最重要的教训是独立自主，调查研究，摸清本国国情，把马克思列宁主义的基本原理同我国革命和建设的具体实际结合起来，制定我们的路线、方针、政策。……现在是社会主义革命和建设时期，我们要进行第二次结合，找出在中国进行社会主义革命和建设的正确道路。"①

针对苏共二十大以后西方敌对势力乘机掀起反共反社会主义浪潮，中共中央指出，从基本原理上来说，十月革命道路"反映了人类社会发展长途中的一个特定阶段内关于革命和建设工作的普遍规律"。因此，"保卫十月革命所开辟的这一条马克思列宁主义的道路，在目前的国际形势下具有特别重大的意义"。② 同时，鉴于苏联在建设社会主义过程中发生过一些缺点和错误，中共中央又指出，现在我们应当更加强调从中国

---

① 转引自吴冷西《十年论战》（上），中央文献出版社，1999，第 23 ~ 24 页。
② 《建国以来重要文献选编》第 9 册，中央文献出版社，1994，第 568 页。

的国情出发，强调开动脑筋，强调创造性，在结合上下功夫。毛泽东说："最近苏联方面暴露了他们在建设社会主义过程中的一些缺点和错误，他们走过的弯路，你还想走？过去我们就是鉴于他们的经验教训，少走了一些弯路，现在当然更要引以为戒。"① 也就是说，中国的社会主义建设必须走自己的道路。

　　毛泽东从自身的实践和斯大林的正反两方面经验中体会到一个真理：马克思主义一定要随着时代的发展而发展，随着实践的发展而发展。他在1959年底至1960年初研读苏联《政治经济学教科书》的谈话中说："我们党里有人说，学哲学只要读《反杜林论》、《唯物主义和经验批判主义》就够了，其他的书可以不必读。这种观点是错的。马克思这些老祖宗的书，必须读，他们的基本原理必须遵守，这是第一。但是，任何国家的共产党，任何国家的思想界，都要创造新的理论，写出新的著作，产生自己的理论家，来为当前的政治服务，单靠老祖宗是不行的。只有马克思和恩格斯，没有列宁，不写出《两个策略》等著作，就不能解决一九〇五年和以后出现的新问题。单有一九〇八年的《唯物主义和经验批判主义》，还不足以对付十月革命前后发生的新问题。适应这个时期革命的需要，列宁就写了《帝国主义论》、《国家与革命》等著作。列宁死了，又需要斯大林写出《论列宁主义基础》和《论列宁主义的几个问题》这样的著作，来对付反对派，保卫列宁主义。我们在第二次国内战争末期和抗战初期写了《实践论》、《矛盾论》，这些都是适应于当时的需要而不能不写的。现在，

_____

① 《毛泽东文集》第7卷，人民出版社，1999，第23页。

我们已经进入社会主义时代，出现了一系列的新问题，如果单有《实践论》、《矛盾论》，不适应新的需要，写出新的著作，形成新的理论，也是不行的。"

二 正确评价斯大林的是非功过，实事求是地对待共产党人所犯错误和工作中的失误

关于斯大林的错误，毛泽东在审阅《关于无产阶级专政的历史经验》时，加写或改写了这样几段话："作为党和国家主要领导人的斯大林，在他后一个时期的工作中所以犯了某些严重的错误，就是因为他没有这样做。他骄傲了，不谨慎了，他的思想里产生了主观主义。产生了片面性，对于某些重大问题做出了错误的决定，造成了严重的不良后果。"[1] 他的错误，主要的是："欣赏个人崇拜，违反党的民主集中制，违反集体领导和个人负责相结合的制度，因而发生了例如以下的一些重大的错误：在肃反问题上扩大化；在反法西斯战争前缺乏必要的警惕；对于农业的进一步发展和农民的物质福利缺乏应有的注意；在国际共产主义运动中出了一些错误的主意，特别是在南斯拉夫问题上做了错误的决定。斯大林在这些问题上，陷入了主观性和片面性，脱离了客观实际状况，脱离了群众"。[2]

与此同时，毛泽东对斯大林的功绩也给予实事求是的肯

---

① 《建国以来毛泽东文稿》第 6 册，中央文献出版社，1992，第 61 页。

② 《建国以来毛泽东文稿》第 6 册，中央文献出版社，1992，第 62 页。

定。在文中论述苏联社会主义革命和建设的巨大成就的一段文字之后，毛泽东改写了这样一段话："在为实现列宁的方针而进行的斗争中，有苏联共产党中央委员会强有力的领导的功劳，其中就有斯大林的不可磨灭的功劳。"① 在其他有关段落中，毛泽东还加写了这样几段："在列宁逝世之后，作为党和国家的主要领导人物的斯大林，创造性地运用和发展了马克思列宁主义。"凡是他的著作中有益的东西，"我们都需要当做一项重要的历史遗产接受过来"。②

《关于无产阶级专政的历史经验》一文，用了两大段篇幅来总结斯大林领导苏联人民取得的巨大成就。文章指出："苏联迅速地实现了社会主义的工业化，实现了农业的集体化，发展了社会主义的科学和文化，在苏维埃联盟的形式下形成了国内多民族的巩固的联盟，苏联国内原来落后的民族变成了社会主义的民族。在第二次世界大战中，苏联成为打败法西斯的主力，挽救了欧洲的文明，并且帮助东方人民打败了日本军国主义。这一切灿烂的成就，给全人类指出了社会主义和共产主义的光明前途，大大地动摇了帝国主义的统治，使苏联在全世界争取持久和平的斗争中成为第一个坚强的堡垒。苏联鼓舞和支持了所有其他的社会主义国家的建设，鼓舞了全世界的社会主义运动、反殖民主义运动和一切争取人类进步的运动。这些都是苏联人民和苏联共产党在人类历史上所创造的伟大业绩。给

---

① 《建国以来重要文献选编》第 8 册，中央文献出版社，1994，第 229 页。
② 《建国以来重要文献选编》第 8 册，中央文献出版社，1994，第 235 页。

苏联人民和苏联共产党指出创造这种伟大业绩的道路的，是列宁。在为实现列宁的方针而进行的斗争中，有苏联共产党中央委员会强有力的领导的功劳，其中就有斯大林的不可磨灭的功劳。"①

文章还指出："在列宁逝世之后，作为党和国家的主要领导人物的斯大林，创造性地运用和发展了马克思列宁主义；在保卫列宁主义遗产、反对列宁主义的敌人——托洛茨基分子、季诺维也夫分子和其他资产阶级代理人的斗争中，他表达了人民的意愿，不愧为杰出的马克思列宁主义的战士。斯大林所以赢得苏联人民的拥护，在历史上起了重要的作用，首先就是因为他和苏联共产党的其他领导人在一起维护了列宁的关于苏维埃国家工业化和农业集体化的路线。苏联共产党实行了这条路线，使社会主义制度在苏联取得了胜利，并且造成了苏联在反希特勒的战争中取得胜利的条件，而苏联人民的这一切胜利是同全世界工人阶级和一切进步人类的利益相一致的。因此，斯大林这个名字也就很自然地同时在世界上享有很高的荣誉。"②

历史常有相似之处。其中之一，就是骄傲必犯错误。文章实事求是地指出："当着斯大林正确地运用列宁主义的路线而在国内外人民中获得很高的荣誉的时候，他却错误地把自己的作用夸大到不适当的地位，把他个人的权力放在和集体领导相对立的地位，结果也就使自己的某些行动和自己原来所宣传的某些马克思列宁主义的基本观点处于相对立的地位。一方面承

---

① 《人民日报》1956 年 4 月 5 日。
② 《人民日报》1956 年 4 月 5 日。

认人民群众是历史的创造者，承认党必须永远地联系群众，必须发展党内民主，发展自我批评和自下而上的批评；另一方面却又接受和鼓励个人崇拜，实行个人专断，这就使得斯大林后一时期在这个问题上陷于理论和实践相脱节的矛盾。"①

对斯大林这样一个成就巨大、错误也巨大的历史人物究竟如何评价，这不是个小问题。毛泽东强调实事求是的分析态度的极端重要性。他指出："共产党人对于共产主义运动中所发生的错误，必须采取分析的态度。有些人认为斯大林完全错了，这是严重的误解。斯大林是一个伟大的马克思列宁主义者，但是也是一个犯了几个严重错误而不自觉其为错误的马克思列宁主义者。我们应当用历史的观点看斯大林，对于他的正确的地方和错误的地方作出全面的和适当的分析，从而吸取有益的教训。不论是他的正确的地方，或者错误的地方，都是国际共产主义运动的一种现象，带有时代的特点。""好的领导者不在于不犯错误，而在于认真地对待错误。完全不犯错误的人在世界上是从来没有的。"②

毛泽东比苏共二十大的高明之处，不仅在于对斯大林的功过是非采取了实事求是的分析态度，而且在于更加注重从思想方法上总结教训，寻找原因。毛泽东随后还在同外宾的谈话中指出斯大林在思想方法上的矛盾。他说："斯大林提倡辩证唯物主义，有时也缺乏唯物主义，有点形而上学；写的是历史唯物主义，但做的常是历史唯心主义。他有些做法走极端，个人

---

① 《人民日报》1956 年 4 月 5 日。
② 《毛泽东文集》第 7 卷，人民出版社，1999，第 20 页。

神化、使人难堪等等，都不是唯物主义的。"①

毛泽东在 1957 年 1 月召开的省、市、区委书记会议上还指出："斯大林有许多形而上学，并且教会许多人搞形而上学。他在《苏联共产党（布）历史简明教程》中讲，马克思主义辩证法有四个基本特征。他第一条讲事物的联系，好像无缘无故什么东西都是联系的。究竟是什么东西联系呢？就是对立的两个侧面的联系。各种事物都有对立的两个侧面。他第四条讲事物的内在矛盾，又只讲对立面的斗争，不讲对立面的统一。按照对立统一这个辩证法的根本规律，对立面是斗争的，又是统一的，是互相排斥的，又是互相联系的，在一定条件下互相转化的。"②

毛泽东并没有简单地当历史的评判官，而是从更高的高度来思考斯大林犯错误的历史必然性，并由此联想到中国共产党自身。他在讨论《关于无产阶级专政的历史经验》一文时指出："其实，十月革命以来，搞社会主义建设时间并不长。说到共产主义运动，从马克思发表《共产党宣言》时起，迄今也只有 100 年多一点，实现共产主义是空前伟大、空前艰巨的事业。不艰巨就不能说伟大，因为很艰巨，才很伟大。这样伟大艰巨的事业，不犯错误是不可能的。苏联要犯错误，我们也要犯错误。因为我们所走的道路是前无古人的道路。苏联是第一个搞社会主义，第一个搞无产阶级专政，所以，可以说他们犯错误是不可避免的。中国搞社会主义也可能犯错误，甚至犯

---

① 《毛泽东文集》第 7 卷，人民出版社，1999，第 125 页。
② 《毛泽东文集》第 7 卷，人民出版社，1999，第 194 页。

大错误。因为要摸清建设社会主义的规律不是容易的事情。路如何走，不容易。我们搞民主革命也是犯了许多错误之后才成功的。建设社会主义同样是这样。要树立错误难免的观点。任务是尽量少犯错误，使主观符合客观，按客观规律办事，反对主观主义，反对教条主义，反对片面性。这样才能避免犯大错误。我们力求不犯大错误。"①

毛泽东还提出一个重要的思想，即要尽量避免某些严重的错误，"注意从个别的、局部的、暂时的错误中取得教训，力求使某些个别的、局部的、暂时的错误不至于变成全国性的、长时期的错误"。②

三 提出要建立一定的制度保证群众路线 和集体领导的贯彻实施，防止个人 突出和个人崇拜现象发生

毛泽东对斯大林的个人崇拜教训作深入的分析，指出斯大林错误的思想和理论根源在于"使自己的某些行动和自己原来所宣传的某些马克思列宁主义的基本观点处于相对立的地位。一方面承认人民群众是历史的创造者，承认党必须永远地联系群众，必须发展党内民主，发展自我批评和自下而上的批评；另一方面却又接受和鼓励个人崇拜，实行个人专断，这就

---

① 吴冷西：《十年论战》（上），中央文献出版社，1999，第 15 页。
② 《建国以来重要文献选编》第 8 册，中央文献出版社，1994，第 227 页。

使得斯大林后一时期在这个问题上陷于理论和实践相脱节的矛盾。"①

毛泽东还进一步指出防止个人突出和个人英雄主义任务的长期性和艰巨性："脱离群众的个人突出和个人英雄主义这一类现象还是会长期存在的。一次克服了，下次还会再出现。有时由这一些人表现出来，有时又由另一些人表现出来。人们在注意到个人作用的时候，常常会看不见群众和集体的作用。所以，有些人就很容易犯出狂妄自大、迷信自己，或者盲目崇拜别人的错误。因此，反对脱离群众的个人突出和个人英雄主义，反对个人崇拜，是应该经常加以注意的问题。"② 同时，毛泽东也提醒人们注意问题的另一方面，不要由此走向另一个极端："马克思列宁主义者认为领导人物在历史上有很大的作用。人民和人民的政党需要有能够代表人民的利益和意志、站在历史斗争的前列，而领导人民群众的先进人物。否认个人的作用，否认先进人物和领导人物的作用，这是完全错误的。"③

个人崇拜在很大程度上带有封建主义的浓厚色彩，是和社会主义根本不相容的。但是，为什么这种现象又会在社会主义社会中发生？《关于无产阶级专政的历史经验》一文对此作了深入的分析，提出了社会主义社会的矛盾思想。文章说：

---

① 《建国以来重要文献选编》第 8 册，中央文献出版社，1994，第229 页。

② 《建国以来重要文献选编》第 8 册，中央文献出版社，1994，第233 页。

③ 《建国以来重要文献选编》第 8 册，中央文献出版社，1994，第230 页。

　　有一些天真烂漫的想法，仿佛认为在社会主义社会中是不会再有矛盾存在了。否认矛盾存在，就是否认辩证法。各个社会的矛盾性质不同，解决矛盾的方式不同，但是社会的发展总是在不断的矛盾中进行的。社会主义社会的发展也是在生产力和生产关系的矛盾中进行着的。在社会主义社会和共产主义社会中，技术革新和社会制度革新的现象，都将是必然要继续发生的，否则，社会的发展就将停止下来，社会就不可能再前进了。……人们是在社会中生活着的，也就会在各种不同的情况和不同的程度上，反映各个社会中的矛盾。所以，即使到了共产主义社会，也不会是每个人都是完满无缺的。那个时候，人们本身也还将有自己的矛盾，还将有好人和坏人，还将有思想比较正确的人和思想比较不正确的人。因此，人们之间也还将有斗争，不过斗争的性质和形式不同于阶级社会罢了。这样看来，在社会主义社会中，存在着个人和集体的矛盾现象，并不是一件什么奇怪的事。而任何党和国家的领导人物如果脱离集体领导，脱离人民群众，脱离实际生活，他们就必然会使自己的思想硬化起来，以致做出严重的错误。对于我们必须警惕的，就是：有些人当他们因为党和国家有了很多工作成绩，取得人民群众的高度信任的时候，便有可能利用这种群众的信任去滥用权威，做出一些错事来。①

---

① 《人民日报》1956 年 4 月 5 日。

　　如何根除个人崇拜呢？文章特别强调毛泽东一贯倡导的群众路线，指出："我们工作的全部历史告诉我们：凡是遵守这条路线的，工作总是好的或者较好的，即使犯了错误，也易于改正；凡是违背这条路线的，工作总是遇到挫折。这是马克思列宁主义的领导方法，这是马克思列宁主义的工作路线。当革命胜利之后，在工人阶级和共产党已经成为领导全国政权的阶级和政党的时候，我们党和国家的领导工作人员，由于受到官僚主义的多方面的袭击，就面临到有可能利用国家机关独断独行、脱离群众、脱离集体领导、实行命令主义、破坏党和国家的民主制度的这样一个很大的危险性。"[1]

　　毛泽东意识到要有制度上的保证，以防止个人突出和个人崇拜的现象发生。他提出："我们要是不愿意陷到这样的泥坑里去的话，也就更加要充分地注意执行这样一种群众路线的领导方法，而不应当稍为疏忽。为此，我们需要建立一定的制度来保证群众路线和集体领导的贯彻实施，而避免脱离群众的个人突出和个人英雄主义，减少我们工作中的脱离客观实际情况的主观主义和片面性。"[2] 在谈到中国共产党人反对脱离群众的个人突出和个人英雄主义的经验时，他还指出，必须"依靠人民群众的智慧，依靠民主集中制，依靠集体领导和个人负责相结合的制度"。这些思想，在中共八大通过的政治报告和党章中，得到进一步体现和发挥。

---

[1]　《人民日报》1956 年 4 月 5 日。
[2]　《毛泽东文集》第 7 卷，人民出版社，1999，第 19 页。

四 根据苏联和中国的社会主义建设经验，初步论述了社会主义社会的矛盾问题

在《关于无产阶级专政的历史经验》一文中，批评了那种认为在社会主义社会不再有矛盾存在的观点，指出否认矛盾存在，就是否认辩证法。社会主义社会的发展也是在生产力和生产关系的矛盾中进行的。对此，毛泽东指出："人类现在还是在青年时代。人类将来要走的路，将比过去走过的路，不知道要长远得多少倍。革新和守旧，先进和落后，积极和消极这类矛盾，都将不断地在各种不同的条件下和各种不同的情况中出现。一切都还将是这样：一个矛盾将导致另一个矛盾，旧的矛盾解决了，新的矛盾又会产生。有些人认为唯心论和唯物论的矛盾可以在社会主义社会或者共产主义社会中消除掉，这个意见显然是不正确的。只要还存在着主观和客观的矛盾，还存在着先进和落后的矛盾，还存在着社会生产力和生产关系的矛盾，那末，唯物论和唯心论的矛盾在社会主义社会和共产主义社会中也就还将存在，还将经过各种各样的形式表现出来。"①

在论述马克思列宁主义的宣传工作时，毛泽东改写了这样一段话："用马克思列宁主义的分析方法，用人民的语言，很有说服力地去说明马克思列宁主义的普遍真理和中国具体情况的统一。若干年来，我们在哲学、经济学、历史和文艺批评的

---

① 《建国以来重要文献选编》第 8 册，中央文献出版社，1994，第 232 页。

研究领域中有了一些成绩，但是一般说来，还有许多不健康的状态存在着。我们有不少的研究工作者至今仍然带着教条主义的习气，把自己的思想束缚在一条绳子上面，缺乏独立思考的能力和创造的精神，也在某些方面接受了对于斯大林个人崇拜的影响。"①

说到这里，文章还举了一个例子。这个例子就是在土地革命时期给中国革命造成极大危害的所谓"中间势力危险论"。它恰恰来源于斯大林的理论。文章指出："例如斯大林曾经有过这样的公式：在各种不同的革命时期，基本的打击方向是使那个时候的中间的社会政治力量陷于孤立。对于斯大林这个公式，就应该用马克思主义的批判观点有分别地看待它。在某种条件下，孤立中间势力可以是正确的。但是并不是在一切条件下，孤立中间势力都是正确的。按照我们的经验，革命的主要打击方向应该放在最主要的敌人身上，使它孤立，而对于中间势力，则应该采用又联合又斗争的政策，至少使它中立，并且应该力求在可能的条件下，争取它从中立的地位转变过来，使它和我们成立联盟，以便有利于革命的发展。可是，曾经有一个时期（一九二七年至一九三六年的十年内战时期），我们的一些同志简单地搬用斯大林的这个公式到中国革命中来，把主要的打击方向对着中间势力，把它说成是最危险的敌人，结果没有孤立真正的敌人，反而使自己陷于孤立，使自己吃了亏，而有利于真正的敌人。鉴于这种教条主义的错误，中国共产党

---

① 《建国以来重要文献选编》第 8 册，中央文献出版社，1994，第 235 页。

中央委员会在抗日战争时期，为了打败日本侵略者，提出了'发展进步势力、争取中间势力、孤立顽固势力'的方针。这里所指的进步势力，就是共产党所领导和可能影响的工人、农民和革命知识分子的力量。这里所指的中间势力，就是民族资产阶级、各民主党派和无党派的民主人士。这里所指的顽固势力，就是那些实行消极抗日积极反共的、以蒋介石为首的买办封建势力。实践的经验证明，中国共产党的这个方针是适合于中国革命的情况的，是正确的。"[1]

根据毛泽东的意见，文章用这样一段话作为结束语："世界上一切反动势力正在讥笑这件事，他们在讥笑我们阵营中克服自己的错误。这种讥笑会有什么结果呢？毫无疑义，结果将是在他们面前站着一个比较过去更加强大和永远不可战胜的以苏联为首的和平和社会主义的伟大阵营，而讥笑者们的吃人事业却是很不美妙的。"[2] 这集中地表现了共产党人在困难和挑战面前所具有的乐观主义精神。

这篇文章的一个重要理论贡献是：把无产阶级取得政权以后在社会主义建设过程中的失误和挫折提到无产阶级专政的历史经验这样的高度来分析和认识。这是马克思主义的历史唯物主义的态度。

从以上这些论述看，毛泽东在20世纪50年代中期相继提出中国社会主义建设中的十大关系，提出"百花齐放，百家争鸣"的方针，以及关于正确处理人民内部矛盾的理论，绝

---

[1] 《人民日报》1956年4月5日。

[2] 《人民日报》1956年4月5日。

不是偶然的。这些思想都经过较长时间的酝酿，并且正确地吸取了国际共产主义运动中正反两方面的历史经验，其中也包括斯大林问题的教训。

毛泽东对斯大林问题的思考并没有到此为止。随着全盘否定斯大林的恶果的日益显露，1956 年 12 月，毛泽东又主持起草了《再论无产阶级专政的历史经验》一文。

1956 年夏秋之后，赫鲁晓夫全盘否定斯大林的恶果日益显露出来。西方政界人士借机诋毁社会主义制度，社会主义国家内部也出现一股右倾思潮。波匈事件发生后，在社会主义各国引起不同反响。有人把它归咎于斯大林主义，提出"问题是使得个人崇拜得以产生的制度"。

事态的进一步发展，再次引起毛泽东的警觉。1956 年 11 月 15 日，毛泽东在中共八届二中全会上的讲话里，进一步指出全盘否定斯大林的危害性。他说，我看有两把"刀子"：一把是列宁，一把是斯大林。现在，斯大林这把刀子，被社会主义国家的一些领导人丢了，一些人就拿起这把刀子杀苏联人，反所谓斯大林主义。帝国主义也拿这把刀子杀人，杜勒斯就拿起来耍了一顿。他还认为，列宁这把刀子也被社会主义国家的一些领导人丢掉相当多了。因此有必要在关系国际共产主义运动前途的大是大非问题上，进一步表明中国共产党人的态度。

在此之前，毛泽东曾明确表示："我们 4 月间发表了一篇文章，评苏共'20 大'，讲的道理现在看来还是对的，在国际上也是有影响的。但是经过半年时间，特别是经过波匈事件，原来文章所谈的已经不够了，需要再写一篇。这个时期各国党对这个问题新发表了许多意见，我们已经编了两本小册子。我们可以认真加以研究，看哪些是正确的，哪些是错误的。再根据最近一个月波匈事件的教训，好好总结一下社会主义究竟如何搞法。矛盾总是有的，如何处理这些矛盾是我们需要认真研究的问题。"①

1956年12月29日，《再论无产阶级专政的历史经验》一文发表。发表前，毛泽东作过多次修改，并经中共中央政治局扩大会议讨论通过。这篇文章紧紧围绕以下四个问题，进一步阐明了一些重要理论观点。第一，关于苏联的革命和建设的基本道路的估计；第二，关于斯大林的功过的估计；第三，关于反对教条主义和修正主义；第四，关于各国无产阶级的国际团结。

五 进一步强调要正确总结和坚持苏联革命和 建设的基本道路、基本经验

文章对苏联革命和建设的基本经验作了初步概括，认为这些经验"在人类历史的现阶段具有普遍意义"。什么是苏联革命和建设的基本经验呢？文章概括了五点：

（1）无产阶级的先进分子组织成为共产主义的政党。这个政党，以马克思列宁主义为自己的行动指南，按照民主集中制建立起来，密切地联系群众，力求成为劳动群众的核心，并且用马克思列宁主义教育自己的党员和人民群众。

---

① 吴冷西：《十年论战》（上），中央文献出版社，1999，第59页。

（2）无产阶级在共产党领导之下，联合劳动人民，经过革命斗争从资产阶级手里取得政权。

（3）在革命胜利以后，无产阶级在共产党领导之下，以工农联盟为基础，联合广大的人民群众，建立无产阶级对于地主、资产阶级的专政，镇压反革命分子的反抗，实现工业的国有化，逐步实现农业的集体化，从而消灭剥削制度和对于生产资料的私有制度，消灭阶级。

（4）无产阶级和共产党领导的国家，领导人民群众有计划地发展社会主义经济和社会主义文化，在这个基础上逐步地提高人民的生活水平，并且积极准备条件，为过渡到共产主义社会而奋斗。

（5）无产阶级和共产党领导的国家，坚持反对帝国主义侵略，承认各民族平等，维护世界和平，坚持无产阶级国际主义的原则，努力取得各国劳动人民的援助，并且努力援助各国劳动人民和被压迫民族。

我们平常所说的十月革命的道路，撇开它在当时当地所表现的具体形式来说，就是指的这些基本的东西。这些基本的东西，都是放之四海而皆准的马克思列宁主义的普遍真理。①

怎么看苏联经验呢？文章强调的仍然是实事求是的分析方法，指出："关于苏联的革命和建设的经验，就它们的国际意义说来，有几种不同的情况。在苏联的成功的经验中，一部分具有基本的性质，在人类历史的现阶段具有普遍意义。这是苏

---

① 《建国以来重要文献选编》第 9 册，中央文献出版社，1994，第 567 页。

联经验中的首要和基本的方面。另一部分不具有这种普遍意义。此外，苏联还有一些错误的、失败的经验。错误和失败，尽管在表现形式和严重程度上各有不同，却是任何国家在任何时期都不能完全避免的。而苏联由于是第一个社会主义国家，没有成功的经验可以借鉴，它的一些错误和失败更加难于避免。这些错误和失败，对于所有共产主义者都是极其有益的教训。因此，苏联的全部经验，包括某些错误和失败的经验在内，都值得我们认真地加以研究，而它的成功的基本经验尤其重要。"①

　　这里又提出一个问题，怎样看待苏联道路的普遍性和特殊性的关系。文章指出："每个国家的革命和建设的过程，除了有共同的方面，还有不同的方面。在这个意义上说，每一个国家都有它自己的具体的发展道路。关于这个问题，我们将在后面去讨论。但是从基本原理上说来，十月革命的道路却反映了人类社会发展长途中的一个特定阶段内关于革命和建设工作的普遍规律。这不但是苏联无产阶级的康庄大道，而且是各国无产阶级为了取得胜利都必须走的共同的康庄大道。正是因为这个缘故，中国共产党中央委员会向党的第八次全国代表大会的政治报告中说：'尽管我国的革命有自己的许多特点，可是中国共产党人把自己所干的事业看成是伟大的十月革命的继续。'"②

---

① 《建国以来重要文献选编》第9册，中央文献出版社，1994，第566页。
② 《建国以来重要文献选编》第9册，中央文献出版社，1994，第568页。

六　全面评价斯大林的是非功过的问题，
##　　指出全盘否定斯大林的严重后果

在谈到斯大林犯错误的原因时，文章着重分析了斯大林的错误同苏联社会主义经济制度和政治制度的关系，批驳了一些错误观点。文章认为："斯大林的错误并不是由社会主义制度而来；为了纠正这些错误，当然不需要去'纠正'社会主义制度。西方资产阶级想用斯大林的错误来证明社会主义制度的'错误'，这是完全没有根据的。另外有些人想用社会主义的国家政权对于经济事业的管理来解释斯大林的错误，认为政府管理了经济事业就必然成为妨害社会主义力量发展的'官僚主义机构'，这也无法令人信服。"① 当然，我们并不否认社会主义的生产关系和上层建筑的某些环节还有缺陷。斯大林犯错误时期，"党和国家的民主集中制之所以会受到某种破坏，有一定的社会历史的条件。这就是：党在领导国家方面还缺乏经验；新的制度还没有巩固到足以抵抗一切旧时代影响的侵袭（新制度的巩固过程和旧影响的消失过程，都不是直线的，它们的某种波浪式的起伏现象，在历史的转变时期是屡见不鲜的）；国内外的紧张斗争对于某些民主发展所起的限制作用；等等。但是仅仅这些客观条件并不足以使犯错误的可能性变为现实。在比斯大林所处环境更加复杂得多和困难得多的条件

---

① 《建国以来重要文献选编》第9册，中央文献出版社，1994，第571页。

下，列宁却没有犯斯大林这样的错误。在这里，决定的因素是人们的思想状况"。①

文章还第一次从社会主义社会生产力同生产关系、经济基础同上层建筑的矛盾运动，阐发了人们容易犯错误的主客观原因。文章指出："在基本制度适合需要的情况下，在生产关系和生产力之间，在上层建筑和经济基础之间，也仍然存在着一定的矛盾。这种矛盾表现成为经济制度和政治制度的某些环节上的缺陷。这种矛盾，虽然不需要用根本性质的变革来解决，仍然需要及时地加以调整。"②

制度是具有决定性的，但是不是万能的呢？文章做出了辩证的答复："有了适合需要的基本制度，也调整了制度中的日常性质的矛盾（按照辩证法，就是处在'数量变化'阶段的矛盾），是否就可以保证不发生错误了呢？问题没有这样简单。制度是有决定性的，但是制度本身并不是万能的。无论怎样好的制度，都不能保证工作中不会发生严重的错误。有了正确的制度以后，主要的问题就在于能否正确地运用这种制度，就在于是否有正确的政策、正确的工作方法和工作作风。没有这些，人们仍然可以在正确的制度下犯严重的错误，仍然可以利用良好的国家机关做出并不良好的事情。"③

---

① 《建国以来重要文献选编》第 9 册，中央文献出版社，1994，第 573 页。

② 《建国以来重要文献选编》第 9 册，中央文献出版社，1994，第 571 页。

③ 《建国以来重要文献选编》第 9 册，中央文献出版社，1994，第 571 页。

文章强调要依靠群众的力量、集体的力量来弥补领导者个人的不足，指出："在社会主义国家中，党和国家的任务，就在于依靠群众和集体的力量，及时地调整经济制度和政治制度的各个环节，及时地发现和纠正工作中的错误。当然，党和国家的领导人员的主观认识，总不可能百分之百地符合于客观实际。因此，在他们的工作中，个别的、局部的、暂时的错误总是不可避免的。但是，只要严格遵守并且努力发展马克思列宁主义的辩证唯物主义的科学，只要彻底遵守党和国家的民主集中制，只要认真地依靠群众，全国性的、长时期的、严重的错误，却是可以避免的。"[1]"斯大林后期的一些错误之所以发展成为全国性的、长期性的、严重的错误，而不能得到及时的纠正，正是因为他在一定范围内和一定程度上脱离了群众和集体，破坏了党和国家的民主集中制。"[2]

文章再一次肯定斯大林的一生是伟大的马克思列宁主义革命家的一生。"只要我们是全面地观察问题，那么，如果一定要说什么'斯大林主义'的话，就只能说，首先，它是共产主义，是马克思列宁主义，这是主要的一面；其次，它包含一些极为严重的、必须彻底纠正的、违反马克思列宁主义的错误。尽管在某些时候为了纠正这些错误而对这些错误加以强调是必要的，但是为了做出正确的估价，不使人们发生误解起见，将这些错误放在适当的地位也是

[1] 《建国以来重要文献选编》第9册，中央文献出版社，1994，第572页。

[2] 《建国以来重要文献选编》第9册，中央文献出版社，1994，第573页。

必要的。"① 在明辨是非的基础上，文章对国际共产主义运动中出现的全盘否定斯大林的倾向提出严肃的忠告："如果对于这些犯错误的人采取否定一切的态度，把他们叫作这种分子那种分子，而加以歧视和敌视，就不但不能使自己的同志得到应有的教训，而且由于混淆了是非和敌我这两类性质不同的矛盾，势必在客观上帮助敌人反对共产主义的队伍，瓦解共产主义的阵地。"②

七　在进一步强调反对教条主义的同时，鲜明地提出了坚决反对右倾思潮的问题

文章认为，由于一部分共产主义者对斯大林采取否定一切的态度，提出了反对"斯大林主义"的错误口号，"因而帮助了对于马克思列宁主义的修正主义思潮的发展"。另外，"在目前的反对教条主义的潮流中间，在我们国内和国外，都有人借口反对照抄苏联经验，而否认苏联的基本经验的国际意义，借口创造性地发展马克思列宁主义，而否认马克思列宁主义的普遍真理的意义。"③ 鉴于以上两种情况，文章明确提出："我们在坚决反对教条主义的时候，必须同时坚决反对

---

① 《建国以来重要文献选编》第 9 册，中央文献出版社，1994，第575 页。

② 《建国以来重要文献选编》第 9 册，中央文献出版社，1994，第576 页。

③ 《建国以来重要文献选编》第 9 册，中央文献出版社，1994，第578 页。

修正主义。"①

文章认为，这种右倾思潮集中地表现在对待发展社会主义民主同坚持无产阶级专政的关系问题上。"由于斯大林和其他一些社会主义国家过去时期的领导者犯了破坏社会主义民主的严重错误，共产主义队伍中的一些不坚定的分子，就借口发展社会主义民主，企图削弱或者否定无产阶级专政，削弱或者否定社会主义国家的民主集中制，削弱或者否定党的领导作用。"② 文章指出："在借口反对教条主义而修正马克思列宁主义的人们中间，有些人索性否认无产阶级专政和资产阶级专政之间的界限，否认社会主义制度和资本主义制度之间的界限，否认社会主义阵营和帝国主义阵营之间的界限。"③ 这些分析是切中要害的。文章中使用了"修正主义"这个概念，却对它的具体内容缺乏明确而恰当的界定，在以后造成了原来没有预料到的不好的后果，但是，文章对右倾思潮所做的剖析是恰如其分的。

当时在如何对待苏联经验的问题上，存在两种错误态度。一种是用各国道路的特殊性来否定苏联经验的普遍意义，另一种是用苏联经验的普遍性来否定各国道路的特殊性。因此，文章强调："马克思列宁主义认为：在人类社会的发展中有共同

① 《建国以来重要文献选编》第9册，中央文献出版社，1994，第578页。

② 《建国以来重要文献选编》第9册，中央文献出版社，1994，第581页。

③ 《建国以来重要文献选编》第9册，中央文献出版社，1994，第586页。

的基本规律。但是在不同的国家和民族中间，又存在着千差万别的特点。因此，每个民族都经历着阶级斗争，并且最后都将沿着在一些基本点上相同、而在具体形式上各有不同的道路，走向共产主义。只有善于根据自己的民族特点运用马克思列宁主义的普遍真理，各国无产阶级的事业才能得到成功。而且只要他们这样做，他们就会创造出自己的新的经验，从而给别的民族和整个马克思列宁主义宝库作出一定的贡献。教条主义者不了解，马克思列宁主义的普遍真理只有通过一定的民族特点，才能在现实生活中具体地表现出来和发生作用。他们不肯认真地研究本国、本民族的社会历史特点，不肯根据这些特点具体地运用马克思列宁主义的普遍真理。因此，他们也就不可能指导无产阶级的事业达到胜利。"① 文章还指出："马克思列宁主义承认各国的共产主义运动必然有它的民族特点，但是这决不是说，各国的共产主义运动可以没有基本的共同点，可以离开马克思列宁主义的普遍真理。在目前的反对教条主义的潮流中间，在我们国内和国外，都有人借口反对照抄苏联经验，而否认苏联的基本经验的国际意义，借口创造性地发展马克思列宁主义，而否认马克思列宁主义的普遍真理的意义。"②

　　同样，在学习苏联经验上也有两种态度。一种是全盘照抄的态度，另一种是全盘否定的态度。文章指出："苏联的一切经验，包括基本的经验，都是同一定的民族特点结合在一起

---

① 《建国以来重要文献选编》第9册，中央文献出版社，1994，第579页。

② 《建国以来重要文献选编》第9册，中央文献出版社，1994，第581页。

的，都是别的国家所不应该原样照抄的。如前所说，苏联的经验中还有错误的、失败的部分。所有这些成功的和失败的经验，对于善于学习的人都是无价之宝。因为它们都可以帮助我们少走弯路，少受损失。反之，如果不加分析地原样照抄，那么，在苏联成功了的经验也可以在别的国家造成失败，更不要说失败的经验了。"①

文章敏锐地指出了当时的一种思想动向，即借口反对斯大林而否定社会主义最本质的特征。文章指出："由于斯大林和其他一些社会主义国家过去时期的领导者犯了破坏社会主义民主的严重错误，共产主义队伍中的一些不坚定的分子，就借口发展社会主义民主，企图削弱或者否定无产阶级专政，削弱或者否定社会主义国家的民主集中制，削弱或者否定党的领导作用。"②

文章还正确论述了社会主义民主同无产阶级专政的关系，指出无产阶级专政必须把对于反革命力量的专政同最广泛的人民民主，即社会主义民主，紧密地结合在一起。同样，社会主义民主在任何意义上都不允许同无产阶级专政对立起来，都不允许同资产阶级民主混淆起来。"如果有一种民主可以被利用来进行反社会主义的活动，可以被利用来削弱社会主义事业，那么，这种所谓'民主'就决不是什么社会主义民主。"③ 后

---

① 《建国以来重要文献选编》第9册，中央文献出版社，1994，第579页。
② 《建国以来重要文献选编》第9册，中央文献出版社，1994，第581页。
③ 《建国以来重要文献选编》第9册，中央文献出版社，1994，第583页。

来，毛泽东在《关于正确处理人民内部矛盾的问题》一文中，对社会主义民主同人民民主专政的这种关系又作了系统的阐述。

八 进一步论述了社会主义社会的矛盾问题，初步形成关于正确区别和处理两类不同性质的矛盾问题的思想

文章中有一段经过毛泽东反复修改的文字，集中论述了关于两类不同性质的矛盾的思想。文章说："在我们面前有两种性质不同的矛盾：第一种是敌我之间的矛盾（在帝国主义阵营同社会主义阵营之间，帝国主义同全世界人民和被压迫民族之间，帝国主义国家的资产阶级同无产阶级之间，等等）。这是根本的矛盾，它的基础是敌对阶级之间的利害冲突。第二种是人民内部的矛盾（在这一部分人民和那一部分人民之间，共产党内这一部分同志和那一部分同志之间，社会主义国家的政府和人民之间，社会主义国家相互之间，共产党和共产党之间，等等）。这是非根本的矛盾，它的发生不是由于阶级利害的根本冲突，而是由于正确意见和错误意见的矛盾，或者由于局部性质的利害矛盾。它的解决首先必须服从于对敌斗争的总的利益。人民内部的矛盾可以而且应该从团结的愿望出发，经过批评或者斗争获得解决，从而在新的条件下得到新的团结。"①

---

① 《建国以来重要文献选编》第 9 册，中央文献出版社，1994，第 563 页。

文章还提出敌我矛盾在特定情况下互相转化的问题，告诫人们注意分清敌我矛盾的界限："有时为了对付主要的共同的敌人，利害根本冲突的阶级也可以联合起来。反之，在特定的情况下，人民内部的某种矛盾，由于矛盾的一方逐步转到敌人方面，也可以逐步转化成为对抗性的矛盾。"① "总之，一个人只要站在人民的立场上，就决不应该把人民内部的矛盾同敌我之间的矛盾等量齐观，或者互相混淆，更不应该把人民内部的矛盾放在敌我矛盾之上。否认阶级斗争、不分敌我的人，决不是共产主义者，决不是马克思列宁主义者。"②

文章还根据社会主义基本矛盾的特点，提出要及时对生产关系和生产力、上层建筑和经济基础的某些不相适应的矛盾加以调整。文章指出："在基本制度适合需要的情况下，在生产关系和生产力之间，在上层建筑和经济基础之间，也仍然存在着一定的矛盾。这种矛盾表现为经济制度和政治制度的某些环节上的缺陷。这种矛盾，虽然不需要用根本性质的变革来解决，仍然需要及时地加以调整。"③ 文章也正确地提醒人们注意问题的另一方面："制度是有决定性的，但是制度本身并不是万能的。无论怎样好的制度，都不能保证工作中不会发生严重的错误。有了正确的制度以后，主要的问题就在于能否正确

---

① 《建国以来重要文献选编》第9册，中央文献出版社，1994，第563页。
② 《建国以来重要文献选编》第9册，中央文献出版社，1994，第563页。
③ 《建国以来重要文献选编》第9册，中央文献出版社，1994，第571页。

地运用这种制度，就在于是否有正确的政策、正确的工作方法
和工作作风。没有这些，人们仍然可以在正确的制度下犯严重
的错误，仍然可以利用良好的国家机关做出并不良好的事
情。"①

　　正如文章的题目所揭示的那样，这是对无产阶级专政历史
经验所做的再一次重要探索。从以上论述中，我们不难看出关
于正确处理人民内部矛盾理论的雏形，同时也可以体会到毛泽
东提出这一理论的深刻的国际背景。

　　毛泽东在认真探索中国社会主义建设道路的过程中，对斯
大林问题极为关注，绝不是偶然的。

　　毛泽东对斯大林某些严重错误的认识是比较早的，对其产
生的后果也有深刻的认识。从1955年底起，毛泽东就在总结
本国经验的同时，提出"以苏为鉴"的问题。这表明，他对
苏联传统模式的弊端早在苏共二十大以前已经有所察觉。苏共
二十大的积极意义在于，它为社会主义各国公开地、系统地总
结历史经验提供了有利的条件，但是它对斯大林问题未能实事
求是地进行分析，而几乎是对斯大林采取了全盘否定的态度，
因而导致在国际共产主义运动中出现了一种否定马克思主义基
本原则的右倾思潮。这种右倾思潮在中国国内也产生了消极的
影响。中国共产党有必要在认真清理教条主义影响的同时，提
出坚决反对右倾思潮的任务。

　　从国际共产主义运动来说，斯大林问题不仅仅是对个人的

---

① 《建国以来重要文献选编》第9册，中央文献出版社，1994，第
572页。

评价问题，而是关系到在尖锐地批评共产党领导人所犯严重错误的同时能否坚持马列主义旗帜的重大问题。毛泽东早就敏锐地察觉到这个问题。1956年4月29日，他在同外国友人的谈话中指出："斯大林问题不是个别人、个别国家的事情，而是整个国际无产阶级事业中的事情。对斯大林的错误，大家心里都不会好过。《人民日报》编辑部的那篇文章是由我们政治局扩大会议讨论，经过六七次的修改才发表的。"① 毛泽东在修改《关于无产阶级专政的历史经验》的过程中，还着重提出这样一个观点："我们应当用历史的观点看斯大林，对于他的正确的地方和错误的地方作出全面的和适当的分析，从而吸取有益的教训。不论是他的正确的地方，或者错误的地方，都是国际共产主义运动的一种现象，带有时代的特点。"② 纠正斯大林的错误影响，以及由全盘否定斯大林而出现的右倾思潮的影响，也是中国共产党加强自身建设的迫切需要。从整体来说，中国共产党人是注意从本国的实际出发，探索本国的革命和建设道路的。但是，教条主义地对待苏联经验的错误在各个历史时期也不同程度地出现过，在一定时期甚至还占据过统治地位。在《关于无产阶级专政的历史经验》中，毛泽东曾经列举了中国共产党历史上几次犯严重错误的经验教训。在《论十大关系》里，他还批评照搬苏联建设经验的教条主义，指出："党内一些人有一个时期搞过教条主义，那时我们批评了这个东西。但是现在也还是有。学术界也好，经济界也好，

---

① 《毛泽东文集》第7卷，人民出版社，1999，第65页。
② 《毛泽东文集》第7卷，人民出版社，1999，第20页。

都还有教条主义。"[1] 正因为如此，毛泽东把揭露斯大林的错误称为思想解放运动，对苏共二十大批判个人崇拜问题给予积极的评价。

在社会主义改造接近尾声的情况下，中国所面临的科学社会主义的重大现实问题，与苏联有共同之处。中苏两国的国情和发展水平有很大差别。但是苏联在处理社会主义社会的基本矛盾、阶级斗争、社会主义的经济体制、社会主义民主与法制建设、发展社会主义商品经济等问题上的经验教训，确有许多值得中国借鉴之处。也正是在这些问题上，斯大林有许多严重的失误，致使苏联的社会主义建设走了不少弯路。有鉴于此，毛泽东日益感到有必要认真总结斯大林失误的原因，以苏联为借鉴，使中国的社会主义革命和建设少走弯路。《论十大关系》和《关于正确处理人民内部矛盾的问题》这两部重要文献的问世，就是毛泽东总结斯大林失误的教训，认真探索中国社会主义道路，解答科学社会主义在实践中面临的重大理论课题的重大成果。

毛泽东在这一时期提出的许多思想，是对科学社会主义理论的重要发展和补充。遗憾的是，毛泽东未能将这些可贵的思想贯穿始终，却从20世纪60年代起逐渐偏离了正确的思想轨道。这里除了主观上的原因，也与国际、国内的复杂环境和社会主义建设理论准备不足有直接的关系。对于国际斗争的复杂性、国内社会主义建设的曲折性，以及社会主义国家发生的重大变化，毛泽东和全党绝大多数同志一样，虽然有所准备，但

---

① 《毛泽东文集》第7卷，人民出版社，1999，第42页。

还是估计严重不足。在新问题层出不穷的情况下，又自觉不自觉地根据原先的经验和思路去看待事物，并摸索解决的途径。毛泽东后来在阶级斗争问题上的失误，就是典型的例子。

1956 年 9 月，毛泽东在同意大利共产党代表团的谈话中指出：斯大林犯错误的原因是思想仍停留在旧的时代。客观形势已经发展了，社会已从这一阶段过渡到另一阶段。这时阶级斗争已经完结，当人民已经用和平的方法来保护生产力，而不是通过阶级斗争来解放生产力的时候，斯大林在思想上却没有认识到这一点，还要继续进行阶级斗争，这就是错误的根源。但当毛泽东对社会主义社会阶级斗争问题的看法起了根本变化之后，又批评斯大林在这个问题上有右倾错误。这种批评虽然含有一定的合理因素，但从总体来看，是把社会主义社会在一定范围内存在的阶级斗争扩大化了。

毛泽东比较早地认识到斯大林搞个人崇拜的问题，并且明确提出要从制度上防止个人突出和个人英雄主义。中共八大能够在坚持集体领导、防止个人突出方面取得积极的成果，与毛泽东的清醒认识是分不开的。然而，在这个问题上毛泽东同样未能贯彻始终。当他的思想是正确的时候，他在实行集体领导和发扬党内民主方面就做得好些；当他思想犯错误的时候，个人专断的错误也就变得日益严重。

毛泽东在总结斯大林犯错误的原因时正确地指出："党和国家的任何一个领导人，当他不是把个人放在党和群众之中，而是相反地把个人放在党和群众之上的时候，当他脱离了群众的时候，他对于国家的事务就会失去全面的洞察力。只要是这样，即使像斯大林这样杰出的人物，对于某些重大的事务，也不可避免地要作出不合实际的错误的决定。"这是一条值得永远记取的历史教训。

"人无完人",我们没有权利苛责前人。毛泽东主持起草的《关于无产阶级专政的历史经验》和《再论无产阶级专政的历史经验》两篇重要文献,不仅在国际共产主义运动出现逆流的关键时刻起到了力挽狂澜的作用,而且开启了对适合中国国情的社会主义建设道路的伟大而艰辛的探索。这一历史性贡献,深深地镌刻在科学社会主义发展的历史丰碑之上,深深地镌刻在新中国发展的历史丰碑之上。

第五章
两篇划时代的科学社会主义文献

中国确立了社会主义基本制度，开始全面建设社会主义时，所面临的许多重大现实问题与苏联有共同之处。尽管中苏两国的国情和发展水平有很大差别，但在处理社会主义社会的基本矛盾、阶级斗争、社会主义的经济体制、社会主义民主与法制建设、发展社会主义商品经济等问题上，苏联的经验教训很值得中国借鉴。也正是在这些问题上，斯大林有许多严重的失误，致使苏联的社会主义建设走了不少弯路。有鉴于此，毛泽东日益感到有必要认真总结斯大林失误的原因，以苏联为借鉴，认真探索中国社会主义建设规律，使中国的社会主义革命和建设少走弯路。《论十大关系》和《关于正确处理人民内部矛盾的问题》这两部划时代的科学社会主义文献的问世，就是毛泽东总结斯大林失误的教训，认真探索中国社会主义道路，解答科学社会主义在实践中面临的重大理论课题的重大成果。

《论十大关系》首先提出了建设社会主义国家的基本方针："我们一定要努力把党内党外、国内国外的一切积极的因素，直接的、间接的积极因素，全部调动起来，把我国建设成为一个强大的社会主义国家。"①

为什么要提出这样的建设方针？毛泽东鉴于苏联社会主义建设出现的片面性，未能把各方面积极性全部调动起来，未能把每个人的积极性、主动性和创造活力充分调动起来，未能把国家、集体、个人三者的利益有机结合起来。在毛泽东的心目中，人是最可宝贵的，人的主观能动性是最重要的，因此"调动一切积极因素"就成了毛泽东思考社会主义建设全部问题最为根本的出发点。

在这个基本方针的指导下，毛泽东概括提炼并深刻论述了社会主义建设中的十大关系，即重工业和轻工业、农业的关系，沿海工业和内地工业的关系，经济建设和国防建设的关系，国家、生产单位和生产者个人的关系，中央和地方的关系，汉族和少数民族的关系，党和非党的关系，革命和反革命的关系，是非关系，中国和外国的关系。如此清晰地概括出这十个关系，这十个关系也被毛泽东称作十个矛盾，这的确是前无古人的。毛泽东在认识上能达到这样的水平，除了对中国国情的深刻认识和把握之外，也与深刻总结斯大林正反两方面的经验教训有很大关系。

毛泽东在《论十大关系》中用的方法，是比较的方法。和什么对比呢？就是和中国当时正在仿效的榜样苏联作对比。这种对比，并不是要沿着原有的思路继续搞"东施效颦"，而是要"以苏为鉴"，不再重复苏联在现代化建设中走过的弯

---

① 《毛泽东文集》第7卷，人民出版社，1999，第44页。

路。用毛泽东的话来说，"最近苏联方面暴露了他们在建设社会主义过程中的一些缺点和错误，他们走过的弯路，你还想走？过去我们就是鉴于他们的经验教训，少走了一些弯路，现在当然更要引以为戒"。① 从这个意义上可以说，《论十大关系》是用比较的方法写成的，其中贯穿的一个中心思想，就是"以苏为鉴"这四个字。他后来曾经回顾说："前八年照抄外国的经验。但从一九五六年提出十大关系起，开始找到自己的一条适合中国的路线。"②

"以苏为鉴"这四个字，正是毛泽东从调查研究中得来的。

在社会主义改造接近尾声时，毛泽东就提出要准备召开中国共产党第八次全国代表大会的任务，并把准备起草政治报告的工作托付给了刘少奇。于是，刘少奇便从 1955 年 12 月 7 日开始，逐个听取国务院各部门汇报工作。

当时，毛泽东的注意力集中在和一些省、市委书记一起拟定"农业发展纲要"，以解决农业合作化实现后农村和农业如何进一步发展的问题。1956 年 1 月中旬，毛泽东从杭州回到北京不久，从薄一波那里听说刘少奇正在听取国务院一些部委汇报工作，立刻引起了他的兴趣。他对薄一波说："这很好，我也想听听。你能不能替我也组织一些部门汇报？"

从 1956 年 2 月 14 日起，毛泽东集中听汇报就开始了。这

---

① 《毛泽东文集》第 7 卷，人民出版社，1999，第 23 页。
② 《建国以来重要文献选编》第 13 册，中央文献出版社，1996，第 418 页。

是毛泽东在新中国成立以后第一次如此大规模地搞调查研究，其成功超出了原先的预想，实际上成为走自己的道路、探索中国社会主义建设道路的开端。毛泽东后来回忆说："那个十大关系怎么出来的呢？我在北京经过一个半月，每天谈一个部，找了三十四个部的同志谈话，逐渐形成了那个十条。如果没有那些人谈话，那个十大关系怎么会形成呢？不可能形成。"

毛泽东的调查研究，从 1956 年 2 月 14 日开始到 4 月 24 日结束。共听取国务院 34 个部门的工作汇报，还有国家计委关于第二个五年计划的汇报，实际听汇报的时间为 43 天。

《毛泽东传》这样描写当时的情况："在紧张疲劳的状态下，毛泽东度过了这难得又十分重要的四十三个日日夜夜。用他自己的话来说，几乎每天都是'床上地下，地下床上'。一起床，就开始听汇报。每次都是四五个小时。地点在中南海颐年堂。周恩来除个别时候因事请假外，每次都来。刘少奇、陈云、邓小平有时也来参加。他们时而插话，发表意见。各部事先把汇报写成书面材料送给毛泽东。毛泽东听口头汇报时，不断插话，提出问题，发表意见，进行评论。从毛泽东发表的意见和评论中，可以看出《论十大关系》形成的思想轨迹，可以看出他对社会主义建设问题的一些思考和见解。为了听汇报，毛泽东还不得不改变长期养成的夜间工作的习惯。"

这里，我们无须一一列举听汇报的情况，着重介绍毛泽东在听取汇报中的思考。

汇报从主管重工业和基本建设的部门开始。2 月 14 日，毛泽东听取主管重工业的国务院第三办公室汇报。毛泽东讲了这样一些话：

我去年出去了一趟，跟地方同志谈话。他们流露不满，总觉得中央束缚了他们，地方同中央有些矛盾，若干事情不放手让他们管。他们是块块，你们是条条，你们无数条条往下达，而且规格不一。他们若干要求，你们也不批准，约束了他们。

设计是客观实际在人们头脑中的反映，反映不可能就是那么完全，因此就要在实践中修正。世界上没有圣人那种人，有贤人就了不起了。事先什么都知道得很清楚，特别是地下的情况，不可能嘛！

降低利润，初看起来，国家财政收入似乎要减少一些，但是基本建设多了，生产也发展了，结果利润会更大。基本建设发展了，工人也增加了，消费性的、服务性的市场也扩大了。

解决制度问题比解决思想问题更重要，更带有根本性质。批评本位主义的文章要写，但光批评，光从思想上解决问题不行，还要研究解决制度问题。人是生活在制度之中，同样是那些人，实行这种制度，人们就不积极，实行另外一种制度，人们就积极起来了。解决生产关系问题，要解决生产的诸种关系问题，也就是各种制度问题，不单是要解决一个所有制问题。农业生产合作社实行包工包酬制度，据说二流子也积极起来了，也没有思想问题了。人是服制度不服人的，你们说对不对？

2月15日，毛泽东听取电力工业部等汇报。毛泽东集中谈了"一长制"问题。"一长制"是苏联管理企业的制度，即由厂长或经理全权负责。而中国共产党一向实行的是党委集体领导下的分工负责制。毛泽东由此对"一长制"提出批评：

> 你们为什么对一长制那么感兴趣？党委领导就不好？党委的集体领导无论如何不会妨害一长制。可以找两个厂子分别试一下看，一个是一长制，一个是党委集体领导制，看后者是不是就一定搞得那么坏。你们讲一长制这一段，依靠党的领导问题只有八个字。把党的领导问题同依靠群众、精通业务等问题并列，这种提法不妥。苏联有些东西就不能学，内政部可以不受党的领导，这样一个武器不要党的领导，那还得了！一个工厂几千人，很不容易搞好，没有党的领导，很容易形成一长独裁。任何情况下，党的集体领导这个原则不能废除，如果企业可以除外，那党的集体领导原则就变成了有头有肚子没有脚。

2月16日和17日两天，毛泽东听取第一、第二、第三机械工业部汇报。毛泽东对"一长制"又一次提出批评：

> 家庭也不能搞一长制，没有商量是不行的。工厂总比家庭复杂些。工厂要有一定的纪律，按时、按量、按质完成任务。为达此目的，没有集体领导、个人负责是不行的。单有一个集体领导不行，还要有个人负责，又对立又统一才行。两者缺一不可。只统一没有个人负责不行，是集体领导基础上的个人负责制。单讲集体领导，不讲个人

负责，或者单讲个人负责，不讲集体领导，都很危险。

学习苏联，要分两类。一类按中国的，一类规规矩矩、老老实实地学。如土改，我们不学，不照它的。如财经方面有些建议，陈云不学。对资本家的政策，我们也不学它。技术问题横直一概照抄，比较好的，或者我们根本不知道的，学过来再说。

技术改革是很大的改革，带革命性的。

我们搞革命，很长时间不上轨道。从一九二一年到一九四一年整风以前，有二十年不上轨道。经过整风才上轨道。搞建设究竟要多少年才上轨道？应该缩短。一九五三年各部还没有方向。一九五二年就提出总路线，未公布。财经会议中心问题是总路线。经过一九五三、五四、五五几年，但农业社会主义改造、手工业改造、资本主义工商业改造尚未上轨道。中央这期间没有怎么管工业。去年由于农业合作化、资本主义工商业改造迅速发展，反过来推动了建设。搞建设，想缩短犯主观主义的时间。看样子三个五年计划可能加快，三个五年计划变成两个五年完成，甚至还要缩短，这是可能的。

目标是为八大做准备。五月中央全会上提出工业问题才好，农业问题没有了，搞个高级社章程就行了，知识分子问题督促一下，资本主义工商业改造也不是基本问题。在这三个月中间，我们这些人就研究工业问题。

2月19日和20日，毛泽东听取建筑工业委员会和建筑工业部汇报。毛泽东见到万里，问他是什么地方人。万里答：山东人。又问：看过《水浒》和《金瓶梅》没有？万里答：没有看过。毛泽东说：《水浒》是反映当时政治情况的，《金瓶梅》是反映当时经济情况的，是《红楼梦》的老祖宗，不可不看。

2月21日，毛泽东听取城市建设局和二机部汇报。万里问：北京远景规划是否摆大工业？人口发展到多少？毛泽东答：现在北京不摆大工业，不是永远不摆。按自然发展规律，按经济发展规律，北京会发展到一千万人，上海也是一千万人。将来世界不打仗了，和平了，会把天津、保定、北京连在一起。北京是个好地方，将来会摆许多工厂的。

在2月22日听取二机部关于原子能工业的汇报后，毛泽东于2月25日听重工业部汇报。他说：

> 我国建设能否超过苏联头几个五年计划的速度？我看是可以赶上的，工业也可以超过。中国有两条好处，一曰穷，二曰白，一点负担没有。美国在华盛顿时代，也是白，所以发展起来是很快的。要打破迷信，不管是中国的迷信，外国的迷信。我们的后代也要打破对我们的迷信。我国工业化，工业建设，完全应该比苏联少走弯路。我们不应该被苏联前几个五年计划的速度所束缚。我们可以超过它，理由有四：国际条件不同；国内条件不同；技术水平不同；中国人口多，农业发展快。同样，即使在技术发展方面，在现代技术发展方面，也可以超过苏联，有社会主义积极性，有群众路线，少搞官僚主义。我们有群众工作的传统，有群众路线，这是我们的好处。（周恩来插

话：开始几年学他们是必要的。经过这两三年，我们也有
些经验了，就应该总结总结。）加上他们揭盖子啦，我们
开始有些把握，不要迷信咧。

不论美国、法国、瑞士、挪威……只要他们要我们的
学生，我们就派去。（周恩来插话：把各国经验都学过
来，要有这个气魄。）

到 2 月 29 日，毛泽东听完了重工业部门的汇报。从 3 月 1
日起，开始听轻工业部门汇报。首先是听国务院主管轻工业部
门的第四办公室和纺织工业部汇报。毛泽东提出：

（对上海、天津等工业基地）限制发展是错误的，不
能限制发展，应该是充分利用或充分合理利用。沿海地区
要充分合理利用，不能限制。上海、天津的企业一般不内
迁，个别有条件的，经济合算的，可以内迁。

是不是中央部门想多管一点？要注意发挥地方的积极
性，中央企业和地方企业划分的主要根据是供销范围。

轻工业为国家建设积累资金，很重要，能多搞尽量多
搞些。

从这些言谈话语中，可以明显感受到《论十大关系》思
想的萌动。

3 月 2 日，毛泽东听取地方工业部汇报。他表示：

苏联有一个时期很集中，也有好处，但缺点是使地方

积极性减少了。我们现在要注意这个问题。地方政权那么多，不要使他们感到无事可做。

要采取积极合理发展的方针。有的可以内迁，不能内迁的应该积极合理利用，不要加以限制。有的同志，好像战争就要来的样子，准备着架子等待战争，因此要限制沿海。这样不妥。轻工业百分之七十在沿海，不积极利用还靠什么来提高生产？

3月3日，毛泽东听取轻工业部汇报。他说：

你们心气平和，程朱哲学，没有气，没有长角，不敢斗争。农产品质量下降，要向农业部斗争。农业部要设技术作物局。

鞍钢、石景山钢铁厂、上海造船厂等沿海的重工业都利用，轻工业为什么不利用？要积极合理利用。沿海都要利用。上海赚钱，内地建厂，这有什么不好？这同新建厂放在内地的根本方针并不矛盾。

多搞些轻工业，就是多搞重工业。只要有原料，有销路，尽量搞。投资一元，回来四元、三元，为什么不搞？

你们搞得落后了，学校搞得太少了，要开几个学院。这是大问题。要开展科学研究，搞些技术人员自己干。

从3月5日，毛泽东开始听取交通邮电部门的汇报。5日、6日、8日、9日，先后听取国务院主管交通、邮电部门的第六办公室、铁道部、交通部、邮电部、民航局汇报。毛泽东指出：

> 一九五三年反对急躁冒进，中央提出反对主观主义，同时还提出反对分散主义。反分散主义有好处无坏处，反主观主义的好处是深入地研究了各部门的工作。过去革命经过多少年，到延安之后才找到既不是陈独秀的右倾也不是后来的"左"倾，而是不"左"不右之倾，那是花了很大代价才找到的。在延安我们还找到对党外关系的正确态度，既不是只有团结，也不是只有斗争。对于党内的关系也不再是"无情的残酷的斗争"。这是讲从前的反主观主义。我们想，搞建设，犯主观主义的时间是否会短一些。

> 我国海船吨位只占世界总吨位不到百分之零点三，这表现我国太穷。我国地势比较完整，东面是大海，西面是高山，统一起来，帝国主义不容易进来，发展航运有重大意义。

> 交通运输一定要与工农业发展相适应。要多修公路。发展地方工业和修公路，多发挥地方的积极性。

> 对资本家实行赎买政策，列宁想干而不能干，那时对资本家无利益。中国资本家的特点之一是许多人有经营管理知识。资本家有能力的骨干应放在领导地位。

> 交通系统的肃反数字太多了。不要太多，要清除真正的反革命，不要搞错。

从3月下旬到4月上旬，毛泽东继续听汇报。同时，又连续主持召开中央政治局常委会和政治局会议，研究苏共二十大以及由此引发的对斯大林的评价问题。这件事分散了毛泽东听汇报的精力。

从4月18日起到24日，毛泽东又听取李富春关于第二个五年计划的汇报。第一个五年计划从1953年开始到1957年就要结束了。因此，制订第二个五年计划的工作就提上了日程，成为筹备中共八大的重要内容。毛泽东在听取汇报时，用更为明确的语言阐述了《论十大关系》中的主要论点。他指出：

> 许多新产品都是出在沿海工厂，可见沿海工业作用很大，应充分利用。沿海老厂加以适当扩建，投资少，见效快。现在的危险是基建投资太多了，非生产性的建设也多了，农民负担不起，势必妨碍个人的利益。
>
> 一九五六年至一九五七年轻工业投资的比重稍有增加是好的。总之，要向苏联学，但也不能完全照搬。
>
> 现在的危险是忽视个人利益，基本建设和非生产性建设太多。应该使百分之九十的社员个人收入每年增加。如果不注意个人收入问题，就可能犯大错误。搞命令主义和减少农村副业也是错误的。
>
> 两个万岁。共产党万岁，民主党派也万岁。他们可以看着我们，这也是一种民主。共产党有两怕，一怕老百姓，二怕民主人士。
>
> 有一种思想，"如果没有苏联的援助，中国的建设是不可能的"。当奴隶当惯了，总是有点奴隶气，好像《法门寺》里的贾桂一样，叫他坐，他说站惯了。

提出又多又快之后，可能产生盲目性，如在杭州开会时，有些省要种的红薯太多。工业也可能有这种情况。过去我们要他们提高，现在又要他们压缩。（刘少奇插话：应该压缩的就压缩。）

农业机械化实行一部分之后，要看看情况，再考虑发展程度。

在第二个五年计划工业投资中，轻工业投资的比重，比第一个五年计划时略有增加，这就是与苏联不同之处，将来历史会判断谁正确些。

在这一过程中，毛泽东对十个关系的归纳也呼之欲出。

在4月18日听汇报时，毛泽东提出三个关系，表示："三个关系必须很好地解决，即：沿海与内地的关系，轻工业与重工业的关系，个人与集体的关系。真想建设内地，就必须充分利用沿海；真想建设重工业，就必须建设轻工业；真想搞好集体所有制（社会主义），就必须搞好个人所得。"

到了4月19日，他又提出："除了轻工业与重工业、沿海与内地、个人与集体、地方与中央几个关系，还有经济与国防的关系。"

4月24日到这次汇报结束时，毛泽东又进一步归纳出"六大矛盾"，也就是六个关系，即：一、轻工业与重工业；二、沿海与内地；三、国防、行政与经济、文化；四、个人与集体；五、地方与中央；六、少数民族与汉族。他说："这几个矛盾如果调整得好，工作就会搞得更好些，犯错误也犯在这些矛盾上。如斯大林就在第四个矛盾上犯了错误，东欧兄弟国家在第一个矛盾上犯了错误。"①

这一过程，应验了毛泽东在延安时期总结调查研究经验时讲过的一句话："调查就像'十月怀胎'，解决问题就像'一朝分娩'。"② 的确，发表在1956年4月25日中共中央政治局扩大会议上的《论十大关系》讲话，就是通过周密系统的调查研究才诞生的"产儿"。它的诞生，作为后来开辟中国特色社会主义道路的前奏，郑重地掀开了独立自主地搞中国社会主义现代化建设的帷幕。

1956年4月25日，毛泽东主持召开的中共中央政治局扩大会议在中南海颐年堂举行。出席会议的除政治局委员，还有各省、市、自治区党委第一书记。根据会议下发的通知，是讨论农业生产合作社等问题。等到这些负责人到达会场落座，才知道毛泽东要在这次会上发表《论十大关系》的讲话。

毛泽东《论十大关系》一文，充满了睿智和反思，至今在中国社会主义现代化建设上仍有指导意义。

第一，重工业和轻工业、农业的关系。

毛泽东首先用的是辩证思维方法，指出：重工业是我国建设的重点。但是决不可以因此忽视生活资料尤其是粮食的生产。如果没有足够的粮食和其他生活必需品，首先就不能养活工人，还谈什么发展重工业？所以，重工业和轻工业、农业的

---

① 以上均引自毛泽东听取第二个五年计划汇报时对若干问题的指示纪要，1956年4月18日至24日。《毛泽东传（1949～1976）》（上卷），中央文献出版社，2003，第482～483页。

② 《毛泽东选集》第1卷，人民出版社，1991，第110页。

关系，必须处理好。①

　　毛泽东接下来就用了比较方法，指出：在处理重工业和轻工业、农业的关系上，我们比苏联和一些东欧国家做得好些。像苏联的粮食产量长期达不到革命前最高水平的问题，像一些东欧国家由于轻重工业发展太不平衡而产生的严重问题，我们这里是不存在的。他们片面地注重重工业，忽视农业和轻工业，因而市场上的货物不够，货币不稳定。我们对于农业、轻工业是比较注重的。我们一直抓了农业，发展了农业，相当地保证了发展工业所需要的粮食和原料。我们的民生日用商品比较丰富，物价和货币是稳定的。②

　　再接着毛泽东又用了辩证思维方法，说：这里就发生一个问题，你对发展重工业究竟是真想还是假想，想得厉害一点，还是差一点？你如果是假想，或者想得差一点，那就打击农业、轻工业，对它们少投点资。你如果是真想，或者想得厉害，那你就要注重农业、轻工业，使粮食和轻工业原料更多些，积累更多些，投到重工业方面的资金将来也会更多些。③

　　最后又回到比较方法：我们现在发展重工业可以有两种办法，一种是少发展一些农业、轻工业，一种是多发展一些农业、轻工业。从长远观点来看，前一种办法会使重工业发展得少些和慢些，至少基础不那么稳固，几十年后算总账是划不来的。后一种办法会使重工业发展得多些和快些，而且由于保障

---

①　见《毛泽东文集》第 7 卷，人民出版社，1999，第 24 页。
②　见《毛泽东文集》第 7 卷，人民出版社，1999，第 24 页。
③　见《毛泽东文集》第 7 卷，人民出版社，1999，第 25 页。

了人民生活的需要，会使它发展的基础更加稳固。①

后来，毛泽东又进一步在《关于正确处理人民内部矛盾的问题》中阐述了这一问题，并概括为中国工业发展道路问题。

第二，沿海工业和内地工业的关系。

这是一对老矛盾。一方面，中国工业底子很薄，分布又很不平衡，主要集中在沿海。另一方面，中国过去连年战乱，沿海企业频繁内迁，又极大地限制了沿海工业发展。

毛泽东的立足点，是想根本改变这种畸形的状况。他说：沿海的工业基地必须充分利用，但是，为了平衡工业发展的布局，内地工业必须大力发展。在这两者的关系问题上，我们也没有犯大的错误，只是最近几年，对于沿海工业有些估计不足，对它的发展不那么十分注重了。这要改变一下。②

当时，新中国刚刚摆脱了战争的困扰，难免会心有顾虑。新的侵华战争会不会短期内爆发？主要入侵方向会在哪里？这些都是在加强沿海工业发展时不能不考虑的问题。

毛泽东根据对朝鲜停战后国际形势和周边局势的观察，提出了一个重要判断：新的侵华战争和新的世界大战，估计短时期内打不起来，可能有十年或者更长一点的和平时期。这样，如果还不充分利用沿海工业的设备能力和技术力量，那就不对了。不说十年，就算五年，我们也应当在沿海好好地办四年的工业，等第五年打起来再搬家。认为原子弹已经在我们头上，

---

① 见《毛泽东文集》第 7 卷，人民出版社，1999，第 25 页。
② 见《毛泽东文集》第 7 卷，人民出版社，1999，第 25 ~ 26 页。

几秒钟就要掉下来，这种形势估计是不合乎事实的，由此而对沿海工业采取消极态度是不对的。[①]

毛泽东的立足点仍然在工业布局平衡上，但同样用了辩证思维：新的工业大部分应当摆在内地，使工业布局逐步平衡，并且利于备战，这是毫无疑义的。但是沿海也可以建立一些新的厂矿，有些也可以是大型的。至于沿海原有的轻重工业的扩建和改建，过去已经做了一些，以后还要大大发展。这也是一个对于发展内地工业是真想还是假想的问题。如果是真想，不是假想，就必须更多地利用和发展沿海工业，特别是轻工业。[②]

第三，经济建设和国防建设的关系。

中国近代饱受了有边无防、有海无防之苦。新中国成立伊始，又面临过朝鲜战争的巨大压力和挑战，深感建立现代化国防的极端重要。但是，新中国百废待兴，家底又这么薄，没有一定的工业化积累和经济建设积累，是无法满足国防现代化的多方面需求的。这是一对矛盾，需要有"熊掌与鱼肉兼得"的智慧和艺术。

毛泽东同样用了辩证思维来化解矛盾。他说：国防不可不有。我们的国防工业正在建立。自从盘古开天辟地以来，我们不晓得造飞机，造汽车，现在开始能造了。我们不但要有更多的飞机和大炮，而且还要有原子弹。在今天的世界上，我们要不受人家欺负，就不能没有这个东西。怎么办呢？可靠的办法就是把军政费用降到一个适当的比例，增加经济建设费用。只

---

① 见《毛泽东文集》第7卷，人民出版社，1999，第26页。
② 见《毛泽东文集》第7卷，人民出版社，1999，第26页。

有经济建设发展得更快了，国防建设才能够有更大的进步。①

他提出，要使军政费用从"一五"时期占国家预算全部支出的 30% 降到 20% 左右，以便抽出更多的资金，多开些工厂，多造些机器。经过一段时间，我们就不但会有很多的飞机和大炮，而且还可能有自己的原子弹。②

他斩钉截铁地说："我们一定要加强国防，因此，一定要首先加强经济建设。"③

第四，国家、生产单位和生产者个人的关系。

当时，正是举国上下勒紧裤带搞建设的时候，对于个人利益很容易忽视。毛泽东注意到这个问题，因此讲话就从这里破题。

他说：不能只顾一头，必须兼顾国家、集体和个人三个方面，也就是我们过去常说的"军民兼顾""公私兼顾"。鉴于苏联和我们自己的经验，今后务必更好地解决这个问题。④

毛泽东还分别拿工人和农民作例子。他说：拿工人讲，工人的劳动生产率提高了，他们的劳动条件和集体福利就需要逐步有所改进。我们需要大力发扬他们这种艰苦奋斗的精神，也需要更多地注意解决他们在劳动和生活中的迫切问题。⑤ 再讲农民。我们同农民的关系历来都是好的，但是在粮食问题上曾经犯过一个错误。一九五四年我国部分地区因水灾减产，我们

---

① 见《毛泽东文集》第 7 卷，人民出版社，1999，第 27 页。
② 见《毛泽东文集》第 7 卷，人民出版社，1999，第 27 页。
③ 见《毛泽东文集》第 7 卷，人民出版社，1999，第 28 页。
④ 见《毛泽东文集》第 7 卷，人民出版社，1999，第 28 页。
⑤ 见《毛泽东文集》第 7 卷，人民出版社，1999，第 28 页。

却多购了七十亿斤粮食。这样一减一多，闹得去年春季许多地方几乎人人谈粮食，户户谈统销。农民有意见，党内外也有许多意见。尽管不少人是故意夸大，乘机攻击，但是不能说我们没有缺点。调查不够，摸不清底，多购了七十亿斤，这就是缺点。我们发现了缺点，一九五五年就少购了七十亿斤，又搞了一个"三定"，就是定产定购定销，加上丰收，一少一增，使农民手里多了二百多亿斤粮食。这样，过去有意见的农民也说"共产党真是好"了。这个教训，全党必须记住。①

在讲完自己的例子以后，毛泽东又拿苏联的经验教训作例子。他说：苏联的办法把农民挖得很苦。他们采取所谓义务交售制等项办法，把农民生产的东西拿走太多，给的代价又极低。他们这样来积累资金，使农民的生产积极性受到极大的损害。你要母鸡多生蛋，又不给它米吃，又要马儿跑得好，又要马儿不吃草。世界上哪有这样的道理！②

毛泽东告诫全党：鉴于苏联在这个问题上犯了严重错误，我们必须更多地注意处理好国家同农民的关系。除了遇到特大自然灾害以外，我们必须在增加农业生产的基础上，争取90%的社员每年的收入比前一年有所增加，10%的社员的收入能够不增不减。③

第五，中央和地方的关系。

中央与地方的关系，中国古已有之。在一切实行单一制政

---

① 见《毛泽东文集》第 7 卷，人民出版社，1999，第 29 页。
② 见《毛泽东文集》第 7 卷，人民出版社，1999，第 29~30 页。
③ 见《毛泽东文集》第 7 卷，人民出版社，1999，第 30 页。

体的国家里面，也都有这个问题。新中国成立之初，曾经受到财政经济制度不统一的严重困扰。经过统一财经和国民经济恢复，特别是"一五"大规模工业化建设以后，中央集中调度财权和事权的能力大大增强。但是，中央与地方的矛盾也随之日渐突出。

毛泽东在讲话中把这个问题及其努力方向鲜明地提了出来。他说：解决这个矛盾，目前要注意的是，应当在巩固中央统一领导的前提下扩大一点地方的权力，给地方更多的独立性，让地方办更多的事情。这对我们建设强大的社会主义国家比较有利。我们的国家这样大，人口这样多，情况这样复杂，有中央和地方两个积极性，比只有一个积极性好得多。我们不能像苏联那样，把什么都集中到中央，把地方卡得死死的，一点机动权也没有。[①]

毛泽东尖锐地对中央部委提出批评：现在几十只手插到地方，使地方的事情不好办。立了一个部就要革命，要革命就要下命令。各部不好向省委、省人民委员会下命令，就同省、市的厅局联成一线，天天给厅局下命令。这些命令虽然党中央不知道，国务院不知道，但都说是中央来的，给地方压力很大。表报之多，闹得泛滥成灾。这种情况，必须纠正。[②]

他虽然没有指名道姓，但这些情况显然是通过他下去调研，以及这次集中听取国务院各部门汇报得到的。

毛泽东还提出这样的设想：中央的部门可以分成两类。有

---

① 见《毛泽东文集》第7卷，人民出版社，1999，第31页。
② 见《毛泽东文集》第7卷，人民出版社，1999，第31页。

一类，它们的领导可以一直管到企业，它们设在地方的管理机构和企业由地方进行监督；有一类，它们的任务是提出指导方针，制定工作规划，事情要靠地方办，要由地方去处理。①

毛泽东再次用了比较方法，但这一次不是和苏联比，而是和资本主义国家比。他说：处理好中央和地方的关系，这对于我们这样的大国大党是一个十分重要的问题。这个问题，有些资本主义国家也是很注意的。它们的制度和我们的制度根本不同，但是它们发展的经验，还是值得我们研究。拿我们自己的经验说，我们建国初期实行的那种大区制度，当时有必要，但是也有缺点，后来的高饶反党联盟，就多少利用了这个缺点。以后决定取消大区，各省直属中央，这是正确的。但是由此走到取消地方的必要的独立性，结果也不那么好。我们的宪法规定，立法权集中在中央。但是在不违背中央方针的条件下，按照情况和工作需要，地方可以搞章程、条例、办法，宪法并没有约束。我们要统一，也要特殊。②

后来，毛泽东从这一思路出发，结合到调动一切积极因素的建设指导思想，提出了包括中央和地方两条腿走路在内的多个"并举"，多个"两条腿走路"。其核心，是要探索一条与苏联高度集中、高度集权的国家管理体制不同的体制机制。

以上这五条，包含了社会主义经济建设的新方针。概括起来就是：在重工业和轻工业、农业的关系上，重点发展重工业，同时也要重视发展轻工业和农业，加大对轻工业和农业的

① 见《毛泽东文集》第7卷，人民出版社，1999，第32页。
② 见《毛泽东文集》第7卷，人民出版社，1999，第32页。

投资比例；在沿海工业和内地工业的关系上，要大力发展内地工业，改变不合理的工业布局，同时也要充分发挥沿海工业的作用；在国防建设和经济建设的关系上，要下决心降低军政费用的比例，从 30% 降到 20% 左右，多搞经济建设；在国家、生产单位和生产者个人的关系上，中央和省市要给工厂一定的权力，允许工厂有一定的独立性，要统筹兼顾，保证农民增产增收；在中央和地方的关系上，应当在巩固中央统一领导的前提下，扩大一点地方的权力，给地方更多的独立性，让地方办更多的事情；在中国和外国的关系上，我们的方针是，一切民族、一切国家的长处都要学，政治、经济、科学、技术、文学、艺术的一切真正好的东西都要学。但是，必须有分析有批判地学，不能盲目地学，不能一切照抄，机械搬用。在上述方针里，实际上贯穿着两个重要的认识：一是经济建设的根本目的是为了更好地满足人民的生活需要；二是办好一切事情必须两条腿走路，发挥好两个积极性。

除此之外，《论十大关系》以及毛泽东的补充讲话，还提出政治建设和科学文化建设的新方针。

社会主义政治建设的新方针是：在汉族和少数民族的关系上，要诚心诚意地积极帮助少数民族发展经济建设和文化建设，巩固各民族团结；在党和非党的关系上，要坚持多党合作，实行"长期共存、互相监督"的方针；在革命和反革命的关系上，社会上的镇反要少捉少杀，机关的肃反要"一个不杀，大部不捉"；在是非关系上，要实行"惩前毖后、治病救人"的方针。这些思想，后来在《关于正确处理人民内部矛盾的问题》一文里，又有新的阐发。

社会主义科学文化建设的新方针，即"百花齐放，百家争鸣"，简称为"双百方针"。"双百方针"提出的直接因素，是在这次中央政治局扩大会议讨论《论十大关系》报告的过程中，毛泽东受到发言者的启发提出来的。但它的酝酿经历了一个曲折的过程。

"双百方针"的提出，并非偶然。

进入 1956 年，党和国家面临着社会主义改造基本完成，社会主义革命和建设即将进入一个新阶段的转折关头。为了迎接新的历史时期的到来，1956 年 1 月，中共中央召开了关于知识分子问题会议。在会上，毛泽东提出了"全党努力学习科学知识，同党外知识分子团结一致，为迅速赶上世界科学先进水平而奋斗"的总任务。为了实现这个任务，这次会议及其以后，中共中央采取了两项重大举措：一是充分肯定广大知识分子在思想改造中取得的巨大进步，提出知识分子中间的绝大部分"已经是工人阶级的一部分"；二是提出了旨在繁荣社会主义科学文化事业的"双百"方针。

知识分子问题和繁荣科学文化事业，两个问题密不可分。当时，在这两个问题上的主要障碍是，在知识分子问题上的宗派主义，在领导科学文化事业中表现出来的片面性和教条主义。前面提到的两大举措，正是针对这些问题提出的，有很强的针对性。

新中国成立后，党和国家在知识分子中间广泛开展了以批判资产阶级唯心论、学习辩证唯物论和历史唯物论为主要内容的思想改造运动，取得了重要的成效，广大知识分子思想方法和精神面貌都发生了巨大变化。但在实际工作中，一些领导干部依旧用老眼光看待知识分子，重改造轻使用，对他们仍旧采取不信任的态度，使他们不能发挥专长，为社会主义建设事业服务。这样形成了极其矛盾的现象：社会主义建设事业急需知识人才，大量的知识分子又不能充分发挥专长；广大知识分子自觉接受思想改造，立场、感情和观点都发生了变化，但却得不到应有的肯定和信任。这些情况表明，宗派主义成为当时在知识分子问题上的主要错误倾向。

为了解决这些问题，1955 年 11 月 23 日毛泽东召集会议初步讨论了知识分子改造问题，决定在 1956 年 1 月召开一次大型会议，全面解决知识分子问题。这次会议还决定成立研究知识分子问题的中央十人领导小组，由周恩来总负责。① 这个小组为筹备召开中共中央关于知识分子问题会议做了大量的调查研究工作。

1956 年 1 月召开的中共中央关于知识分子问题的会议，在制定知识分子政策问题上是一次划时代的会议。这次会议全面评价了新中国成立以来知识分子思想改造运动取得的成果，既肯定了知识分子中间的绝大部分已经是工人阶级的一部分，又重申了继续帮助知识分子进行自我改造的任务；既提出"目前在知识分子问题上的主要倾向是宗派主义"，又指出"也存在着麻痹迁就的倾向"。这次会议的一个重要理论贡献，是指出在社会主义建设中，"必须依靠体力劳动和脑力劳动的

---

① 《周恩来年谱（1949～1976）》上卷，中央文献出版社，1997，第 521 页。

密切合作，依靠工人、农民和知识分子的兄弟联盟"。①

这次会议提出了向科学进军的口号，提出了制订发展科学文化事业的远景计划的任务，但没有来得及进一步讨论如何繁荣和发展社会主义科学文化事业的问题。不过，这次会议在知识分子问题上取得的突破性的思想成果，为"双百"方针的提出铺平了道路。

应当肯定，在知识分子思想改造运动中批判资产阶级唯心论，学习和宣传辩证唯物论、历史唯物论，是完全必要的，取得的成绩是主要的。1955 年 3 月，中共中央发出《关于宣传唯物主义思想批判资产阶级唯心主义思想的指示》，对前一段的经验教训作了总结，对重大政策作了原则规定。其中包括："学术批评和讨论，应当是说理的，实事求是的。""解决学术的争论，应当采取自由讨论的方法，反对采取行政命令的方法。应当容许被批评者进行反批评，而不是压制这种反批评。应当容许持有不同意见的少数人保留自己的意见，而不是实行少数服从多数的原则。""在进行对资产阶级错误思想的批判和学术问题的批评和讨论时，应当坚持党的统一战线政策和团结改造知识分子的政策"，"应当分清政治上的反革命分子和学术思想上犯错误的人，学术思想上有严重的资产阶级错误观点的学术工作者，只要政治上不是反革命，应当保障他们获得适合于他们的工作岗位，保障他们有可能继续进行对社会有用的研究，尊重和发挥他们对社会有用的专长，并将这种专长传授给青年，同时鼓励他们积极参加学术的批评和讨论，实行自

---

① 《周恩来选集》下卷，人民出版社，1984，第 160 页。

我改造"。① 这些规定为后来提出在学术上实行"百家争鸣"的方针，作了初步的政策上的准备。

与此同时，在一些地方、一些领域也出现了某种片面性，突出表现是乱贴政治标签。例如说"中医是封建医，西医是资本主义医"，"巴甫洛夫的学说是社会主义的"，"米丘林的学说是社会主义的"，"孟德尔—摩尔根的遗传学是资本主义的"，等等。由于贴上了政治标签，就发生了用行政命令的手段人为地禁止讲授和研究某一学派的错误做法，严重妨碍了科学研究。例如，在遗传学上存在着摩尔根和李森科两派学说，苏联在一段时间里，把摩尔根学派看作是资产阶级的，把李森科学派看作是社会主义的。这股风也影响到我国遗传学界，弄得摩尔根学派的科学家无法正常开展研究，大学里也无法开设遗传学课程。

这些情况引起毛泽东和中共中央的高度重视。从中共中央关于知识分子问题的会议以后，就开始认真着手解决这些问题。据陆定一回忆，1956年2月在毛泽东的住所颐年堂开会，他向中央报告了学术界存在的种种情况。就在这次会议上，决定对科学工作采取"百家争鸣"的方针。②

1956年4月28日，在中共中央政治局扩大会议上的总结讲话里，毛泽东采纳了与会者的建议，正式把"百花齐放，百家争鸣"作为发展社会主义科学文化事业的方针提了出来。

① 《建国以来重要文献选编》第6册，中央文献出版社，1993，第67~68、71页。
② 《陆定一文集》，人民出版社，1992，第843页。

他说："艺术问题上的百花齐放，学术问题上的百家争鸣，我看应该成为我们的方针。"还说："讲学术，这种学术也可以讲，那种学术也可以讲，不要拿一种学术压倒一切。你讲的如果是真理，信的人势必就会越来越多。"①

5月2日，毛泽东在最高国务会议第七次会议的总结讲话里再一次论述了"双百"方针，肯定"在艺术方面的百花齐放的方针，学术方面的百家争鸣的方针，是有必要的"。

在这次讲话中，毛泽东还讲了一段很重要的话："在中华人民共和国宪法范围之内，各种学术思想，正确的、错误的，让他们去说，不去干涉他们。李森科、非李森科，我们也搞不清，有那么多的学说，那么多的自然科学学派。就是社会科学，也有这一派、那一派，让他们去谈。在刊物上、报纸上可以说各种意见。"②

"在中华人民共和国宪法范围之内"，点明了"双百"方针适用的法律范围和限度。"双百"方针所要解决的核心问题，是在科学文化领域里把政治思想问题同学术性质的、艺术性质的、技术性质的问题划分开来，做到政治上分清敌我，学术上和艺术上充分自由。这和《论十大关系》中提出的调动一切积极因素，为把我国建设成为一个强大的社会主义国家而奋斗的总目标是完全一致的。"双百"方针和《论十大关系》同时提出，是很自然的。既然要把政治问题和学术问题、艺术

① 《毛泽东文集》第7卷，人民出版社，1999，第54、55页。
② 毛泽东在最高国务会议第7次会议上的讲话记录，1956年5月2日。

问题区别开，就要有一个政治标准问题。由于实践的限制，毛泽东还不可能在当时提出具体的政治标准。但是，"在中华人民共和国宪法范围之内"这个十分重要的限定，代表了他对这个问题的重视及其最初的思考。

这样，在中共八大召开之前，党在全面开展社会主义建设时期的基本方针，以及经济建设、政治建设和科学文化建设的方针，都已经有了比较清晰的轮廓。这些都为制定中共八大路线奠定了思想基础。在这以前，八大的指导思想是"反对右倾思想，反对保守主义，提早完成我国的社会主义工业化和社会主义改造"。① 这以后，中共八大政治报告的起草工作就以经中共中央政治局讨论过的《论十大关系》为指导。

这一时期，毛泽东在《论十大关系》以外还提出过一些重要思想。

注重远景规划，是毛泽东经济建设思想的一个特点。在1956年1月25日最高国务会议第六次会议上，他提出："我国人民应该有一个远大的规划，要在几十年内，努力改变我国在经济上和科学文化上的落后状况，迅速达到世界上的先进水平。为了实现这个伟大的目标，决定一切的是要有干部，要有数量足够的、优秀的科学技术专家；同时，要继续巩固和扩大人民民主统一战线，团结一切可能团结的力量。"② 在他主持或倡导下，中共中央先后制定了《一九五六年到一九六七年

---

① 《毛泽东传（1949~1976）》（上卷），中央文献出版社，2003，第510页。

② 《毛泽东文集》第7卷，人民出版社，1999，第2页。

全国农业发展纲要（草案)》和《一九五六年到一九六七年科学技术发展远景规划纲要》，对于加快发展国民经济起了极其重要的作用。

改进国家行政体制，发挥地方的积极性，是中共八大提出的一个重大课题。毛泽东在 1956 年 4 月 28 日政治局扩大会议上的总结讲话里，就明确提出社会主义整个经济体制的问题。他主张要给地方和工厂、农业合作社一定的自主权。当然，自主权到底给多少，毛泽东也没有想好。但在当时看到并提出这个问题，是很难得的。

从主持起草《关于无产阶级专政的历史经验》起，毛泽东反复强调一个重要的经验："各国应根据自己国家的特点决定方针、政策，把马克思主义同本国特点结合起来。""照抄别国的经验是要吃亏的，照抄是一定会上当的。这是一条重要的国际经验。"① 这个观点，在《同音乐工作者的谈话》里进一步作了阐发。他指出："我们接受外国的长处，会使我们自己的东西有一个跃进。""外国有用的东西，都要学到，用来改进和发扬中国的东西，创造中国独特的新东西。"② 他认为："要反对教条主义，反对保守主义，这两个东西对中国都是不利的。"③ 毛泽东既反对对苏联经验的迷信，也反对对自己已有经验的迷信，而主张一切从实际出发，从国情出发，大胆探索，大胆创新。这正是他探索适合中国国情的社会主义建设道

① 《毛泽东文集》第 7 卷，人民出版社，1999，第 64 页。
② 《毛泽东文集》第 7 卷，人民出版社，1999，第 82 页。
③ 《毛泽东文集》第 7 卷，人民出版社，1999，第 82 页。

路的始终如一的出发点。

1957 年 2 月 27 日，毛泽东在最高国务会议第十一次（扩大）会议上发表了《关于正确处理人民内部矛盾的问题》的讲话。以后，几经修改，同年 6 月 19 日在《人民日报》正式发表。

这篇重要讲话，在科学社会主义发展史上第一次提出了关于社会主义社会两类矛盾学说，破天荒地把"人民内部矛盾"的概念引入人们的视野，并把正确区别和处理人民内部矛盾作为社会主义各国普遍面临的重大理论问题和现实问题提了出来。它的问世，也是继《论十大关系》之后，以毛泽东为核心的中共中央第一代领导集体对中国社会主义建设道路及其规律进行探索并不断深化的又一个界碑。

毛泽东酝酿提出社会主义社会两类矛盾学说，经历了从认识到社会主义社会普遍存在矛盾，到进一步认识到社会主义社会存在敌我和人民内部两类不同性质的矛盾这样一个过程。促使毛泽东提出这个学说，既有国际因素，也有国内因素。国际因素，是苏共二十大以后国际共产主义运动发生的重大变化。国内因素，是社会主义改造完成以后面临的新形势和新问题。

1956 年被毛泽东称为"多事之秋"。这年下半年起，国内工人罢工、学生罢课、群众请愿等显著增加，大约有一万多名工人和一万多名学生参加罢工、罢课。这是中国在社会激烈变革期间出现的不安定因素。同年 10 月，国际共运中也出现了波兰事件和匈牙利事件，在中国国内同样引起波动。国内国际的这些新情况，引起毛泽东的高度关注，促使他进一步思考这些新问题。

对这些社会现象的思考，可以有两种思路。一种是传统的思路，即把这些事件不加分析地都归结为敌对势力的破坏，归结为阶级斗争。这种思路固然简单，但是不仅解决不了多少问题，还会使矛盾激化。这时，毛泽东的头脑是很清醒的。他没有把问题的发生都归结为敌对势力的破坏，都归结为阶级斗争，而是采取了另外一个思路，着重从内部矛盾找原因。正是这样一个思路，促使毛泽东提出了社会主义社会两类矛盾学说，继《论十大关系》之后，实现了科学社会主义理论的又一次突破。

毛泽东提出，在社会主义社会里，少数人闹事，是个新问题，很值得研究。他认为，对闹事又怕，又简单处理，根本的原因，就是思想上不承认社会主义社会是对立统一的，是存在着矛盾、阶级和阶级斗争的。他还说，要学会这么一种领导艺术，不要什么事情总是捂着，要揭露矛盾，解决矛盾。

谈到闹事的原因，毛泽东一方面肯定反革命分子和坏分子的存在是一个重要因素；另一方面也实事求是地说明，当前的情况是"还有反革命，但是不多了"。

在寻找闹事原因的问题上，毛泽东的思路没有把它简单地归结为反革命分子和敌对势力的破坏，避免了重犯斯大林的失误，而触及了一个更深层的社会问题。1957年1月27日，毛泽东在省、市、自治区党委书记会议上的讲话中提出，怎样处理社会主义社会的敌我矛盾和人民内部矛盾，这是一门科学，值得好好研究。就我国的情况来说，现在的阶级斗争，一部分是敌我矛盾，大量表现的是人民内部矛盾。当前的少数人闹事就反映了这种状况。他还说我们要在几个五年计划的时间内，认真取得处理这个问题的经验。

这样，毛泽东透过少数人闹事这个复杂的社会现象，敏锐地抓住了正确区别和处理社会主义社会两类矛盾这个关系全局的大问题。在对社会主义社会自身规律的探索中找到了既有理论意义又有现实意义的突破口。

说到《关于正确处理人民内部矛盾的问题》的理论贡献，至少有以下六点。

第一，运用唯物辩证法的对立统一规律和矛盾学说，深入剖析社会主义社会的实际状况，并吸取斯大林在这个问题上的严重教训，在科学社会主义理论的发展史上创立了关于社会主义社会矛盾的学说。

在马克思主义经典作家中，毛泽东第一个指出，社会主义社会不但普遍存在着矛盾，基本矛盾仍然是生产关系和生产力、上层建筑和经济基础之间的矛盾，而且正是这些矛盾推动社会主义社会向前发展。这样，毛泽东真正把对立统一规律这个宇宙的根本规律在实践中贯彻到底，为社会主义社会持续不断的发展找到了动力，赢得了主动。中共十一届三中全会以后逐步形成的邓小平建设有中国特色社会主义理论中关于改革是社会主义社会发展的直接动力的理论，也是以此为根据概括提出的。

第二，创立了关于社会主义两类矛盾的学说。这是关于社会主义矛盾学说的深入和具体化。

毛泽东指出，在社会主义社会，存在着两类社会矛盾，即敌我矛盾和人民内部矛盾。敌我矛盾是对抗性矛盾。人民内部矛盾又分为劳动人民之间的矛盾和被剥削阶级同剥削阶级之间的矛盾两种情况，前者是非对抗性的，后者除了对抗性的一面，还有非对抗性的一面。在社会主义条件下，大量存在的是人民内部矛盾。要正确区别和处理敌我矛盾和人民内部矛盾这两类不同性质的矛盾。对人民内部矛盾，要用民主的方法、团结——批评——团结的方法和自我教育的方法来解决。他还提出，要把正确处理人民内部矛盾作为国家政治生活的主题。要"造成一个又有集中又有民主，又有纪律又有自由，又有统一意志又有个人心情舒畅、生动活泼，那样一种政治局面"，①调动党内党外、国内国外的一切积极因素。这些思想，在科学社会主义理论发展史上都是前无古人的创造。在社会主义改革开放的新时期，对解决各种复杂的社会矛盾仍然具有重要的指导意义。

第三，提出了"工人阶级同民族资产阶级的矛盾属于人民内部的矛盾""工人阶级和民族资产阶级的阶级斗争一般地属于人民内部的阶级斗争"的论断，为在社会主义条件下坚持和发展人民民主统一战线奠定了新的理论依据。

在科学社会主义理论的发展史上，在正确处理民族资产阶级的问题上，毛泽东做出了两大理论贡献。一是第一次使马克思关于和平赎买资产阶级的设想成为现实，在无产阶级同资产阶级的矛盾是社会主要矛盾的情况下，成功地走出了一条利用、限制、改造民族资本，并把民族资产阶级分子逐步改造成社会主义劳动者的新路。二是在社会主义改造基本完成以后，

---

① 《建国以来重要文献选编》第 15 册，中央文献出版社，1997，第 240 页。

及时做出理论调整，把工人阶级同民族资产阶级的矛盾纳入人民内部矛盾的范畴，通过"和风细雨"和自我改造来解决。这两大贡献都是具有开拓性的。在此基础上，毛泽东还提出了中国共产党同各民主党派"长期共存、互相监督"的方针，为在社会主义社会继续坚持多党合作奠定了基础。如今，新时期的爱国统一战线更加扩大，全体社会主义劳动者、拥护社会主义的爱国者和拥护祖国统一的爱国者三大方面，在爱国主义、社会主义的基础上，结成更加广泛的联盟。中国共产党领导的多党合作政治协商制度，也在更加坚实的基础上纳入了民主化、法制化的轨道。这里我们不应忘记毛泽东和中共中央第一代领导集体在这方面付出的艰辛探索，立下的筚路蓝缕之功。

第四，以"百花齐放，百家争鸣"的方针为指导，提出了在思想和意识形态领域里正确处理人民内部矛盾的基本方法。

毛泽东指出：在大规模的群众性的阶级斗争基本结束以后，阶级斗争并没有完全结束，主要表现为意识形态方面的思想斗争，而且大量地属于人民内部的思想问题，如人民内部存在的各种非马克思主义的思想、非无产阶级的思想等。"不同质的矛盾，只有用不同质的方法才能解决。"[1] 对于精神世界的问题，对于人民内部的错误思想，只有采取民主讨论的方法、细致说理的方法，才能真正解决问题。同时，马克思主义真理也要在同错误思想做斗争中、在各种批评中间不断地发展

---

① 《毛泽东选集》第 1 卷，人民出版社，1991，第 311 页。

自己，扩大自己的阵地。任凭各种错误思想泛滥，当然不行。但是，教条主义和主观主义的批评也不能解决问题。我们的批评应当力求用辩证的方法，要有科学的分析，要有充分的说服力。毛泽东还进一步提出在人民的政治生活中判断言论和行动的六条是非标准，即政治标准。以上这些，都是从中国的具体实际出发提出的创见。如今，在以经济建设为中心，坚持改革开放，坚持四项基本原则的党的基本路线指引下，加强思想政治建设，加强社会主义精神文明建设，有了前所未有的有利条件，其战略地位也日益显得重要。在改革开放的过程中，曾经有过"一手硬，一手软"的失误。现在，这个情况已根本改观，但又出现了一些新课题。在社会主义市场经济条件下，如何有效地加强社会主义核心价值观和思想道德建设，坚定不移地坚持社会主义的政治方向，精神文化产品坚持社会效益第一，仍是一项有待认真探索的大问题。在这些问题上，毛泽东在《关于正确处理人民内部矛盾的问题》讲话中的基本论断并没有过时。

第五，总结第一个五年计划经验，提出中国社会主义工业化道路。

苏联之所以能够在很短的时间里成为工业化强国，很重要的一条是优先发展重工业。这是它的成功经验。但与此同时，苏联长期忽视轻工业和农业的发展，由此带来不少问题。这是需要引以为戒的。毛泽东在《论十大关系》里专门论述过重工业和轻工业、农业的关系。在这篇文章里，他把这一思想大大向前推进了一步，上升到"中国工业化道路"的高度来认识。之所以能够如此，一是有了对苏联工业化道路经验教训方面更为深刻的认识，二是有了我国第一个五年计划建设经验的积累。在这个问题上，毛泽东始终坚持两点论。一方面，由于中国正处于社会主义工业化建设的起步阶段，主要解决的是工业基础从无到有的问题，所以毛泽东强调，我国的经济建设是以重工业为中心，这一点必须肯定。另一方面，毛泽东又强调，必须充分注意发展农业和轻工业。这是因为，我国是一个大农业国，农村人口占全国人口的 80% 以上，发展工业必须和发展农业同时并举，工业才有原料和市场，才有可能为建立强大的重工业积累较多的资金。大家知道，轻工业和农业有极密切的关系，没有农业，就没有轻工业。重工业要以农业为重要市场这一点，目前还没有使人们看得很清楚。但是随着农业的技术改革逐步发展，农业的日益现代化，为农业服务的机械、肥料、水利建设、电力建设、运输建设、民用燃料、民用建筑材料等将日益增多，重工业以农业为重要市场的情况将会易于为人们所理解。在第二个五年计划和第三个五年计划期间，如果我们的农业能够有更大的发展，使轻工业相应地有更多的发展，这对整个国民经济会有好处。农业和轻工业发展了，重工业有了市场，有了资金，它就会更快地发展。这样，看起来工业化的速度似乎慢一些，但是实际上不会慢，或者反而可能快一些。毛泽东对中国社会主义工业化道路的阐述及其实践是成功的，为在改革开放以后逐步探索出一条中国特色社会主义新型工业化道路打下了基础。

第六，从中国人口众多的基本国情出发，提出统筹兼顾思想。

毛泽东特别强调，这里所说的统筹兼顾，是指对于六亿人口的统筹兼顾。我们做计划、办事、想问题，都要从我国有六亿人口这一点出发，千万不要忘记这一点。当时提出并强调统筹兼顾方针是从中共八大确立的方针考虑的。这个方针就是：调动一切积极因素，团结一切可能团结的人，并且尽可能地将消极因素转变为积极因素，为建设社会主义社会这个伟大的事业服务。一方面，团结的人越多越好，而不能只搞小圈子，似乎人越少越好，圈子紧缩得越小越好。毛泽东希望抱有这种小圈子主义的人们扩大眼界，真正承认我国有六亿人口，承认这是一个客观存在，这是我们的本钱。另一方面，我国人多是好事，当然也有困难。毛泽东认为，我们各方面的建设事业都在蓬勃地发展着，成绩很大，但是，在目前社会大变动的过渡时期，困难问题还是很多的。我们的方针是统筹兼顾、适当安排。无论粮食问题，灾荒问题，就业问题，教育问题，知识分子问题，各种爱国力量的统一战线问题，少数民族问题，以及其他各项问题，都要从对全体人民的统筹兼顾这个观点出发。绝不可以嫌人多，嫌人落后，嫌事情麻烦难办，推出门外了事。统筹兼顾思想的提出，是对社会主义建设规律认识的深化。如今，统筹兼顾已成为贯彻落实科学发展观的根本方法，体现了指导思想上的一脉相承和与时俱进。

除此之外，毛泽东在《关于正确处理人民内部矛盾的问题》这篇著作中，还阐明了认识社会主义经济发展客观规律中的矛盾。他指出："必须懂得，在这个问题上是存在着矛盾的，即社会主义社会经济发展的客观规律和我们主观认识之间的矛盾，这需要在实践中去解决。这个矛盾，也将表现为人同人之间的矛盾，即比较正确地反映客观规律的一些人同比较不正确地反映客观规律的一些人之间的矛盾，因此也是人民内部的矛盾。一切矛盾都是客观存在的，我们的任务在于尽可能正确地反映它和解决它。"①

如同人的正确认识不可能一次完成一样，这篇文章也还存在着不完善的地方，这集中体现在人民内部矛盾中非对抗性矛盾与对抗性矛盾的界限上。把社会主义改造完成以后在一定范围内存在的工人阶级同资产阶级的阶级斗争纳入人民内部矛盾的范畴，这是《关于正确处理人民内部矛盾的问题》理论的一大创造。但也由此造成了"人民内部矛盾"概念的双重性质：从总体来说是非对抗性的，但在局部又有个别对抗性的现象；从总体来说是劳动人民的内部矛盾，但在局部又有被剥削阶级和剥削阶级的阶级矛盾。在意识形态方面，这种情况就更为复杂。许多人民内部的错误思想和思想问题，既是认识上的是非问题，又在不同程度上反映了无产阶级世界观同资产阶级世界观斗争这个客观事实。显然，要恰如其分地处理好这些错综复杂的问题，单靠明确"人民"这个概念的范畴，划清敌我矛盾和人民内部矛盾的界限，是不够的。最根本的，还是要有正确的基本路线和指导思想来保证。

对《关于正确处理人民内部矛盾的问题》提出的一些理论和方针，毛泽东充满了自信："采取现在的方针，文学艺术、科学技术会繁荣发达，党会经常保持活力，人民事业会欣欣向荣，中国会变成一个大强国而又使人可亲。"②

---

① 《毛泽东文选》第 7 卷，人民出版社，1999，第 242 页。
② 《毛泽东文集》第 7 卷，人民出版社，1999，第 291 页。

《关于正确处理人民内部矛盾的问题》一文在正式发表之前，毛泽东曾作过较大的删改和增补。

在毛泽东的诸多增补中，最有争议的是下面一大段话："在我国，虽然社会主义改造，在所有制方面说来，已经基本完成，革命时期的大规模的急风暴雨式的群众阶级斗争已经基本结束，但是，被推翻的地主买办阶级的残余还是存在，资产阶级还是存在，小资产阶级刚刚在改造。阶级斗争并没有结束。无产阶级和资产阶级之间的阶级斗争，各派政治力量之间的阶级斗争，无产阶级和资产阶级之间在意识形态方面的阶级斗争，还是长时期的，曲折的，有时甚至是很激烈的。无产阶级要按照自己的世界观改造世界，资产阶级也要按照自己的世界观改造世界。在这一方面，社会主义和资本主义之间谁胜谁负的问题还没有真正解决。"①

应当怎样看待这一大段增补呢？本来，作者对自己著作的反复修改，是一件无可厚非的事情。况且，这些修改又是在从讲话到正式发表的短短三个多月里完成的。但也正是在这短短的三个多月里发生了极少数右派趁整风之机向中共要执政权（"轮流坐庄"）的严重事件，这是毛泽东作《关于正确处理人民内部矛盾的问题》讲话时没有估计到的。这种情况不能不引起毛泽东的高度重视，并从理论上做出思考和解答。毛泽东在5月间所做的上面一大段增补，集中地代表了他在反右派斗争发生以后的一些思考。

要对这段增补做出比较合乎实际的评价，有必要作两种比

① 《毛泽东文集》第7卷，人民出版社，1999，第230页。

较。一是同反右派斗争以前作者的认识相比，看这些增补是否根本改变了原意。二是同中共八大的有关论述相比，看这些增补是否开始偏离了八大政治路线。这些问题，都涉及对《关于正确处理人民内部矛盾的问题》讲话的总体评价。

先作前一种比较。这段增补的前半部分对国内阶级斗争的状况作了分析。概括起来说，就是"革命时期的大规模的急风暴雨式的群众阶级斗争基本结束，但是阶级斗争还没完全结束"。① 这个分析，既和 1956 年下半年以来毛泽东的一贯认识基本一致，也比较客观地反映了当时社会的实际状况。在此之前，1956 年 12 月 4 日，毛泽东在给黄炎培的信里说："我们国家内部的阶级矛盾已经基本上解决了（即是说还没完全解决，表现在意识形态方面的，还将在一个长时期内存在，另外，还有少数特务分子也将在一个长时间内存在）"。②

更早一些，1956 年 11 月中旬，毛泽东在中共八届二中全会小组长会议上发言指出，国内阶级矛盾已经基本解决，但是应该注意仍然存在的一部分反革命分子的活动。

《关于正确处理人民内部矛盾的问题》讲话之后，毛泽东在为 3 月 12 日全国宣传工作会议讲话所写的提纲中也指出：人民内部的斗争为主，还是阶级斗争为主？两者都有，都要注意，但今天突出的问题是人民内部的问题。这些论述各有侧重，但精神是基本一致的。

再看毛泽东增补的后半段话。中心是说："我国社会主义

---

① 《毛泽东文集》第 7 卷，人民出版社，1999，第 216 页。
② 《毛泽东书信选集》，人民出版社，1983，第 514 页。

和资本主义之间在意识形态方面的谁胜谁负的斗争，还需要一个相当长的时间才能解决。"①

在此之前，毛泽东对意识形态领域的阶级斗争问题，已经有过论述。在前面引过的毛泽东1956年12月4日给黄炎培的信里就提到：国内的阶级矛盾，表现在意识形态方面的，还将在一个长时期内存在。更早一些时候，毛泽东在1956年4月28日中共中央政治局扩大会议上提出"百花齐放，百家争鸣"的方针。其中一项重要内容，就是通过摆事实讲道理的鸣放方法，正确开展辩证唯物论同唯心论的斗争，达到弄清是非、增强团结的目的。这本身就是考虑到社会主义改造完成以后，思想和意识形态领域的斗争还会长期存在，情况较为复杂，而采取的一个措施。

直到1957年1月18日，毛泽东在省、市、自治区党委书记会议上讲话还提出：现在，党内的思想动向，社会上的思想动向，出现了很值得注意的问题，思想动向问题，我们应当抓住。可见，对于思想和意识形态领域里的倾向性问题，毛泽东极为警觉，并且抓住不放。这里讲的思想动向，在党内是贪图名利、享受的风气在发展，在社会上是退社单干之风和学生闹事之风，以及关于社会主义没有优越性的各种议论。至于意识形态领域里的斗争的现实状况，毛泽东在反右派斗争发生前后确曾有过不同的估计。在反右派斗争之前，他既没有讲过"有时甚至是很激烈的"，也没有做出过"谁胜谁负的问题还没有真正解决"的判断，这些都是作者根据反右派斗争发生

---

① 《毛泽东文集》第7卷，人民出版社，1999，第231页。

后的情况得出的结论。至于毛泽东在增补的那段话中，在无产阶级和资产阶级之间的阶级斗争和意识形态方面的阶级斗争之外，又加上了"各派政治力量之间的阶级斗争"，也就是他后来所说的"政治战线的斗争"，更是从反右派斗争中得到的结论。

总之，毛泽东在反右派斗争发生后增补的这一大段话，尽管根据新的观察作了某些修改和补充，程度和分量都大大加重了，但是就其基本思想来说还是原来的，没有改变原先的基本观点。

再看第二种比较。在中共八大政治报告和决议里，对社会主义改造基本完成以后，中国国内阶级斗争状况和国内社会的主要矛盾作了正确的分析。

关于阶级斗争状况，决议和政治报告指出：在我国，无产阶级同资产阶级的矛盾已经基本上解决。但是，社会主义和资本主义的立场、观点和方法之间的斗争，还会继续一个很长的时间。对于"基本上解决"的含义，毛泽东在 1957 年 1 月 27 日省、市、自治区党委书记会议上的讲话里作过说明。他说："消灭阶级，要很长时间。现在说基本上消灭，是指大规模的斗争消灭了。"

关于社会主要矛盾，中共八大《关于政治报告的决议》指出："我们国内的主要矛盾，已经是人民对于建立先进的工业国的要求同落后的农业国的现实之间的矛盾，已经是人民对于经济文化迅速发展的需要同当前经济文化不能满足人民需要的状况之间的矛盾。这一矛盾的实质，在我国社会主义制度已经建立的情况下，也就是先进的社会主义制度同落后的社会生产力之间的矛盾。党和全国人民的当前的主要任务，就是要集中力量来解决这个矛盾，把我国尽快地从落后的农业国变为先进的工业国。"①

和中共八大的上述分析相比，《关于正确处理人民内部矛盾的问题》的那段增补，反映了毛泽东在反右派斗争发生后的一些思考，一是增加了"各派政治力量之间的阶级斗争"的提法，二是认为在意识形态方面谁胜谁负的问题还没有真正解决。同时，《关于正确处理人民内部矛盾的问题》的基调，也由原先着重反"左"开始转为反"左"与反右并提。尽管有了这些变化，这段增补从总体上看并没有根本改变中共八大的论断。不仅如此，毛泽东在谈到提出两类矛盾学说的目的和出发点时指出："我们提出划分敌我和人民内部两类矛盾的界限，提出正确处理人民内部矛盾的问题，以便团结全国各族人民进行一场新的战争——向自然界开战，发展我们的经济，发展我们的文化，使全体人民比较顺利地走过目前的过渡时期，巩固我们的新制度，建设我们的新国家，就是十分必要的了。"② 这和中共八大的基本精神是一致的。

从现在掌握的情况看，毛泽东第一次在比较大的场合谈到对中共八大决议关于国内主要矛盾的分析的意见是在 1957 年 3 月 6 日。当时一些省、市、自治区反映，对八大决议中关于先进的社会制度同落后的社会生产力之间的矛盾的提法有不同

---

① 《建国以来重要文献选编》第 9 册，中央文献出版社，1994，第 341 页。

② 《毛泽东文集》第 7 卷，人民出版社，1999，第 216 页。

的理解。毛泽东在全国宣传工作会议期间召集的九省市宣传文教部长座谈会上表示：这个提法是不妥的。不能拿将来与今天比，也不能拿美国与中国比。五十年后的中国会有不同，生产关系在五十年内变动不多；苏联已经过四十年了嘛，现在还是适应的。应当说，八大决议的这段表述确有理论上的不妥之处，毛泽东的意见是对的。但他并没有对八大决议关于国内主要矛盾的基本论断提出异议。这在毛泽东同一时期的言论里也可以看得出来。

1957年3月12日，毛泽东在全国宣传工作会议上发表重要讲话，进一步补充了《关于正确处理人民内部矛盾的问题》讲话的若干思想。当时，中共中央曾下达指示，要求把这个讲话和《关于正确处理人民内部矛盾的问题》讲话一起在党内传达贯彻。毛泽东在讲话中说：人民内部的斗争为主，还是阶级斗争为主？有好些同志提出这个问题，一定要讲个为主，要讲也可以。似乎那个意思就是，讲阶级斗争为主恐怕好一点，舒服一点，讲人民内部的斗争为主似乎就大不妙了。而我恰好换了这个位。我在最高国务会议上讲的就是这个题目，叫作如何处理人民内部的斗争。他还说：人民内部斗争现在很突出，共产党八大是作了结论的，大规模的阶级斗争已经完结了，现在突出的是人民内部的斗争。[①]

直到1957年6月19日《正确处理人民内部矛盾的问题》讲话正式发表，尽管作者较大幅度地加强了有关意识形态领域

---

① 见《毛泽东传（1949～1976）》（上卷），中央文献出版社，2003，第639页。

里的阶级斗争的内容，但是"革命时期的大规模的急风暴雨式的群众阶级斗争基本结束"，"我们的根本任务已经由解放生产力变为在新的生产关系下面保护和发展生产力"这些最基本的论断始终没有改变。这些正是中共八大决议中最本质的精神。

1958 年 1 月，毛泽东将《工作方法六十条（草案）》提交党内讨论。毛泽东一贯重视工作方法问题。起草这个文件的主要目的，就是要使党的中高级领导干部适应大规模社会主义建设需要，将过去行之有效的工作方法同新形势下积累的新方法很好地结合起来。其中，体现了毛泽东对适合中国国情的社会主义建设道路探索成果的主要有以下几点。

第一，把调动一切积极因素的方针和两类矛盾学说结合起来，形成社会主义建设的总目标。

毛泽东在《一九五七年夏季的形势》一文中提出："我们的目标，是想造成一个又有集中又有民主，又有纪律又有自由，又有统一意志又有个人心情舒畅、生动活泼，那样一种政治局面，以利于社会主义革命和社会主义建设，较易于克服困难，较快地建设我国的现代工业和现代农业，党和国家较为巩固，较为能够经受风险。总题目是正确地处理人民内部的矛盾和正确地处理敌我矛盾。方法是实事求是，群众路线。派生的方法是党内党外在一起开一些有关大政方针的会议，公开整风，党和政府的许多错误缺点登报批评。"① 这是毛泽东从战

---

① 《建国以来重要文献选编》第 10 册，中央文献出版社，1994，第 485 页。

略全局上总结中国社会主义建设规律、思考中国社会主义发展目标的一次重要尝试。

毛泽东在中共八届三中全会上提出阶级矛盾仍然是社会的主要矛盾，但是把处理人民内部矛盾作为国家政治生活主题的思想并没有动摇。在《工作方法六十条（草案）》里明确提出："同阶级敌人作斗争，这是过去政治的基本内容。但是，在人民有了自己的政权以后，这个政权同人民的关系，就基本上是人民内部的关系了，采用的方法不是压服而是说服。这是一种新的政治关系。"①

第二，明确提出"把党的工作的着重点放到技术革命上去"②。

在这一点上，《工作方法六十条（草案）》实际上起到了动员号令的作用。毛泽东提出："从今年起，要在继续完成政治战线上和思想战线上的社会主义革命的同时，把党的工作的着重点放到技术革命上去。这个问题必须引起全党注意。"提出技术革命，就是要大家学技术、学科学。我们一定要鼓一把劲，一定要学习并且完成这个历史所赋予我们的伟大的技术革命。这个问题要在干部中议一议，开个干部大会，议一议我们还有什么本领。过去我们有本领，会打仗，会搞土改，现在仅仅有这些本领就不够了，要学新本领，要真正懂得业务，懂得科学和技术，不然就不可能领导好。

毛泽东作了一个估计："在我国建立一个现代化的工业基

---

① 《毛泽东文集》第 7 卷，人民出版社，1999，第 351 页。

② 《毛泽东文集》第 7 卷，人民出版社，1999，第 351 页。

础和现代化的农业基础，从现在起，还要十年至十五年。只有经过十年至十五年的社会生产力的比较充分的发展，我们的社会主义的经济制度和政治制度，才算获得了自己的比较充分的物质基础（现在，这个物质基础还很不充分），我们的国家（上层建筑）才算充分巩固，社会主义社会才算从根本上建成了。"① 今天看来，这个估计远没有看到社会主义现代化建设的长期性和艰巨性，但是高度重视经济建设，把为社会主义制度打下巩固的物质基础作为全党工作的着重点，仍然是难能可贵的。正是由于有这一思想作指导，在很长一段时间里形成了这样一种局面，阶级斗争是主要矛盾，但中心任务是经济建设。《工作方法六十条（草案）》开宗明义提出："县以上各级党委要抓社会主义建设工作。"② 还具体地提出了抓建设、抓工业、抓农业的工作内容。这在很大程度上抑制了改变中共八大决议对社会主要矛盾的正确论断所造成的消极影响。

第三，在培养适应社会主义建设需要的干部队伍方面，提出了"又红又专"的总体要求。

《工作方法六十条（草案）》提出："政治和经济的统一，政治和技术的统一，这是毫无疑义的，年年如此，永远如此。这就是又红又专。""思想工作和政治工作，是完成经济工作和技术工作的保证，它们是为经济基础服务的。思想和政治又是统帅，是灵魂。只要我们的思想工作和政治工作稍为一放

---

① 《建国以来重要文献选编》第 10 册，中央文献出版社，1994，第 491 页。

② 《毛泽东文集》第 7 卷，人民出版社，1999，第 345 页。

松，经济工作和技术工作就一定会走到邪路上去。""一方面要反对空头政治家，另一方面要反对迷失方向的实际家。"①

以上这些，都是对《关于正确处理人民内部矛盾的问题》一文的重要补充，也是中共八大路线的继续和发展。

顺带说一句，有人说，毛泽东提出不做国家主席，是因为"大跃进"的错误使他感觉做不下去了。这种说法是没有根据的。正是在《工作方法六十条（草案）》的最后一条里，毛泽东正式向全党同志提出："今年九月以前，要酝酿一下我不做中华人民共和国主席的问题。""这是因为去掉共和国主席这个职务，专做党中央主席，可以节省许多时间做一些党所要求我做的事情。这样，对于我的身体状况也较为适宜。""如果在辩论中群众发生抵触情绪，不赞成这个建议，可以向他们说明，在将来国家有紧急需要的时候，只要党有决定，我还是可以出任这种国家领导职务的。现在和平时期，以去掉一个主席职务较为有利。"② 这时还是 1958 年 1 月，"大跃进"还没有开始。

---

① 《毛泽东文集》第 7 卷，人民出版社，1999，第 351 页。
② 《毛泽东文集》第 7 卷，人民出版社，1999，第 362 页。

第六章
决策搞"两弹一星"和国防现代化

在当今以高科技为主导的国际新军事变革浪潮中，中国现在拥有核大国、宇航大国的国际地位，格外引人瞩目，也格外引人羡慕。这一地位的奠定，归功于毛泽东。正如邓小平指出的那样："如果六十年代以来中国没有原子弹、氢弹，没有发射卫星，中国就不能叫有重要影响的大国，就没有现在这样的国际地位。这些东西反映一个民族的能力，也是一个民族、一个国家兴旺发达的标志。"[①]

我们现在的国防基础是老一辈革命家们奠定的。自从1840年鸦片战争国门被迫打开以来，中国就进入了一段遭受凌辱的历史，日本的侵华战争将这一凌辱推向了顶峰。在百余年的屈辱中，华夏的有识之士始终感叹"有国无防""有边无防"。从"师夷长技以制夷"到李鸿章等人搞北洋水师等，都没能解决这个问题。真正从根本上解决"有国无防""有边无防"的问题，是从老一辈革命家开始的。

---

① 《邓小平文选》第3卷，人民出版社，1993，第279页。

新中国成立以来，我们一直在为建立一支现代化的国防军而奋斗。毛泽东在 1950 年就提出，我们要建设一支现代化的国防军。建构独立的比较完整的国防体系也始于 20 世纪 50 年代，还有 60 年代的"三线建设"，研制成功"两弹一星"，都是这一努力的延续。在这一过程中，人民解放军开始了从单一军种到多军种的战略性转变，后来还建立了第二炮兵。苏联成立战略导弹部队是在 20 世纪 50 年代，我们仅比苏联迟了不到十年的时间。1966 年，第二炮兵正式组建，这对我国的国防建设具有决定性意义。

经历过抗美援朝现代化战争洗礼的中国共产党人，对于国防高科技攻关，有着切肤的感受。毛泽东很早就把战略目光聚焦到了发展原子弹和战略导弹上。

1955 年 3 月，毛泽东在中共全国代表会议上，公开宣布："我们进入了这样一个时期，就是我们现在所从事的、所思考的、所钻研的，是钻社会主义工业化，钻社会主义改造，钻现代化的国防，并且开始要钻原子能这样的历史的新时期。"①

一年后，毛泽东在《论十大关系》讲话中又指出："我们现在已经比过去强，以后还要比现在强，不但要有更多的飞机和大炮，而且还要有原子弹。在今天的世界上，我们要不受人家欺负，就不能没有这个东西。"②

中国发展核工业的决策，是毛泽东在 1955 年 1 月 15 日主持召开中共中央书记处扩大会议时做出的。关于当年毛泽东、

---

① 《毛泽东文集》第 6 卷，人民出版社，1999，第 395 页。
② 《毛泽东文集》第 7 卷，人民出版社，1999，第 27 页。

周恩来等中共中央领导人，做出研制原子弹决策的具体情节，著名科学家钱三强有过生动的回忆。

　　一九五五年一月十四日，我和地质学家李四光同时被召到周恩来办公室，在座的还有薄一波和地质部副部长刘杰。周恩来先请李四光讲我国铀矿资源勘探情况，接着由我介绍原子核科学技术研究状况。周恩来全神贯注听了我们的每一句话，并且洞察问题的关键，详细询问了原子反应堆、原子弹的基本原理，以及发展这项事业的必要条件等。然后他告诉我们："明天毛主席和中央其他领导要听取这方面的情况，你们做点准备，简明扼要，可以带点铀矿石和简单仪器作点现场演示。"

　　第二天，我和李四光等按时到达中南海的一间会议室，里边已经围坐许多熟悉的领导人，有毛泽东、刘少奇、周恩来、朱德、陈云、邓小平、彭德怀、彭真、李富春、陈毅、聂荣臻、薄一波等。

　　这是一次专门研究发展我国原子能的中共中央书记处扩大会议。

　　毛泽东主席主持会议，开宗明义："今天，我们这些人当小学生，就原子能有关问题，请你们来上一课。"

　　李四光拿出一小块黄黑色的铀矿标本，说明铀矿资源与发展原子能的密切关系。一九五四年下半年，我国第一次在广西发现了铀矿资源。领导人一个一个传看着铀矿标本，对它那神话般的巨大能量感到新奇。

　　我汇报了几个主要国家原子能发展的概况和我国近几

年做的工作。……

毛泽东点燃一支烟，开始作总结性讲话："我们的国家，现在已经知道有铀矿，进一步勘探，一定会找到更多的铀矿来。我们也训练了一些人，科学研究也有了一定的基础，创造了一定条件。过去几年，其他事情很多，还来不及抓这件事。这件事总是要抓的。现在到时候了，该抓了。只要排上日程，认真抓一下，一定可以搞起来。"

"你们看怎么样？"毛泽东看了看大家，接着强调说："现在苏联对我们援助，我们一定要搞好。我们自己干，也一定能干好！我们只要有人，又有资源，什么奇迹都可以创造出来。"

会议对大力发展原子能表示了极大兴趣和决心。……

到了吃饭时间，大家从会议室来到餐厅，摆有三桌饭菜，六样普通的菜，多带辣味。我同毛泽东在一桌，坐在他的对面；他左边是彭真，右边是李四光。李四光改用湖北话同毛泽东交谈，无拘无束，十分开心。……

最后，毛泽东举起酒杯站起来，大声说："为我国原子能事业的发展，大家共同干杯！"①

原子弹的决策，催生了研制导弹的决策。1955年12月，

---

① 钱三强：《神秘而诱人的路程》，载《请历史记住他们》，暨南大学出版社，1999，第57~60页。

著名科学家任新民提出中国研制火箭武器和发展火箭技术的建议；1956 年 2 月，著名科学家钱学森提出关于建立中国国防航空工业的意见。他们的建议和意见引起中共中央和中央军委高度重视，并被采纳。中国导弹的研制工作提上了日程。

随即，"两弹"决策，又将"一星"的研制提上了日程。1957 年 10 月，苏联第一颗人造地球卫星上天。1958 年 5 月 17 日，毛泽东在中共八大二次会议上，发出了"我们也要搞一点卫星"的号召。同年 6 月 21 日，他在中央军委扩大会议上又提出，"我们要搞海军"，"空军搞得强一点"，"搞一点原子弹、氢弹、洲际导弹，我看有十年功夫是完全可能的"。[①]

"两弹一星"工程，根据毛泽东关于"大力协同"的指示，在极其艰苦的条件下，主要依靠自己的力量，取得了举世瞩目的成就，为中国国防现代化打下了坚实的基础。

在研制原子弹的最初几年里，中国曾寄希望于苏联的援助。但是，随着中苏交恶，这个希望最终落空，中国破釜沉舟，开始独立研制原子弹。

关于研制原子弹问题。1962 年 11 月 3 日，毛泽东就做出批示："要大力协同做好这件工作。"[②] 这是对成立中央专门委员会，倾全国之力也要造出原子弹，打破核垄断而言的。那么接下来的一步就是生产核材料。只有生产出六氟化铀^{235}之后，才有可能造出原子弹。1964 年 1 月，我国生产出六氟化铀^{235}的合

---

① 《建国以来毛泽东军事文稿》中卷，军事科学出版社、中央文献出版社，2010，第 387 页。

② 《建国以来毛泽东军事文稿》下卷，军事科学出版社、中央文献出版社，2010，第 155 页。

格产品。当时第二机械工业部有一个报告,毛主席批示:"已阅,很好。"① 虽然琐细,但记录下了一个非常关键的历程。

接下来是原子弹试爆时间的确定问题,这在 1964 年 9 月 21 日毛泽东对周恩来当天来信的批语中得到了反映。最终的试爆的时间是 1964 年 10 月 16 日,之前选择试爆时间要综合考虑很多因素,比如气象条件、风向等问题。周恩来提出,做出决定的期限以不迟于 9 月 24 日为好。毛泽东看了来信,当机立断,批示:"已阅,拟即办。"② 从准备命令下达到试爆至少需要 20 天,而毛泽东的果决为进行试爆准备赢得了更为充裕的时间。

爆炸成功并不算完,毛泽东很关注原子弹试爆的结果,要看看它的杀伤力究竟有多大。毛泽东认真读了在现场指挥的张爱萍的报告,得到的结论是:"只有工事、矮墙、坚房等物,就能防御核爆,不致伤人。"③ 接下来还有这样一篇文献,一个香港记者到了美国在西太平洋比基尼岛等的核武器试验靶场,报道说在核爆很多年之后,那里还有很多生物,有生命的迹象。1964 年 12 月 25 日,毛泽东看了这个报道后也非常关注,做了批示。④

---

① 《建国以来毛泽东军事文稿》下卷,军事科学出版社、中央文献出版社,2010,第 216 页。

② 《建国以来毛泽东军事文稿》下卷,军事科学出版社、中央文献出版社,2010,第 266 页。

③ 《建国以来毛泽东军事文稿》下卷,军事科学出版社、中央文献出版社,2010,第 275 页。

④ 见《建国以来毛泽东军事文稿》下卷,军事科学出版社、中央文献出版社,2010,第 279 页。

关于原子弹的档案，还有一件是毛泽东 1964 年 2 月 6 日同钱学森等的谈话。这是一篇对话体的记录，是由钱学森事后亲笔追记的。那一天，毛泽东和钱学森、李四光、竺可桢等几位科学家座谈，与不同的科学家谈不同的主题。但遗憾的是，除了钱学森的这份记录，其他的谈话内容没有留下记载。《建国以来毛泽东军事文稿》收录了这份珍贵的记录。

在对话中，毛泽东说："我们搞原子弹也有成绩呀！"钱学森说："我有所闻。"主席说："怕不止是有所闻吧。"主席说："你们搞了个 1000 公里的，将来再搞个 2000 公里的，也就差不多了。"钱学森说："美帝在东南亚新月形包围圈上的有些基地，有 2800 公里的距离。"主席问："可以到夏威夷？"钱学森说："夏威夷更远了，不止 4000 公里。"谈到这里，主席就反过来说了，我们怎么对付其他国家的核威慑，主席的答案是："总要搞防御。搞山洞，钻进地下去就不怕它了。"钱学森说："我们正在遵照主席的指示，先组织一个小型的科学技术人员的小组，准备研究一下防弹道式导弹的方法、技术途径。"这里透露出一个信息，就是我们搞了运载工具之后，就要接着搞反导了。这是 1964 年的谈话。说到这里，主席提了一句古话"有矛必有盾"，又说："搞少数人，专门研究这个问题（按：就是研究"盾"的问题）。五年不行，十年；十年不行，十五年，总要搞出来的。"① 这份档案篇幅虽然不长，但非常有价值。

① 《建国以来毛泽东军事文稿》下卷，军事科学出版社、中央文献出版社，2010，第 217 页。

海防,一直是近代中国国防的软肋。毛泽东对海防建设十分重视,多次就海军建设作出指示。1970年7月,毛泽东同朝鲜军事代表团的谈话,就是其中的一篇。他在谈话中说,我们的海军不像样子,要找出落后的原因。后来海军根据这个意见,制订了发展规划,1975年5月,时任海军第一政委的苏振华将规划报给毛泽东,毛泽东在批示中说:"努力奋斗,十年达到目标。"①

西沙群岛自古以来就是中国的领土,对西沙群岛行使主权,这是一个主权国家的分内之事。1960年8月3日,毛泽东专门就在西沙群岛建立海军据点问题做出批示。这个批示是对中央军委的报告的批复。通过这个报告可以知道,1959年3月党中央就已经做出了定期定点在西沙群岛附近巡航、巡逻的批示。从那时起,直到1960年8月,也就是毛泽东再次做出批示之前,人民解放军海军共巡航、巡逻20次。通过这个报告还可以知道,当时不仅对在西沙群岛建立海军据点作了部署,而且还有长远的规划。② 这就表明我们对西沙群岛行使国家主权既是合理合法的,也是一贯有效的,任何人、任何国家都无权在这个问题上对我们指手画脚。

毛泽东很早就关注电子对抗战方面的情况。1975年12月,他对叶剑英的报告批示:"很好。"③ 这个报告说,这年的

---

① 《建国以来毛泽东军事文稿》下卷,军事科学出版社、中央文献出版社,2010,第399页。

② 见《建国以来毛泽东军事文稿》下卷,军事科学出版社、中央文献出版社,2010,第103页。

③ 《建国以来毛泽东文稿》下卷,军事科学出版社、中央文献出版社,2010,第400页。

12 月 8 日，召开国务院常务副总理和中央军委常委联席会议，决定：成立电子对抗和雷达管理领导小组；加强电子技术情报工作；加强和调整电子对抗的科研、生产力量，迅速改善我军电子设备的抗干扰性能；积极培养电子对抗技术人员。当时"文化大革命"还没有结束，毛泽东又重病缠身，党中央和毛泽东做出如此有远见的重大决策，殊为不易。

原子弹的爆炸，对于中国大国地位的确立非常重要。美国人马上感觉到，再也不能无视中国的存在。要使中国受到约束，除了要有苏联的合作，还必须使中国同国际社会建立良好的关系。这种认识，对美国日后放弃遏制和封锁中国的政策，对于中美关系的正常化都起到了推动作用。

回顾新中国在艰难困苦条件下加速实现国防现代化的历程，至少证明两点：

其一，毛泽东的核战略思想是很先进的。

先进在哪里呢？就是一方面我们积极研制，打破敌人的核垄断；另一方面，不能搞多，不能误入对方的核军备竞赛陷阱而拖垮自己。用毛泽东的话就是"搞一点"，不能搞多，原话是："搞一点原子弹、氢弹、洲际导弹"。① 毛泽东强调要同时研制核弹头和运载工具，这是很独特的。这个决策为我国赢得了时间，赢得了主动。我们试爆原子弹、试射导弹、组建战略导弹部队几乎是同步的。这种搞法，世所罕见。不能不令人折服。更重要的是，毛泽东提出我国不首先使用核武器，奠定了

---

① 《建国以来毛泽东文稿》中卷，军事科学出版社、中央文献出版社，2010，第 387 页。

国家核战略的基本方针。任何有核国家都不可能像我国这样公开宣布不首先使用核武器。这既是由我们国家的社会主义制度决定的，也是由我们永远属于发展中国家这样的基本国际定位和国际战略决定的。这同时也展示了我们的自信：虽然我们有原子弹，但我们并不靠它来取胜，我们的制胜法宝是人民战争和积极防御的国防战略。当然，随着时代的发展，随着国家利益的扩展，积极防御的国防战略也要与时俱进，不断发展。

其二，毛泽东的军事理论和国防战略思想，对加快国防现代化建设，特别是加速实现中国特色军事变革，颇具借鉴意义。

比如，毛泽东从来不把他在长期战争实践中积累下来的经验看作是一成不变的教条，反复强调，军制和作战方法一定要随着时代的变化而变化。这个思想与我们现在加快军事变革、跟上世界发展潮流的思想是非常一致的。

再比如，毛泽东认为，与强大的外部势力相比，我们始终处于弱势。怎样以弱搏强呢？重要的就是以心取胜。所谓"以心取胜"包括两个方面，一方面是要赢得民心，只有把国内的事办好，在国际上才有主动权。赢得民心并不局限于国内，毛泽东有开阔的国际视野，很早就提出要开展人民外交，要把顽固坚持反华立场的统治阶级和那个国家的人民区分开。"以心取胜"的另一方面是要塑造正面的国际形象，同丑化中国、妖魔化中国的势力做斗争。这需要我们发挥心智的力量，重视"软实力"的作用。"两弹一星"等高科技产物都是"硬件"，是"硬实力"，但"硬实力"的发挥离不开"软实力"。中国一定要拓宽自己的战略回旋余地，不能硬碰硬，千万不能以己之短搏人之长，要"以柔克刚"，打"迂回战"，打"拖延仗"。这些都是毛泽东军事战略思想中的智慧。

另外还有毛泽东的人民战争思想。他重视人民的力量，这在今天仍不过时。人民战争不是一成不变的，随着时代的发展，人民战争也有不同的样式。抗战期间我们有地雷战、地道战等，解放战争时的小米加步枪又是一种新样式，陈毅同志曾经说，淮海战役是根据地百姓用小车推出来的。今天的战争肯定有其新的样式，在高科技情境下，人民战争不可能一成不变，一定会有自己的特点、有自己的优势，这也是需要进一步思考与创新的。

2010 年 3 月，我曾经接受过《中国社会科学报》记者范勇鹏、实习记者李萍的采访。今天看来，这个访谈对于深入了解毛泽东对国防现代化的贡献，还不失其应有的价值。特意把这篇访谈的节选放在本章的最后，以飨读者。

记者：三卷本《建国以来毛泽东军事文稿》（以下简称《文稿》）即将出版。新中国成立以来，我国已经编辑出版了多种毛泽东文稿，编辑这部《文稿》，是出于什么样的考虑呢？您在《文稿》的构思、立项和编辑过程中有什么样的发现和感受？

李捷（以下简称"李"）：大家都知道，毛泽东思想涉及方方面面，可以说毛泽东思想就是中国近现代思想库的一部百科全书，涉及面非常广，其中最精彩的就是他的军事理论和军事战略思想。为纪念毛泽东同志百年诞辰，经中共中央、中央军委批准，中共中央文献研究室和中国人民解放军军事科学院合作，在 1993 年出版了六卷本的《毛泽东军事文集》，集中反映毛泽东军事思想。当时留下了一个遗憾，就是资料条件不是很充分，所以新中国成立后的部分（即该书的第六卷）仅有薄薄的一本，很不成比例。很多读者读了《毛泽东军事文集》第六卷之后，都感到很不过瘾，不能满足学者对新中国成立后毛泽东军事思想研究的需求。在毛主席百年诞辰之后，我们就萌发了编一套新中国成立以来毛泽东军事思想文稿的想法，以期弥补这一缺憾。这次《文稿》的编撰即是建立在之前工作的基础上，又补充了大量的新材料。

进入新世纪以来，随着经济全球化、信息全球化的发展，国际格局的调整和多极化趋势的日益明显，中国的综合国力、国际影响力、国际地位都在上升。这是新中国长期发展的历史必然。在中国国际地位提升的过程中，周边地区不可避免地会出现各种各样的态势和事变，这也是中国发展、壮大、地位迅速提升的过程中必经的一个阶段。中国国家安全面临的情况会越来越多，越来越复杂。我们该如何应对？这是一个现实问题，而从我们从事文献研究的人来看，这又关系到历史问题。一方面，对于很多态势，只有了解了它的历史，才能更好地把握它的现状和未来发展趋势；另一方面，虽然历史是不可能重演的，但是历史进程中发生的一些现象往往有惊人的相似之处，我们可以从历史中找到一些智慧，来更好地应对今天的挑战。因而，我们越来越感觉到毛泽东关于国防和军事战略的思想是一块值得不断开发的宝贵的思想库。

我们怀着这样的心情，经中央批准，由中央文献研究室和军事科学院再度携手，着手《文稿》的编辑工作。这是我们两家单位继编辑《毛泽东军事文集》和《邓小平军事文集》这两部厚重的著作之后的再次合作。从 2008 年 5 月开始，到 2009 年 12 月，经过一年零八个月的艰苦工作，完成了《文稿》的编辑工作。现在回想起来，这确是一件非常不容易的事。

在这个过程中，我们编辑组寻着历史的脚印，重新踏进了新中国成立以来毛泽东的军事战略、国防战略的思想库，可谓琳琅满目。在广泛征集资料的基础上，我们反复斟酌、精心取舍，最后编辑成书，共收录了 821 篇文稿。

记者：在编辑过程中，是依据什么标准来进行取舍的？

李：我们主要考虑了这样一些因素。一是文稿的代表性，即能够涵盖新中国成立后国防、军事领域的重大事件及重大决策，从今天的角度说，就是其历史蕴含；二是文稿的思想性。文稿都是单篇存在的，使一篇篇文稿连贯起来，相互照应，彰显出历史发展的大致脉络，这就需要编辑者反复地考量文稿的代表性及其思想含量和历史含量，加以综合平衡，去粗取精。所以说，编辑者的功夫，既在文稿之内，又在文稿之外。其最高境界，无外乎"别出心裁，独具匠心"这八个字。

对文稿而言，其思想性是需要综合考量的。有时毛泽东仅做了很短的批示，如"照办"或"同意"，但其批复的对象本身有很重要的内容，这些内容一经批复即在当时产生过重要作用，所以综合起来看，其文本的思想性、决策的重要性、批示的深远影响等，远远超过了批示本身。怎样才能把这类批示的深意反映出来呢？我们采取了注释的方法。有些注释是非常长的，比如 1956 年 4 月 2 日毛泽东有一个批示，是对彭德怀报告的批复，报告的主件是彭德怀同年 3 月 6 日在中央军委扩大会议上所作关于保卫祖国的战略方针和国防建设问题的报告。这个报告也是经过集体讨论形成的，体现了毛泽东军事战略思想。我们非常熟悉的积极防御的国防战略方针，就是在彭德怀的这个报告中得到正式确认的。毛泽东的批语并不多，但注释非常长，有上千字，把彭德怀报告的主要内容都注出来了。这样，读者在阅读的时候就能有一个比较全面的了解。这些注释，都是编辑组成员在进行了历史考据之后，精心编写的。

我们取舍的第三个标准是文稿对当代要有一定的价值，不是为编文献而编文献，而是要有现实的目的性。其实这也是中华史学的一个传统，孔子编《春秋》，司马迁写《史记》，都渗透着他们的现实追求与理念认同。对历史资料、历史典籍的整理和取舍本身，既体现了编撰者对历史的认识，也体现了编撰者对现实的认识，包括对民族未来出路的思考。

记者：请您谈谈编辑过程中最主要的感触。

李：在这个过程中，我体会最深的是这么几点。首先，历史和现实始终是相通的。如同司马迁所言，研究史学和文献的人，要"究天人之际，通古今之变"，这是一种使命，也是一个努力方向，最终结果是"成一家之言"，我们正是朝这个方向努力的。从史学研究的角度来看，以毛泽东为代表的老一辈革命家在国防和军队建设方面所作探索的价值会随着现实的展开日益彰显出来，而不会随着时代的发展而褪去光彩。

其次，我们现在的国防基础是老一辈革命家们奠定的。自从 1840 年鸦片战争国门被迫打开以来，中国就进入了一段遭受凌辱的历史，日本的侵华战争将这一凌辱推向了顶峰。在百余年的屈辱中，华夏的有识之士始终感叹"有国无防""有边无防"。从"师夷长技以制夷"到李鸿章等人搞北洋水师等，都没能解决这个问题。真正从根本上解决"有国无防""有边无防"的问题，是从老一辈革命家开始的。新中国成立以来，我们一直在为建立一支现代化的国防军而奋斗。毛泽东在1950年就提出，我们要建设一支现代化的国防军。建构独立的比较完整的国防体系也始于20世纪50年代，还有60年代的"三线建设"，研制成功"两弹一星"，都是这一努力的延续。在这一过程中，人民解放军开始了从单一军种到多军种的战略性转变，后来还建立了第二炮兵。苏联成立战略导弹部队是在20世纪50年代，我们仅比苏联迟了不到十年的时间。1966年，第二炮兵正式组建，这对我国的国防建设具有决定性意义。

记者：您刚才谈到了对毛泽东军事思想的很多新见解。在《文稿》的编辑过程中，在历史文献方面有没有新的发现？

李：《文稿》收入不少有意义的新史料。比如我们谈现代化建设，很自然就会想到"四个现代化"。1964年末，周恩来总理代表党中央在三届全国人大一次会议上郑重地向全国人民宣布，要在一个不太长的时间内实现农业现代化、工业现代化、科学技术现代化和国防现代化。我们在编辑《文稿》的过程中发现，国防现代化建设实际上很早就开始了。1952年6月制订出军事建设五年计划初稿，核心就是国防现代化，尽管当时没有这个概括。所以应该说，军事建设的五年计划是与国民经济建设的五年计划同步进行的。这一计划经过反复修改后，最终纳入了国民经济建设的"一五"计划中。可以说，

"一五"时期就已经拉开了国防现代化建设的序幕。

　　我们还发现了毛泽东一个很有意思的思想。大家都知道，毛泽东在许多场合都强调战争是政治的继续，在相当一个长时期里比较强调战争的不可避免性。1976 年 2 月，毛泽东在接见来华访问的美国前总统尼克松时，则说了这样一段富有哲理的话。他说："在阶级存在的时代，战争是两个和平之间的现象。战争是政治的继续，也就是说是和平的继续。和平就是政治。"这一论断对今天而言，特别有意义。

　　记者：这些史料的确令人大开眼界。但档案是琐碎的，如何才能在编辑过程中使其呈现出内在的历史逻辑呢？

　　李：编文献是有讲究的，从《文稿》开卷篇和压卷篇的选取可见一斑。开卷篇我们选取的是《中国人从此站立起来了》。压卷篇我们选择的是刚才谈到的那篇《战争是两个和平之间的现象》。

　　记者：这就体现了中国人民经过的一段伟大历程，从依靠革命的暴力手段求得翻身解放、自立自强，到追求世界和平、消灭战争。这一逻辑的延续符合我们今天提出的构建持久和平的和谐世界的理想。

　　李：是的。勾画历史，有时需要凝练传神，有时又需要浓墨重彩。"大写意"时，要能够惜墨如金。"工笔画"来，又要能不厌其详。《文稿》里有一些琐细的内容，我们有意而为之，以彰显其内在的线索。比如关于研制原子弹问题。1962 年 11 月 3 日，毛泽东就做出批示："要大力协同做好这件工作。"这是对成立中央专门委员会，倾全国之力也要造出原子弹，打破核垄断而言的。那么接下来的一步就是生产核材料。

只有生产出六氟化铀^{235}之后，才有可能造出原子弹。1964年1月，我国生产出六氟化铀^{235}的合格产品。当时第二机械工业部有一个报告，毛主席批示："已阅，很好。"虽然琐细，但记录下了一个非常关键的历程。

接下来是原子弹试爆时间的确定问题，这在1964年9月21日毛泽东对周恩来当天来信的批语中得到了反映。最终的试爆的时间是1964年10月16日，之前选择试爆时间要综合考虑很多因素，比如气象条件、风向等问题。周恩来提出，做出决定的期限以不迟于9月24日为好。毛泽东看了来信，当机立断，批示："已阅，拟即办。"从准备命令下达到试爆至少需要20天，而毛泽东的果决为进行试爆准备赢得了更为充裕的时间。

爆炸成功并不算完，毛泽东很关注原子弹试爆的结果，要看看它的杀伤力究竟有多大？毛泽东认真读了在现场指挥的张爱萍的报告，得到的结论是："只有工事、矮墙、坚房等物，就能防御核爆，不致伤人。"接下来还有这样一篇文献，一个香港记者到了美国在西太平洋比基尼岛等的核武器试验靶场，报道说在核爆很多年之后，那里还有很多生物，有生命的迹象。1964年12月25日，毛泽东看了这个报道后也非常关注，做了批示。

虽然一篇一篇的文献是散点，但我们编辑的时候很注意把这些点连成线，尽量让读者同时看到历史的线索和细节。

编撰《文稿》时，我们也在考虑，是不是应该适当收录毛泽东关于国际战略、国际局势判断的一些文稿。我根据自己的研究体验，认为一定要把这些内容收录进去。我们的国防战略并不是孤立的，而是基于对世界格局所做的综合考量。中国国防现代化建设的基本走向、中国特色军事变革都与世界格局的新变化、新特点密切相关，包括经济全球化、信息化的趋势和世界新军事变革的趋势。

　　我们要站在国际、国内两个大局的交汇点上来思考，这也是当今时代不同于毛泽东那个时代的地方。在毛泽东时代，我们要首先立足国内，再放眼世界、胸怀世界。现在中国的地位提升了，国内与国际的关系随之发生重大变化，很多国内问题不再是孤立的国内问题了，已经和国际连在一起了。就拿转变发展方式来说，虽然是我们国内的事，但与世界发展大势紧密相关，也会引起国际的关注。与此同时，我们要承担起应该承担的国际责任，但责任是适度的，不能承担发达国家应该承担的责任，毕竟我们还是一个发展中国家。

第七章

在纠正"大跃进"错误中继续探索

　　1958年5月，中共八大二次会议正式通过"多快好省地建设社会主义"的总路线，并正式做出改变八大关于国内主要矛盾提法的决定。这以后，"大跃进"和人民公社化运动在全国开展起来。实践证明，这场运动严重地违背了客观规律，严重地破坏了综合平衡，给国民经济的健康发展造成了严重损害。但无论如何，这是在全党主要精力放到经济建设上以后，全力以赴抓农业，全力以赴抓工业的第一次。如果仅以成败论英雄的话，就会忽视这一重要情节。

　　为了使全党全身心地抓农业、抓工业，毛泽东特意在1958年1月提交党内讨论的《工作方法六十条（草案）》中提出："我们现在看见了从来没有看见过的人民群众在生产战线上这样高涨的积极性和创造性。全国人民为在十五年或者更多一点时间内在钢铁及其他主要工业生产品方面赶上或者超过英国这个口号所鼓舞。一个新的生产高潮已经和正在形成。为了适应这种情况，中央和地方党委的工作方法，有作某些改变的需要。"①

---

　　① 《毛泽东文集》第7卷，人民出版社，1999，第344页。

在《工作方法六十条(草案)》里,毛泽东明确规定县以上各级党委抓建设、抓工业、抓农业的内容。这是他一生奉行的基本工作方法,就是不但要提出"过河"的任务,还要解决好"过河"的"桥"或"船"的问题。他是这样规定的:

(一)县以上各级党委要抓社会主义建设工作。这里有十四项:1. 工业,2. 手工业,3. 农业,4. 农村副业,5. 林业,6. 渔业,7. 畜牧业,8. 交通运输业,9. 商业,10. 财政和金融,11. 劳动、工资和人口,12. 科学,13. 文教,14. 卫生。

(二)县以上各级党委要抓社会主义工业工作。这里也有十四项:1. 产量指标,2. 产品质量,3. 新产品试制,4. 新技术,5. 先进定额,6. 节约原材料,找寻和使用代用品,7. 劳动组织、劳动保护和工资福利,8. 成本,9. 生产准备和流动资金,10. 企业的分工和协作,11. 供产销平衡,12. 地质勘探,13. 资源综合利用,14. 设计和施工。这是初步拟定的项目,以后应该逐步形成工业发展纲要四十条。

(三)各级党委要抓社会主义农业工作。这里也有十四项:1. 产量指标,2. 水利,3. 肥料,4. 土壤,5. 种子,6. 改制(改变耕作制度,如扩大复种面积,晚改早,旱改水等),7. 病虫害,8. 机械化(新式农具,双轮双铧犁,抽水机、适合中国各个不同区域的拖拉机及用摩托开动的运输工具等),9. 精耕细作,10. 畜牧,11. 副业,12. 绿化,13. 除四害,14. 治疾病讲卫生。这是从农业发展纲要四十条中抽出来的十四个要点。四十条必须全部施行。抽出一些要点，目的在于有所侧重。纲举目张，全网自然提起来了。①

毛泽东提出《工作方法六十条（草案）》的目的之一，就是为了在掀起全国社会主义建设高潮的情况下，进一步明确抓什么、怎么抓这两个关键问题，使各级领导走在群众运动的前面，而不要落在群众运动之后。

"大跃进"的发动，固然有毛泽东在党内高层严厉批判"反冒进"的因素。通过这场批判，为发动"大跃进"扫清了来自上面的阻力。但是，毛泽东之所以下决心发动群众性的"大跃进"，并且能够得到广大干部群众发自内心的热烈响应，是有其不容忽视的客观要求的。没有这种客观要求，难以形成有几亿中国人参与的如此广泛的群众运动，即使勉强发动起来，也很难持续达一年以上。

什么客观因素促使"大跃进"成为一场群众运动呢？至少有两个重要因素不能忽视。

第一个重要因素是，"落后就会挨打"，自新中国成立以来，在全党和全国各族人民当中一直有一种强烈的愿望，迫切要求改变国家经济文化落后的状况，早日实现国家工业化，使中国人真正能够在世界上挺直腰杆站立起来。谁能自觉地反映这种愿望，并付诸实行，谁就能极大地激发起和调动起最广大群众的社会主义建设积极性。

---

① 《毛泽东文集》第7卷，人民出版社，1999，第345～346页。

第二个重要因素是,"人心思定",祈望民富国强。自新中国成立之日起,全党和全国各族人民中间始终有一种渴望和平环境的强烈愿望。自近代以来,中华民族多灾多难,饱受战争伤害,最渴望和平安宁的环境。没有和平的国际环境,国内建设就会受到严重干扰,什么事也干不成。进入1957 年,毛泽东经过对国际形势的认真观察,做出了"东风压倒西风"、大规模的国际战争短期内打不起来的判断,因此希望力争在尽可能短的时间里把中国建设成为社会主义工业化强国。

这两种因素,在动员全党和全国人民全身心地投入"大跃进"和人民公社化运动之中起了非常重要的作用,对于促使毛泽东和中共中央做出决定也起了至关重要的作用。正如邓小平所说:"'大跃进',毛泽东同志头脑发热,我们不发热?刘少奇同志、周恩来同志和我都没有反对,陈云同志没有说话。在这些问题上要公正,不要造成一种印象,别的人都正确,只有一个人犯错误。这不符合事实。中央犯错误,不是一个人负责,是集体负责。"①

"大跃进"的发动,超英赶美口号的提出,使当时的中国人的确有一种扬眉吐气之感。大家都在憋着一口气,尽快赶超世界先进水平,使中国人不仅在政治上站起来,而且在经济上也能领跑于世界前列。受到这样一种社会氛围所激励,毛泽东在1958 年1 月28 日最高国务会议第14 次会议上充满激情地指出:

---

① 《邓小平文选》第2 卷,人民出版社,1994,第296 页。

七八年来，都看出我们这个民族有希望，特别是在去年一年，使得广大群众感觉到光明的前途。几亿人口，精神发扬起来。经过大鸣、大放、大辩论，把一些问题搞清楚，任务也提得适当了，比如十五年赶上英国，又多、又快、又好、又省之类。四十条农业纲要重新发布，给群众很大的鼓励。许多认为做不到的事情，现在群众觉得做得到。

我们这个民族在觉醒起来，好像我们大家今天早晨醒来一样，在逐步觉醒。因为觉醒了，才把帝国主义、封建主义打掉；因为觉醒了，才把私有财产制度废除；因为觉醒了，才进行整风，批评右派。现在还要革掉一个东西：我们是又穷又白。白纸好写字，穷就要革命，要干，就有一股干劲。现在的生产节约，各种社会风气的改革，就是希望我们的国家成为一个大国，一个强国。现在的情况完全不相称，还比不上比利时，比利时有七百万吨钢，我们只有五百多万吨，粮食水平很低，不识字的人很多。因此，现在这个觉醒，群众这个热潮，我们要好好注意。我看，我们这个民族现在好比打破原子核释放出热能来。[1]

这一时期，毛泽东的心态是矛盾的。一方面，他担心许多指标提出来过高，完不成，会懈人民群众的气；另一方面，他又担心泼了各级干部的冷水，打击了群众积极性，让群众感到

---

[1] 《毛泽东在最高国务会议第14次会议上的讲话记录》，1958年1月28日。

失望。一方面，他说他宁可当一个"右倾机会主义者"，结果是大大突破预定的指标，来个超额完成，欢欣鼓舞；另一方面，他又大力倡导"解放思想""破除迷信""打倒贾桂思想"，教育干部尊重群众首创精神，生怕各级领导干部束缚和压制群众的主动性、创造性。这样一种心态，流露于他的讲话之中，实际上给了正在如火如荼地发动着、开展着的城乡群众运动以莫大的鼓舞，也给各级领导干部以极大的推动。

在中共八大二次会议和北戴河会议的鼓舞下，"大跃进"运动和人民公社化运动普遍发动起来。

"大跃进"的核心是大炼钢铁，目标是要超英赶美，当时叫作"一马当先，万马奔腾"。在这个过程中，有两个失误对后来影响极大。一是大炼钢铁最终发展成为遍布城乡的群众运动，不仅正规钢铁厂在加班加点炼钢炼铁，就连机关干部、学校教师和农民也组织起来，利用自建的"小土炉"炼铁。其结果是造成极大浪费。二是造成了严重的比例失调。原本以为这样做可以"纲举目张"，但"一马当先"占用了大量的人力、物力，影响了综合平衡，钢铁生产增加了，其他方面的生产却出现大幅度下降。

人民公社化的前身，是小社并大社。从 1957 年冬季开始，广大农村兴起了平整土地、兴修水利的热潮。在这种情况下，一些高级生产合作社为了更好地调集力量，自发地开始合并为大社。这本来是符合合作经济发展规律的。但到后来，受到急于从小集体向大集体再向全民所有制过渡的错误思潮的影响，这场并社运动开始逐渐脱离了正确轨道。特别是到了 1958 年夏季中共中央北戴河会议做出《关于在农村建立人民公社问题的决议》后，这种思潮更是发展蔓延起来，刮起了"一大、二公、三平调"的"共产风"。其结果是"物极必反"。

《关于在农村建立人民公社问题的决议》以当时农村的社会主义建设热潮为依据，错误地提出："所有这些，都说明几十户、几百户的单一的农业生产合作社已不能适应形势发展的要求。在目前形势下，建立农林牧副渔全面发展、工农商学兵互相结合的人民公社，是指导农民加速社会主义建设，提前建成社会主义并逐步过渡到共产主义所必须采取的基本方针。"[①]这就是我们后来所说的"穷过渡"。

毛泽东毕竟是一个熟悉农村、熟悉群众的政治经验丰富的领导人。在他的大力推动下，"大跃进"运动和人民公社化运动迅速走向高潮。与此同时，他也开始预感到运动很可能会出现"左"的偏向。

从1958年10月起，毛泽东从对河北徐水、河南嵖岈山等地了解的情况中已经隐约感到下面存在的浮夸风和"共产风"。在11月召开的第一次郑州会议，更进一步印证了这些感觉。

这次中央工作会议是毛泽东南下到郑州时召开的，参加的有部分中央领导人、大区负责人、部分省、市委书记。会议本来是想研究人民公社的性质问题。但会议一开始有些人就提出，"农业发展纲要四十条"已经过时，要搞一个新的"四十条"。毛泽东同意了。

"农业发展纲要四十条"是毛泽东从1955年底开始主持

制定的,中间经过多次修改,全名叫作《1956~1967年全国农业发展纲要》。在讨论中,有人主张改为"人民公社发展纲要四十条",还有人提出叫"共产主义建设十年规划纲要"。毛泽东当即表示:"你现在涉及到共产主义,这个问题就大了,全世界都不理解了。现在的题目,我看还是社会主义。不要一扯就扯到共产主义。"

11月9日和11日,毛泽东先后在第一次郑州会议上讲话。在9日的会议上,他集中批评"共产风"、浮夸风,还特别点名批评了《人民日报》。他指出:

> 许多人避而不谈商品和商业问题,好像不如此就不是共产主义似的。人民公社必须生产适宜于交换的社会主义商品,以便逐步提高每个人的工资。在生活资料方面,必须发展社会主义的商业;并且利用价值法则的形式,在过渡时期内作为经济核算的工具,以利逐步过渡到共产主义。现在我们的经济学家不喜欢经济学,苏联也是这样,认为谁说到价值法则谁就不名誉似的,表现在雅罗申柯写的一封信上。这些人不赞成商品生产,以为苏联已经是共产主义了,实际上还差得很远。我们搞社会主义只有几年,则差得更远。
>
> ……
>
> 提倡实事求是,不要谎报,不要把别人的猪报成自己的,不要把三百斤麦子报成四百斤。今年的九千亿斤粮食,最多是七千四百亿斤,把七千四百亿斤当数,其余一千六百亿斤当作谎报,比较妥当。人民是骗不了的。过去

的战报，谎报战绩只能欺骗人民，欺骗不了敌人，敌人看了好笑。有真必有假，真真假假搞不清。偃师县原想瞒产，以多报少，也有的以少报多。《人民日报》最好要冷静一点。要把解决工作方法问题，当成重点，党的领导，群众路线，实事求是。

……

我国是商品生产很不发达的国家，比印度、巴西还落后。印度的铁路、纺织比中国发达。去年我们生产粮食三千七百亿斤，其中三百亿斤作为公粮，五百亿斤作为商品卖给国家，两项合起来商品粮还不到粮食总产量的四分之一。粮食以外的经济作物也很不发达，例如茶、丝、麻、烟都没有恢复到历史上的最高产量。需要有一个发展商品生产的阶段，否则公社发不出工资。例如河北省分三种县，一种只够吃饭，一种需要救济，一种除吃饭外还能发点工资。发工资又分几种情况，有的只能发几角钱。因此，每个公社在生产粮食以外还要发展能卖钱的东西，发展社会主义的商品生产和商品交换。必须肯定社会主义的商品生产和商品交换还有积极作用。调拨的产品只是一部分，多数产品是通过买卖进行商品交换。

现在有一种偏向，好像共产主义越快越好。实现共产主义是要有步骤的。山东范县提出两年实现共产主义，要派人去调查一下。现在有些人总是想在三五年内搞成共产主义。①

①《毛泽东文集》第 7 卷，人民出版社，1999，第 434～436 页。

在10日的会上,毛泽东的言语更加明确,语锋更加犀利。他说:

> 现在仍然是农民问题。有些同志忽然把农民看得很高,以为农民是第一,工人是第二了,农民甚至比工人阶级还高,是老大哥了。……有的同志读马克思主义教科书时是马克思主义者,一碰到实际问题就要打折扣。这一股风,有几十万甚至几百万人。……
>
> 现在,我们有些人大有要消灭商品生产之势。他们向往共产主义,一提商品生产就发愁,觉得这是资本主义的东西,没有分清社会主义商品生产和资本主义商品生产的区别,不懂得在社会主义条件下利用商品生产的作用的重要性。这是不承认客观法则的表现,是不认识五亿农民的问题。在社会主义时期,应当利用商品生产来团结几亿农民。我以为有了人民公社以后,商品生产、商品交换更要发展,要有计划地大大发展社会主义的商品生产,例如畜产品、大豆、黄麻、肠衣、果木、皮毛。现在有人倾向不要商业了,至少有几十万人不要商业了。这个观点是错误的,这是违背客观法则的。
>
> ……不知道什么道理,我们的哲学家、经济学家显然把这些问题忘记了。忘记了这一点,我们就有脱离农民的危险。
>
> 商品生产不能与资本主义混为一谈。为什么怕商品生产?无非是怕资本主义。现在是国家同人民公社做生意,早已排除资本主义,怕商品生产做什么?不要怕,我看要

大大发展商品生产。……商品生产，要看它是同什么经济制度相联系，同资本主义制度相联系就是资本主义的商品生产，同社会主义制度相联系就是社会主义的商品生产。商品生产从古就有，商朝的"商"字，就是表示当时已经有了商品生产的意思。①

实践出真知。特别是在有了反面的教训之后，更是如此。毛泽东当年讲的这番话，再继续发展，就很接近于我们今天在改革开放以后得到的认识。遗憾的是，这些思想后来没有坚持下去，也就失去了继续向前发展的机会。

第一次郑州会议，在毛泽东的主持下，开始了长达10个月的纠"左"的努力。当时在全党最先觉察并认真纠正"大跃进"和人民公社化错误，并且第一个站出来承担领导责任的，正是毛泽东。

从1958年11月第一次郑州会议到1959年6月庐山会议之前，在认真纠正和认真总结"大跃进"和人民公社化运动失误的过程中，毛泽东领导全党将1956年和1957年对社会主义建设规律的不断探索继续向前推进，形成了许多重要理论成果。

第一，关于大力发展商品经济。

在第一次郑州会议期间，毛泽东察觉到一个重要的理论错误，就是急于取消商品经济和等价交换，立即紧抓不放，作了一系列阐述。其目的，就是要领导干部认清社会主义社会同共

①《毛泽东文集》第7卷，人民出版社，1999，第436~439页。

产主义社会的原则区别,不要犯超越发展阶段的错误。

毛泽东在第一次郑州会议的讲话中指出:1949 年七届二中全会上,我的报告中就说到限制资本主义经济成分的问题,对资本主义经济成分不是漫无限制地任其泛滥。从 1950 年开始,我们让资本主义经济成分发展了六年之久,但同时已经实行加工订货、统购包销、公私合营,对资本主义经济成分进行社会主义改造。到 1956 年,他们实际上空手过来了,斯大林所说的"一些决定性的经济条件",我们已经完全有了。斯大林说:"试问,为什么商品生产就不能在一定时期内同样地为我国社会主义社会服务而并不引导到资本主义呢?"这句话很重要。已经把鬼吃了,还怕鬼?不要怕,不会引导到资本主义,因为已经没有了资本主义的经济基础。商品生产可以乖乖地为社会主义服务,把五亿农民引导到全民所有制。商品生产是不是有利的工具?应当肯定说:是。为了五亿农民,应当充分利用这个工具发展社会主义生产。要把这个问题提到干部中进行讨论。①

他还指出,劳动、土地及其他生产资料统统是农民的,是人民公社集体所有的,因此产品也是公社所有。他们只愿意用他们生产的产品交换他们需要的商品,用商品交换以外的办法拿走公社的产品,他们都不接受。同志们,我们建国才九年就急着不要商品,这是不现实的。只有当国家有权支配一切产品的时候,才可能使商品经济成为不必要而消失。只要存在两种所有制,商品生产和商品交换就是极其必要、极其有用的。河

---

① 《毛泽东文集》第 7 卷,人民出版社,1999,第 439～440 页。

南提出四年过渡到共产主义，马克思主义"太多"了，不要急于在四年搞成。搞社会主义没有耐心是不行的。①

1959年5月，毛泽东在一个批示中还针对轻视商业的思想指出："工农商并举，提得很好，一定要这样做。贬低商业，商不挂帅，工农两业是不会发展的。"②

在纠"左"的过程中，毛泽东深感领导干部对社会主义理论知之不多，于是在1958年11月写了《关于读书的建议》这封信，向他们推荐读两本书。一本是斯大林著《苏联社会主义经济问题》，另一本是《马克思恩格斯列宁斯大林论共产主义社会》。他还建议三五个人为一组，逐章逐节加以讨论，有两至三个月也就可能读通了。后来，他就是用这样的方法研读苏联《政治经济学教科书》。

毛泽东在《关于读书的建议》中还提出，要联系中国社会主义经济革命和经济建设去读这两本书，使自己获得一个清醒的头脑，以利指导我们伟大的经济工作。现在很多人有一大堆混乱思想，读这两本书就有可能给以澄清。有些号称马克思主义经济学家的同志，在最近几个月内，就是如此。他们在读马克思主义政治经济学的时候是马克思主义者，一临到目前经济实践中某些具体问题，他们的马克思主义就打了折扣了。现在需要读书和辩论，以期对一切同志有益。③

第二，关于生产和生活要两条腿走路。

在"大跃进"运动和人民公社化运动期间，出现了只顾

---

① 《毛泽东文集》第7卷，人民出版社，1999，第440～441页。
② 《毛泽东文集》第8卷，人民出版社，1999，第69页。
③ 见《毛泽东文集》第7卷，人民出版社，1999，第432页。

生产、不顾群众生活的偏向，一些人因为劳累过度，营养跟不上，得了肿病。

毛泽东看了云南省委关于肿病情况的报告后，很痛心，立即写了题为《一个教训》的批语。其中说：云南省委犯了一个错误，如他们在报告中所说的那样，没有及时觉察一部分地方发生的肿病问题。报告对问题做了恰当的分析，处理也是正确的。云南工作可能因为肿病这件事，取得教训，得到免疫力，他们再也不会犯同类错误了。坏事变好事，祸兮福所倚。别的省份，则可能有一些地方要犯云南那样的错误。因为他们还没有犯过云南所犯的那样一种错误，没有取得深刻的教训，没有取得免疫力。因而，如果他们不善于教育干部（主要是县级，云南这个错误就是主要出于县级干部），不善于分析情况，不善于及时用鼻子嗅出干部中群众中关于人民生活方面的不良空气的话，那他们就一定要犯别人犯过的同类错误。在我们对于人民生活这样一个重大问题缺少关心，注意不足，照顾不周（这在现时几乎普遍存在）的时候，不能专门责怪别人，同我们对于工作任务提得太重，密切有关。千钧重担压下去，县、乡干部没有办法，只好硬着头皮去干，少干一点就被叫作"右倾"，把人们的心思引到片面性上去了，顾了生产，忘了生活。①

在这则批语中，毛泽东还提出两条解决办法：（一）任务不要提得太重，不要超过群众精力负担的可能性，要为群众留点余地；（二）生产、生活同时抓，两条腿走路，不要片面性。

---

①　见《毛泽东文集》第7卷，人民出版社，1999，第451页。

到了 1959 年 7 月，毛泽东了解到副食品严重不足的情况后，在同一天当中专门写了两个批示。一则批示说："为要流通，交通运输必须相应地办起来。城市当然以工业为重点，但现在是处于副食品严重不足的时期，必须强调郊区的农业。所谓农者，指的农林牧副渔五业综合平衡。蔬菜是农，猪牛羊鸡鸭鹅兔等是牧，水产是渔，畜类禽类要吃饱，才能长起来，于是需要生产大量精粗两类饲料，这又是农业，牧放牲口需要林地、草地，又要注重林业、草业。由此观之，为了副食品，农林牧副渔五大业都牵动了，互相联系，缺一不可。"①

另一则批示指出："无产阶级专政的国家，一定可以做到有菜吃，有油吃，有猪吃，有鱼吃，有菜牛吃，有羊吃，有鸡鸭鹅兔吃，有蛋吃。我们应当有志气、有决心做到这一项在政治上经济上都有伟大意义的社会主义事业，也应当有信心做到这一项事情。一切为了人民利益，望各级党委接到这个指示以后，精心筹划，立即动手办起来。不但大中城市，县城及四乡集镇都要照此办起来。各级党委要有一个专门管副食品的书记或精心从事的干部。"②

第三，关于同时并举问题。

毛泽东是娴熟地运用辩证法的思想大家。他把唯物辩证法运用于指导经济建设，概括总结出独具特色的经济建设中若干个"同时并举"的思想。

1958 年 12 月 9 日，毛泽东写了《在中共八届六中全会上

① 《毛泽东文集》第 8 卷，人民出版社，1999，第 69 页。
② 《毛泽东文集》第 8 卷，人民出版社，1999，第 70 页。

的讲话提纲》，对这一年提出的"同时并举"作了总结。他写道：

马克思主义的对立统一学说，在我国，在 1958 年有一个很大的发展。

在优先发展重工业的条件下，工业和农业同时并举，重工业、轻工业同时并举的思想，确立了。

中央工业与地方工业同时并举的思想，确立了。

中央统一领导与地方各级（直至公社的生产队）分级管理的思想，确立了。

大洋群，中洋群，小土群，洋土结合群，总之，大型与中小型企业的对立统一，洋与土的对立统一的思想，确立了。

农业中，高产、中产、低产同时存在，三三制的耕作制，以深耕为中心的水、肥、土、种、密、保、工、管八字宪法的思想，确立了。

在共产主义的第一阶段内：社会主义的时代两种所有制同时存在，对立统一，集体所有制中包含了社会主义全民所有制的因素，并且也包含了共产主义全民所有制的因素，这些思想被提出了。

提出了大集体、小自由的思想

提出了既抓生产、又抓生活的思想①

---

① 《建国以来毛泽东文稿》第 7 册，中央文献出版社，1992，第 638～639 页。

不久，毛泽东在修改八届六中全会公报时，又将1958年提出的若干个"同时并举"集中地加以概括总结。这段话如下："今年我国国民经济的飞跃发展，证明了党的在优先发展重工业的基础上实行工业和农业同时并举的方针，重工业和轻工业同时并举的方针，在工业战线上以钢为纲、全面跃进的方针，中央工业和地方工业同时并举的方针，大型企业和中小型企业同时并举的方针，土法生产和洋法生产同时并举的方针，以及工业方面的集中领导必须同在工业方面大搞群众运动相结合的方针，一句话，用两条腿走路的方针，而不是一条腿或者一条半腿走路的方针，这样的一整套方针是正确的。"①

这种对经济建设"同时并举"的提炼、概括、总结，实际上勾勒出中国特色社会主义现代化道路及其基本规律。

第四，关于压缩空气和假话一定不能讲。

"大跃进"和"人民公社化"运动中，由于提出的指标严重脱离实际，结果造成了"放大炮"和"讲假话"的不良风气。毛泽东当然对此负有领导责任，但这同时也是违背他的初衷，更是他深恶痛绝的。因此，他一旦发现就立即纠正，并严厉批评。

"压缩空气"，是毛泽东在1958年12月中共八届六中全会上提出来的，目的就是为了把过高的指标及早压下来。他在讲话提纲中写道："在武昌，提出'实事求是'地制定1959年经济计划，又热又有冷，雄心与科学分析相结合，避免了由于

---

① 《建国以来重要文献选编》第11册，中央文献出版社，1995，第651页。

1958 年的大跃进而产生的不切实际的缺乏根据的 3000 万吨钢的可能是孙悟空式的危险,把我们的脑筋压缩了一下,留有余地。如果 1959 年可能的话,让群众的实践去超过这个计划吧!"①

许多观众看了"大跃进"期间毛泽东视察各地的纪录片后,都会有个疑问:毛泽东是不是也相信那些"放卫星"的假话?如果读了下面这一段来自会议记录的档案,自然就会得出答案了。这段话摘自毛泽东 1958 年 11 月 23 日《在武昌会议上的讲话》。
……

(四)作假问题。郑州会议提出的《关于人民公社若干问题的决议》初稿,现在要搞成指示,作假问题要专搞一条,不要同工作方法写在一起,否则人家不注意。现在横竖要放"卫星",争名誉,就造假。有一个公社,自己只有一百头猪,为了应付参观,借来了二百头大猪,参观后又送回去。有一百头就是一百头,没有就是没有,搞假干什么?过去打仗发捷报,讲俘虏多少、缴获多少,也有这样的事,虚报战绩,以壮声势,老百姓看了舒服,敌人看了好笑,欺骗不了的。后来我们反对这样做,三令五申,多次教育,要老实,才不敢作假了。其实,就都那么老实吗?人心不齐,我看还是有点假的,世界上的人有的就不那么老实。建议跟县委书记、公社党委书记切实谈一

---

① 《建国以来毛泽东文稿》第 7 册,中央文献出版社,1992,第 639 页。

下，要老老实实，不要作假。本来不行，就让人家骂，脸上无光，也不要紧。不要去争虚荣。比如扫盲，说什么半年、一年扫光，我就不太相信，第二个五年计划期间扫除了就不错。绿化，年年化，年年没有化，越化越见不到树。说消灭了四害，是"四无"村，实际上是"四有"村。上面规定的任务，他总说完成了，没有完成就造假。现在的严重问题是，不仅下面作假，而且我们相信，从中央、省、地到县都相信，主要是前三级相信，这就危险。如果样样都不相信，那就变成机会主义了。群众确实做出了成绩，为什么要抹杀群众的成绩，但相信作假也要犯错误。比如一千一百万吨钢，你说一万吨也没有，那当然不对了，但是真有那么多吗？又比如粮食，究竟有多少，去年三千七百亿斤，今年先说九千亿斤，后来又压到七千五百亿斤到八千亿斤，这是否靠得住？我看七千五百亿斤翻了一番，那就了不起。

搞评比，结果就造假；不评比，那就不竞赛了。要订个竞赛办法，要检验，要组织验收委员会，像出口物资那样，不合规格不行。经济事业要越搞越细密，越搞越实际越科学，这跟做诗不一样，要懂得做诗和办经济事业的区别。"端起巢湖当水瓢"，这是诗，我没有端过，大概你们安徽人端过。巢湖怎么端得起来？即使检查了，也还要估计到里头还有假。有些假的，你查也查不出来，人家开了会，事先都布置好了。希望中央、省、地这三级都懂得这个问题，有个清醒头脑，打个折扣。三七开，十分中打个三分假，可不可以？这样是否对成绩估计不足，对干部、群众不信任？要有一部分不信任，要估计到至少不少于一成的假，有的是百分之百的假。这是不好的造假。另一种是值得高兴的造假。比如瞒产，干部要多报，老百姓要瞒产，这是个矛盾。瞒产有好处，有些地方报多了，上面就调得多，留给它的就没有多少了，吃了亏。再有一种假，也是造得好的，是对付主观主义、强迫命令的。中南海有个下放干部写信回来说，他所在的那个公社规定要拔掉三百亩包谷，改种红薯，每亩红薯要种一百五十万株，而当时包谷已经长到人头那么高了，群众觉得可惜，只拔了三十亩，但上报说拔了三百亩。这种造假是好的。王任重说，他的家乡河北某地，过春节时，要大家浇麦子，不让休息，老百姓有什么办法，只得作假。夜间在地里点上灯笼，人实际上在家里休息，干部看见遍地灯光，以为大家没有休息。湖北有一个县，要群众日夜苦战，夜间不睡觉。但群众要睡觉，就派小孩子放哨，看见干部来了，大家起来哄弄哄弄，干部走了又睡觉。这也是好的造假。总之，一要干部有清醒头脑，一要对他们进行教育，不要受骗，不要强迫命令。不然，人家起来放哨怎么办？现在有种空气，只讲成绩，不讲缺点，有缺点就脸上无光，讲实话没有人听，造假，讲得多，有光彩。讲牛尾巴长在屁股后面，没有人听，讲长在头上，就是新闻了。要进行教育，讲清楚，要老老实实，几年之内能做到就好。我看经过若干年，上了轨道，就可以比较踏实。①

---

① 《毛泽东文集》第7卷，人民出版社，1999，第446～448页。

在写于 1959 年 4 月 29 日的一篇《党内通信》中，毛泽东更是以痛快淋漓的笔触表达了自己对讲假话的厌恶，对讲真话的渴望。他写道："包产能包多少，就讲能包多少，不讲经过努力实在做不到而又勉强讲做得到的假话。收获多少，就讲多少，不可以讲不合实际情况的假话。对各项增产措施，对实行八字宪法，每项都不可讲假话。老实人，敢讲真话的人，归根到底，于人民事业有利，于自己也不吃亏。爱讲假话的人，一害人民，二害自己，总是吃亏。应当说，有许多假话是上面压出来的。上面'一吹二压三许愿'，使下面很难办。因此，干劲一定要有，假话一定不可讲。"①

第五，关于不要把科学当迷信破除。

毛泽东在发动"大跃进"时，反复强调要破除迷信、解放思想、打破条条框框。这些论述，本来都是正确的。但在实际工作中，没有很好地把握分寸，结果走向反面，把许多科学的规章制度也当作"迷信"破除了。

毛泽东觉察到这个问题，立即对原先讲的话加以补充。他强调：破除迷信，"不要把科学当迷信破除了。比如，人是要吃饭的，这是科学，不能破除。……人是要睡觉的，这也是科学。……一要吃饭，二要睡觉，破除了这两条，就不好办事，就要死人。此外，还有不少的东西被当作迷信在那里破除。人去压迫自然界，拿生产工具作用于生产对象，自然界这个对象要作抵抗，反作用一下，这是一条科学。你不承认，它就要把你整死。破除迷信以来，效力极大，敢想敢说敢做，但有一小

---

① 《毛泽东文集》第 8 卷，人民出版社，1999，第 50 页。

部分破得过分了,把科学真理也破了。方针是破除迷信,但科学是不能破的。"①

他还提出在这个问题上的两点论,指出:凡迷信一定要破除,凡真理一定要保护。资产阶级法权只能破除一部分。资产阶级法权有一部分在社会主义时代是有用的,必须保护,使之为社会主义服务。把它打得体无完肤,会有一天我们要陷于被动,要承认错误,向有用的资产阶级法权道歉。因此要有分析,分清哪些有用,哪些要破除。鉴于苏联对于资产阶级法权应破者没有破,秩序相当凝固,我们应当应破者破,有用的部分保护。②

第六,关于农村人民公社所有制及体制问题。

在人民公社化运动中,一度在所有制问题上产生严重的偏向,似乎规模越大越好,公有化程度越高越好。名曰"一大二公"。

对这个问题,毛泽东也有个从倡导到质疑的认识过程。特别是到1959年2月第二次郑州会议期间,他对这个问题的危害性认识更加清楚,更加充分,多次提出农村人民公社所有制要有一个发展过程的问题。

毛泽东在1959年2月21日第二次郑州会议上的讲话中说:"农村人民公社所有制要不要有一个发展过程?是不是公社一成立,马上就有了完全的公社所有制,马上就可以消灭生产队的所有制呢?我这是说的生产队,有些地方是生产大队即

---

① 《毛泽东文集》第7卷,人民出版社,1999,第448~449页。
② 《毛泽东文集》第7卷,人民出版社,1999,第449页。

管理区，总之大体上相当于原来的农业生产合作社。现在有许多人还不认识公社所有制必须有一个发展过程，在公社内，由队的小集体所有制到社的大集体所有制，需要一个过程，这个过程要有几年时间才能完成。他们误认人民公社一成立，各生产队的生产资料、人力、产品，就都可以由公社领导机关直接支配。他们误认社会主义为共产主义，误认按劳分配为按需分配，误认集体所有制为全民所有制。他们在许多地方否认价值法则，否认等价交换。因此，他们在公社范围内，实行贫富拉平，平均分配，对生产队的某些财产无代价地上调，银行方面也把许多农村中的贷款一律收回。一平、二调、三收款，引起广大农民的很大恐慌。这就是我们目前同农民关系中的一个最根本的问题。"①

这时，毛泽东终于找到了人民公社化中盛行的"一平、二调、三收款"的根源所在。因此他强调，目前我们的任务，就是要向广大干部讲清道理，经过充分的酝酿和讨论，使他们得到真正的了解，然后我们和他们一起，共同妥善地坚决地纠正这些倾向，克服平均主义，改变权力、财力、人力过分集中于公社一级的状态。公社在统一决定分配的时候，要承认队和队、社员和社员的收入有合理的差别，穷队和富队的伙食和工资应当有所不同。工资应当实行死级活评。公社应当实行权力下放，三级管理，三级核算，并且以队的核算为基础。在社与队、队与队之间要实行等价交换。公社的积累应当适合情况，不要太高。必须坚决克服公社管理中的浪费现象。只有这样，

---

① 《毛泽东文集》第8卷，人民出版社，1999，第10页。

我们才能够有效地去克服那种确实存在于一部分人中的本位主义，巩固公社制度。这样做了以后，公社一级的权力并不是很小，仍然是相当大的；公社一级领导机关并不是没有事做，仍然有很多事做，并且要用很大的努力才能把事情做好。①

他还说，公社在一九五八年秋季成立之后，刮起了一阵"共产风"。主要内容有三条：一是穷富拉平。二是积累太多，义务劳动太多。三是"共"各种"产"。所谓"共"各种"产"，其中有各种不同情况。有些是应当归社的，如大部分自留地。有些是不得不借用的，如公社公共事业所需要的部分房屋、桌椅板凳和食堂所需要的刀锅碗筷等。有些是不应当归社而归了社的，如鸡鸭和部分的猪归社而未作价。这样一来，"共产风"就刮起来了。就是说，在某种范围内，实际上造成了一部分无偿占有别人劳动成果的情况。当然，这里面不包括公共积累、集体福利、经全体社员同意和上级党组织批准的某些统一分配办法，如粮食供给制等，这些都不属于无偿占有性质。无偿占有别人劳动的情况，是我们所不许可的。看看我们的历史吧。我们只是无偿剥夺了日德意帝国主义的、封建主义的、官僚资本主义的生产资料，和地主的一部分房屋、粮食等生活资料。所有这些都不是侵占别人劳动成果，因为这些被剥夺的人都是不劳而获的。对于民族资产阶级的生产资料，我们没有采取无偿剥夺的办法，而是实行赎买政策。因为他们虽然是剥削者，但是他们曾经是民主革命的同盟者，现在又不反对社会主义改造。我们采取赎买政策，就使我们在政治上获得主

---

① 《毛泽东文集》第8卷，人民出版社，1999，第11～12页。

动，经济上也有利。同志们，我们对于剥削阶级的政策尚且是如此，那末，我们对于劳动人民的劳动成果，又怎么可以无偿占有呢？[①]

关于目前人民公社的管理体制，毛泽东在第二次郑州会议上提出："统一领导，队为基础；分级管理，权力下放；三级核算，各计盈亏；分配计划，由社决定；适当积累，合理调剂；物资劳动，等价交换；按劳分配，承认差别。"这些规定尽管还很不完善，还保留了若干"公社化"的痕迹，但成为后来在三年困难时期制定农业六十条的先导和基础。其意义不可小视。

第七，关于价值是一个伟大的学校。

同充分肯定商品生产的积极作用相比，毛泽东强调价值规律的作用，经过了更长一段思考时间。直到贯彻落实第二次郑州会议精神期间，毛泽东终于认识到，这实际上也是干部中普遍存在的一个思想误区（另一个误区是前面讲到的所有制问题）。

毛泽东于1959年3月30日和4月3日接连做出批示，充分肯定"价值法则是一个伟大的学校"。他写道：

> 旧账一般不算这句话，是写到了郑州讲话里面去了的，不对，应改为旧账一般要算。算账才能实行那个客观存在的价值法则。这个法则是一个伟大的学校，只有利用它，才有可能教会我们的几千万干部和几万万人民，才有

---

① 《毛泽东文集》第8卷，人民出版社，1999，第12~13页。

可能建设我们的社会主义和共产主义。否则一切都不可能。对群众不能解怨气。对干部，他们将被我们毁坏掉。有百害而无一利。一个公社竟可以将原高级社的现金收入四百多万元退还原主，为什么别的社不可以退还呢？不要"善财难舍"。须知这是劫财，不是善财。无偿占有别人劳动是不许可的。①

……

此件极好，每一个县、社都应这样做。算账才能团结；算账才能帮助干部从贪污浪费的海洋中拔出身来，一身清净；算账才能教会干部学会经营管理方法；算账才能教会五亿农民自己管理自己的公社，监督公社的各级干部只许办好事，不许办坏事，实现群众的监督，实现真正的民主集中制。②

一个所有制问题，一个价值规律、等价交换原则，这两个问题一解决，毛泽东对当前人民公社内部存在的矛盾就有了更加明确的认识。他在 4 月 3 日的另一个批示中指出："各县、社四月不开大会。原定五月开社、队代表大会，可以考虑在五月上旬或中旬到县里开，彻底解决三月会议没有彻底解决的权力下放、算清账目、包产指标三个问题，然后选举公社各级党的领导机关和社、队管理机关。就算账这个问题来说，三月省、县大会我们缺乏精神准备。郑州说的是一般不算，应翻过

① 《毛泽东文集》第 8 卷，人民出版社，1999，第 34 页。
② 《毛泽东文集》第 8 卷，人民出版社，1999，第 35 页。

来，一般要算。有些省已经翻过来了，如湖北，但也没有翻透。说的是县、社要向生产队算清过去几个月大调大抓的账，解决大集体与小集体间的矛盾，这当然是要首先解决的。还有一个必须随着解决的矛盾，生产队干部与生产小队干部、全体社员群众间的矛盾，小集体与社员的矛盾。这个问题，如麻城县那样大规模解决，是最近几天才提出来的，才进入我们的认识领域。这是一个以贪污形式无偿占有别人劳动的问题，是一个普遍的问题，也是一个历史的问题，并非最近才发生，但只有在一九五九年才能解决，只有在现在才能建立真正的群众监督。"①

第八，关于农业的根本出路在于机械化。

从农业合作化到"人民公社化"，提高农业生产力的现实途径和重点，一直放在劳动协作和调动生产劳动积极性上。不过，毛泽东心里十分清楚，农业生产率的提高，根本出路还是在机械化上面。他在1959年4月29日写的《党内通信》中指出："机械化问题。农业的根本出路在于机械化，要有十年时间。四年以内小解决，七年以内中解决，十年以内大解决。今年、明年、后年、大后年这四年内，主要依靠改良农具、半机械化农具。每省每地每县都要设一个农具研究所，集中一批科学技术人员和农村有经验的铁匠木匠，搜集全省、全地、全县各种比较进步的农具，加以比较，加以试验，加以改进，试制新式农具。试制成功，在田里实验，确实有效，然后才能成批制造，加以推广。提到机械化，用机械制造化学肥料这件事，

①《毛泽东文集》第8卷，人民出版社，1999，第35～36页。

必须包括在内。逐年增加化学肥料,是一件十分重要的事。"①

第九,社会主义建设很重要的一个问题是综合平衡。

认识总是一步一步由表及里,逐步接近本质规律的。毛泽东此时的认识也是如此。从 1958 年 11 月第一次郑州会议开始的纠"左",到 1959 年 6 月,毛泽东明确提出社会主义建设很重要的是综合平衡问题。

这是毛泽东在会见外宾的谈话中提出的。他说:搞社会主义建设,很重要的一个问题是综合平衡。比如社会主义建设需要钢、铁等种种东西,缺一样就不能综合平衡。我们有些人办事时总是忘了一两个条件。比如炼铁,没有耐火砖不行,于是他们就把原来做盘子用的陶土拿去搞耐火砖,这样盘子就不够了,因此就要到另外地方去找耐火材料,把原来的陶瓷生产恢复起来。这个事情是很复杂的,每个行业都会有这样的事情。工业、农业、商业、交通事业都可能碰到。农业也要综合平衡,农业包括农、林、牧、副、渔五个方面。②

1959 年夏季庐山会议后期,毛泽东错误地批判彭德怀,又在党内开展所谓反右倾运动,纠"左"的进程被迫中断。但是,毛泽东对中国社会主义建设道路的探索并没有中断。1959 年 12 月至 1960 年 2 月,他带领一部分理论工作者认真研读苏联《政治经济学教科书》,发表了一系列意见,比较系统地总结了社会主义改造和社会主义建设的历史经验。毛泽东在这次读书期间的谈话,后来被整理成为《读苏联〈政治经济

---

① 《毛泽东文集》第 8 卷,人民出版社,1999,第 49 页。
② 《毛泽东文集》第 8 卷,人民出版社,1999,第 73 页。

学教科书〉的谈话》。由于经济建设上急躁冒进的指导思想未能彻底纠正，反映到这次总结上，难免有这样那样的局限，甚至得出一些错误的结论，但就总体来说，仍然提出了不少正确的思想。

毛泽东在纠"左"期间提出的正确思想同《读苏联〈政治经济学教科书〉的谈话》是一个密切联系的整体。其主要理论成果有：

第一，从理论上提出了社会主义社会需要划分阶段的问题，并做出中国正处在社会主义不发达阶段的重要论断。

超越阶段，是"大跃进"和人民公社化运动产生的理论根源。当时甚至提出了准备向共产主义过渡的口号。第一次郑州会议以后，逐步划清了公社集体所有制和全民所有制的界限，明确了现在所处的阶段仍然是社会主义发展阶段，刹住了"共产风"。但是，社会主义社会要不要划分阶段，当前究竟处在社会主义的哪一个发展阶段，对这两个问题并没有搞清楚。毛泽东在《读苏联〈政治经济学教科书〉的谈话》里提出："社会主义这个阶段，又可能分为两个阶段，第一个阶段是不发达的社会主义，第二个阶段是比较发达的社会主义。后一阶段可能比前一阶段需要更长的时间。经过后一阶段，到了物质产品、精神财富都极为丰富和人们的共产主义觉悟极大提高的时候，就可以进入共产主义社会了。"① 毛泽东没有把话讲死，留了一些余地，是想表明这个问题还有待实践来证明。但说话的语气是肯定的。这一重要论断，为后来邓小平同志在改

---

① 《毛泽东文集》第8卷，人民出版社，1999，第116页。

革开放初期提出社会主义初级阶段理论作了重要的思想准备。

毛泽东还回顾了新中国成立后的探索历程，说："解放后，三年恢复时期，对搞建设，我们是懵懵懂懂的。接着搞第一个五年计划，对建设还是懵懵懂懂的，只能基本上照抄苏联的办法，但总觉得不满意，心情不舒畅。一九五六年，基本完成生产资料所有制的三大社会主义改造。一九五六年春，同三十几个部长谈话，一个问题一个问题凑，提出了《论十大关系》。当时还看了斯大林一九四六年选举演说，苏联在一九二一年产钢四百多万吨，一九四〇年增加到一千八百万吨，二十年中增加了一千四百万吨。当时就想，苏联和中国都是社会主义国家，我们是不是可以搞得快点多点，是不是可以用一种更多更快更好更省的办法建设社会主义。后来提出了建设社会主义的两种方法的问题，提出了多快好省，提出了"促进委员会"，要当社会主义的促进派，不当促退派。还搞了一个农业发展纲要四十条。此外没提其他的具体措施。"

第二，明确提出要利用商品生产、商品交换和价值法则为社会主义服务。

长期以来，对于社会主义社会还要不要商品生产、还能不能大力发展商品生产的问题，一直搞不清楚。在"大跃进"和人民公社化运动中，更是刮起了一股取消商品生产的风。针对这个问题，1958年11月毛泽东在第一次郑州会议上明确指出："现在要利用商品生产、商品交换和价值法则，作为有用的工具，为社会主义服务。"[①] 他提出，要分清社会主义商品

---

① 《毛泽东文集》第7卷，人民出版社，1999，第435页。

生产和资本主义商品生产的区别，认识社会主义条件下利用商品生产的作用的重要性。我国是商品生产很不发达的国家，要有计划地大力发展社会主义的商品生产。

生产与需求，是一对矛盾。毛泽东认为："人民的需要是逐步满足的。"① "人们生活的需要，是不断增长的。需要刺激生产的不断发展，生产也不断创造新的需要。"② 像这样用唯物辩证法来谈生产与需求的相互促进的关系，并不多见。

尽管当时还不可能提出从高度集中的计划经济体制向社会主义市场经济转变问题，但是，能够在探索中认识到我国是商品生产很不发达的国家，提出要有计划地大力发展社会主义的商品生产，已经是对以苏联为代表的高度集中的计划经济体制的深刻反思。正因为如此，在中国始终没有建立起纯而又纯的计划经济体制，始终存在着高度集中的计划经济体制与相对独立分散的各类市场（包括自由市场）并存的局面。这也是中国能够通过实践探索较早地走出计划经济认识误区的重要因素。

第三，明确提出社会主义经济建设要以农、轻、重为序，进一步发展了关于中国工业化道路的思想。

1959 年 7 月，毛泽东在庐山会议前期提出："过去安排是重、轻、农，这个次序要反一下，现在是否提农、轻、重？要把农、轻、重的关系研究一下。过去搞过十大关系，就是两条腿走路，多快好省也是两条腿。现在可以说是没有执行，或者说是没有很好地执行。过去是重、轻、农、商、交，现在强调

① 《毛泽东文集》第 8 卷，人民出版社，1999，第 136 页。
② 《毛泽东文集》第 8 卷，人民出版社，1999，第 137 页。

把农业搞好，次序改为农、轻、重、交、商。这样提还是优先发展生产资料，并不违反马克思主义。"问题的核心，是"要把衣、食、住、用、行五个字安排好，这是六亿五千万人民安定不安定的问题"。① 从以重工业为中心，农、轻、重并举到以农、轻、重为序，这是对中国工业化道路认识上的一个重要发展。

在读苏联《政治经济学教科书》时，毛泽东又把这一方针的提出和苏联的教训作了对比，说："生产资料优先增长的规律，是一切社会扩大再生产的共同规律……斯大林把这个规律具体化为优先发展重工业。斯大林的缺点是过分强调了重工业的优先增长，结果在计划中把农业忽略了。前几年东欧各国也有这个问题。我们把这个规律具体化为：在优先发展重工业的条件下，工农业同时并举。我们实行的几个同时并举，以工农业同时并举为最重要。统计局的材料，说我国日用品销于农村的占百分之六十三左右。不实行工农业并举，这怎么能行？我们在一九五六年提出工农业并举，到现在已经四年了，真正实行是在一九六〇年。"还说："只要我们能够使农业、轻工业、重工业都同时高速度地向前发展，我们就可以保证在迅速发展重工业的同时，适当改善人民的生活。苏联和我们的经验都证明，农业不发展，轻工业不发展，对重工业的发展是不利的。"②

第四，提出中国要走种植业与畜牧业并重的道路。

1959 年 10 月，毛泽东看到河北吴桥养猪积肥的情况反

---

① 《毛泽东文集》第 8 卷，人民出版社，1999，第 78 页。
② 《毛泽东文集》第 8 卷，人民出版社，1999，第 121 页。

映，当即批给新华社社长吴冷西，要他在《内部参考》上刊登。他还为此写了一个长篇批语。批语中说：看来，养猪业必须有一个大发展。除少数禁猪的民族以外，全国都应当仿照河北省吴桥县王谦寺人民公社的办法办理。在吴桥县，集资容易，政策正确，干劲甚高，发展很快。关键在于一个很大的干劲。拖拖沓沓，困难重重，这也不可能，那也办不到，这些都是懦夫和懒汉的世界观，半点马克思主义列宁主义的雄心壮志都没有，这些人离一个真正共产主义者的风格大约还有十万八千里。我劝这些同志好好地想一想，将不正确的世界观改过来。我建议，共产党的省委（市委、自治区党委）、地委、县委、公社党委，以及管理区、生产队、生产小队的党组织，将养猪业，养牛养羊养驴养骡养马养鸡养鸭养鹅养兔等项事业，认真地考虑、研究、计划和采取具体措施，并且组织一个畜牧业家禽业的委员会或者小组，以三人、五人至九人组成，以一位对于此事有干劲、有脑筋而又善于办事的同志充当委员会或小组的领导责任。就是说，派一个强有力的人去领导。

毛泽东还提出：大搞饲料生产。有各种精粗饲料。看来包谷是饲料之王。美国就是这样办的。苏联现在也已开始大办。中国的河北省吴桥县也已在开始办了，使人看了极为高兴。各地公社养猪不亚于吴桥的，一定还有很多。全国都应大办而特办。要把此事看得和粮食同等重要，看得和人吃的大米、小麦、小米等主粮同等重要，把包谷升到主粮的地位。有人建议，把猪升到六畜之首，不是"马、牛、羊、鸡、犬、豕（豕即猪）"，而是"猪、牛、羊、马、鸡、犬"。我举双手赞成，猪占首要地位，实在天公地道。

接下来，毛泽东在批语中，从农林牧三者关系出发，提出中国要借鉴美国的经验，走种植业与畜牧业并重的道路。他写道：苏联伟大土壤学家和农学家威廉氏强调说，农、林、牧三者互相依赖，缺一不可，要把三者放在同等地位。这是完全正确的。我认为农、林业是发展畜牧业的祖宗，畜牧业是农、林业的儿子。然后，畜牧业又是农、林业（主要是农业）的祖宗，农、林业又变为儿子了。这就是三者平衡地互相依赖的道理。美国的种植业与畜牧业并重。我国也一定要走这条路线，因为这是证实了确有成效的科学经验。我国的肥料来源第一是养猪及大牲畜。一人一猪，一亩一猪，如果能办到了，肥料的主要来源就解决了。这是有机化学肥料，比无机化学肥料优胜十倍。一头猪就是一个小型有机化肥工厂。而且猪又有肉，又有鬃，又有皮，又有骨，又有内脏（可以作制药原料），我们何乐而不为呢？肥料是植物的粮食，植物是动物的粮食，动物是人类的粮食。由此观之，大养而特养其猪，以及其他牲畜，肯定是有道理的。以一个至两个五年计划完成这个光荣伟大的任务，看来是有可能的。用机械装备农业，是农、林、牧三结合大发展的决定性条件。今年已经成立了农业机械部，农业机械化的实现，看来为期不远了。

第五，提出社会主义经济建设要注意搞好综合平衡。

毛泽东一直比较注意综合平衡，主张积极平衡，反对消极平衡。在"大跃进"中，由于片面追求完成不切实际的钢产量指标，严重破坏了国民经济的综合平衡。1959年6月毛泽东在同外国来宾的谈话中提出："搞社会主义建设，很重要的一个问题是综合平衡。比如社会主义建设需要钢、铁等种种东西，缺一样就不能综合平衡。""农业也要综合平衡，农业包括农、林、牧、副、渔五个方面。"① 他在 1959 年 7 月庐山会议前期指出："去年'两小无猜'（小高炉、小转炉）的搞法不行，把精力集中搞这'两小'，其他都丢了。"② "大跃进的重要教训之一、主要缺点是没有搞平衡。说了两条腿走路、并举，实际上还是没有兼顾。在整个经济中，平衡是个根本问题，有了综合平衡，才能有群众路线。""有三种平衡：农业内部农、林、牧、副、渔的平衡；工业内部各个部门、各个环节的平衡；工业和农业的平衡。整个国民经济的比例关系是在这些基础上的综合平衡。"③

在读苏联《政治经济学教科书》时，毛泽东把综合平衡提高到社会主义经济基本规律之一的高度来认识，指出："社会主义经济发展过程中，经常出现不按比例、不平衡的情况，要求我们按比例和综合平衡。"④

第六，进一步发展了社会主义社会基本矛盾的学说。

什么是社会主义社会发展的动力？毛泽东在读苏联《政治经济学教科书》谈话里指出："没有矛盾就没有运动。社会总是运动发展的。在社会主义时代，矛盾仍然是社会运动发展的动力。"⑤ 还说："教科书在这里承认社会主义社会中生产关系和生产力的矛盾的存在，也讲要克服这个矛盾，但是不承认

---

① 《毛泽东文集》第 8 卷，人民出版社，1999，第 73 页。
② 《毛泽东文集》第 8 卷，人民出版社，1999，第 76 页。
③ 《毛泽东文集》第 8 卷，人民出版社，1999，第 80 页。
④ 《毛泽东文集》第 8 卷，人民出版社，1999，第 119～120 页。
⑤ 《毛泽东文集》第 8 卷，人民出版社，1999，第 133 页。

矛盾是动力。""这一段说批评和自我批评是社会主义社会发展的强大动力,这个说法不妥当。矛盾才是动力,批评和自我批评是解决矛盾的方法。"①

毛泽东还进一步揭示了社会主义社会基本矛盾运动的规律,提出:"我们要以生产力和生产关系的平衡和不平衡,生产关系和上层建筑的平衡和不平衡,作为纲,来研究社会主义社会的经济问题。"② 这种平衡和不平衡的关系是怎样的呢?他认为:"生产力和生产关系之间、生产关系和上层建筑之间的矛盾和不平衡是绝对的。上层建筑适应生产关系,生产关系适应生产力,或者说它们之间达到平衡,总是相对的。平衡和不平衡这个矛盾的两个侧面,不平衡是绝对的,平衡是相对的。如果只有平衡,没有不平衡,生产力、生产关系、上层建筑就不能发展了,就固定了。矛盾、斗争、分解是绝对的,统一、一致、团结是相对的,有条件的。有了这样的观点,就能够正确认识我们的社会和其他事物;没有这样的观点,认识就会停滞、僵化。"③

第七,基本形成中国社会主义现代化建设的奋斗目标。

新中国成立之初,没有立即提出"现代化"的目标,当时的提法叫"工业化"。当时的设想是,"准备以二十年时间完成中国的工业化"。④ 1955年,又提出准备用50年的时间把

---

①　《毛泽东文集》第8卷,人民出版社,1999,第133页。
②　《毛泽东文集》第8卷,人民出版社,1999,第130~131页。
③　《毛泽东文集》第8卷,人民出版社,1999,第131页。
④　《毛泽东文集》第6卷,人民出版社,1999,第207页。

中国"建成为一个强大的高度社会主义工业化的国家"。① 到了 1957 年 3 月，毛泽东在全国宣传工作会议上的讲话里提出："我们一定会建设一个具有现代工业、现代农业和现代科学文化的社会主义国家。"② 这是比较早地提到"现代化"目标的一次讲话。同年 10 月，他在八届三中全会的讲话里还解释说："过去我们经常讲把我国建成一个工业国，其实也包括了农业的现代化。"③

毛泽东在读苏联《政治经济学教科书》的谈话里，又进一步提出："建设社会主义，原来要求是工业现代化，农业现代化，科学文化现代化，现在要加上国防现代化。"④ 这一提法，已经非常接近周恩来在全国人大三届一次会议所作政府工作报告中正式提出的四个现代化目标。现代化目标的提出，表明党对工业化认识的进一步深化。特别值得注意的是，毛泽东还强调："在我们这样的国家，完成社会主义建设是一个艰巨任务，建成社会主义不要讲得过早了。"⑤ 这表明，"大跃进"的教训对他来说，是刻骨铭心的。

在当时条件下，实现现代化的目标是和赶超发达国家联系在一起的。"大跃进"中片面强调钢产量指标的教训表明，赶超发达国家，关键的问题还是全面提高劳动生产率，而不仅仅是几项经济指标。毛泽东意识到这个问题，表示："苏联的工

① 《毛泽东文集》第 6 卷，人民出版社，1999，第 390 页。
② 《毛泽东文集》第 7 卷，人民出版社，1999，第 268 页。
③ 《毛泽东文集》第 7 卷，人民出版社，1999，第 310 页。
④ 《毛泽东文集》第 8 卷，人民出版社，1999，第 116 页。
⑤ 《毛泽东文集》第 8 卷，人民出版社，1999，第 116 页。

农业劳动生产率,现在还没有超过美国,我们则差得更远。人口虽多,但是劳动生产率远远比不上人家,还要继续紧张地努力若干年,分几个阶段,把我们的国家搞强大起来,使我们的人民进步起来。""提高劳动生产率,一靠物质技术,二靠文化教育,三靠政治思想工作。后两者都是精神作用。"①

同实现四个现代化的目标相适应,毛泽东还提出"搞经济关门是不行的,需要交换"。②他认为可以同亚洲、非洲、拉丁美洲国家发展经济关系,特别是我们和日本,虽然没有外交关系,但是人民之间的经济文化交往还是可以发展的。这实际上提出了扩大经贸关系、促进经济发展的思路。他还清醒地意识到这一点:"资本主义各国,苏联,都是靠采用最先进的技术,来赶上最先进的国家,我国也要这样。"③

毛泽东在这次探索中深感进行理论创新的必要。他说:"任何国家的共产党,任何国家的思想界,都要创造新的理论,写出新的著作,产生自己的理论家,来为当前的政治服务,单靠老祖宗是不行的。""现在,我们已经进入社会主义时代,出现了一系列的新问题,如果单有《实践论》《矛盾论》,不适应新的需要,写出新的著作,形成新的理论,也是不行的。"④

这也许是在经历了"大跃进"和人民公社化运动的挫折之后,毛泽东最突出的感受。

---

① 《毛泽东文集》第8卷,人民出版社,1999,第124~125页。
② 《毛泽东文集》第8卷,人民出版社,1999,第71页。
③ 《毛泽东文集》第8卷,人民出版社,1999,第126页。
④ 《毛泽东文集》第8卷,人民出版社,1999,第109页。

进入 20 世纪 60 年代，面临主要由"大跃进"和人民公社化运动造成的三年严重困难局面，毛泽东再次对这场运动所造成的问题进行反思。这次反思以 1962 年《在扩大的中央工作会议上的讲话》为代表，继续对中国社会主义建设道路进行探索。这次探索，是在"大跃进"和人民公社化运动的后果充分显露的情况下进行的，也是在克服三年严重困难而采取了若干切实有效的措施，并得到实践的初步检验的情况下进行的，因而一些看法比起前一段的认识更加深刻，也更加全面。这次探索的主要成果有：

第一，重新端正探索中国社会主义建设道路的思想路线，强调一切从实际出发，深入调查研究，实事求是。

"大跃进"搞乱了人们的思想，败坏了党的作风，唯意志论的瞎指挥和浮夸风盛行。从纠"左"以来，毛泽东不断强调要实事求是，反对浮夸，但收效甚微。一个重要原因，就是全党对瞎指挥和浮夸风的危害性认识不足，生怕搞过了头会伤害广大干部群众的积极性。三年严重困难使全党同志猛醒过来，深感调查研究的重要性。正是在这种背景下，毛泽东在 1960 年底至 1961 年初召开的中共中央工作会议上大声疾呼"大兴调查研究之风"，提出要使 1961 年成为实事求是年。他说："这些年来，我们的同志调查研究工作不做了。要是不做调查研究工作，只凭想像和估计办事，我们的工作就没有基础。所以，请同志们回去后大兴调查研究之风，一切从实际出发，没有把握就不要下决心。"① 他还自责地说："建国以来，

---

① 《毛泽东文集》第 8 卷，人民出版社，1999，第 233～234 页。

特别是最近几年，我们对实际情况不大摸底了，大概是官做大了。我这个人就是官做大了，我从前在江西那样的调查研究，现在就做得很少了。今年要做一点，这个会开完，我想去一个地方，做点调查研究工作。"① 言谈中颇有悔意。但他也感到一种安慰，就是"现在我们看出了一个方向，就是同志们要把实事求是的精神恢复起来了"。② 这次会后，他亲自指导三个调查组，分赴浙江、湖南和广东农村。这次调查的成果，对于制定《农村人民公社工作条例（草案）》，迅速恢复农村经济，起了十分重要的作用。

在 1961 年 3 月召开的广州中央工作会议上，毛泽东印发了失而复得的《反对本本主义》一文，说："民主革命阶段，要进行调查研究，社会主义革命和社会主义建设阶段，还是要进行调查研究，一万年还是要进行调查研究工作。"③ 这篇文章对于全党恢复实事求是的思想路线，深入调查研究，推动极大。他还提出两个"一定要"，即"一定要搞好调查研究，一定要贯彻群众路线"。④ 在他的督促和带领下，一时间在全党形成了一股深入基层、深入群众的风气。

1963 年 11 月，毛泽东提出："社会实践是检验真理的唯一标准。"⑤ 这是毛泽东时代对真理标准问题和实事求是的思想路线的最经典的概括。

① 《毛泽东文集》第 8 卷，人民出版社，1999，第 237 页。
② 《毛泽东文集》第 8 卷，人民出版社，1999，第 237 页。
③ 《毛泽东文集》第 8 卷，人民出版社，1999，第 262 页。
④ 《毛泽东文集》第 8 卷，人民出版社，1999，第 275 页。
⑤ 《毛泽东著作选读》下册，人民出版社，1986，第 890 页。

第二，论述坚持民主集中制在进行社会主义建设、探索社会主义建设规律中的极端重要性。

毛泽东在扩大的中央工作会议上的讲话中指出：不论党内党外，都要有充分的民主生活，都要认真实行民主集中制。"我们现在不是有许多困难吗？不依靠群众，不发动群众和干部的积极性，就不可能克服困难。但是，如果不向群众和干部说明情况，不向群众和干部交心，不让他们说出自己的意见，他们还对你感到害怕，不敢讲话，就不可能发动他们的积极性。……克服困难，没有民主不行。当然没有集中更不行，但是，没有民主就没有集中。"①

毛泽东还强调：没有民主，不可能有正确的集中，因为大家意见分歧，没有统一的认识，集中制就建立不起来。什么叫集中？首先是要集中正确的意见。在集中正确意见的基础上，做到统一认识、统一政策、统一计划、统一指挥、统一行动，叫作集中统一。没有民主，就不可能正确地总结经验。没有民主，意见不是从群众中来，就不可能制定出好的路线、方针、政策和办法。我们的集中制，是建立在民主基础上的集中制。无产阶级的集中，是建立在广泛民主基础上的集中。

第三，在系统总结经济建设的经验教训的基础上，领导全党制定了各行各业的工作条例，初步形成适合中国情况的社会主义建设的各项具体政策。

毛泽东认为："有了总路线还不够，还必须在总路线指导

① 《建国以来重要文献选编》第 15 册，中央文献出版社，1997，第 118 页。

之下，在工、农、商、学、兵、政、党各个方面，有一整套适合情况的具体的方针、政策和办法"。① 这是纠正错误、战胜困难的需要，是深入探索适合中国情况的社会主义建设道路的需要。正因为如此，毛泽东抓住公社内部存在的两个平均主义不放，反复调查研究，集中全党的经验和智慧，主持制定了《农村人民公社工作条例（草案）》。随后又几上几下，不断完善。

这以后，在邓小平等同志的主持下，先后制定了《国营工业企业工作条例（草案）》等工作条例，形成了一个制定各行各业工作条例的高潮。毛泽东对此给予充分肯定。他在1962年"七千人大会"讲话中说："在提出社会主义建设总路线的一个相当长时间内，我们还没有来得及、也没有可能规定一整套适合情况的具体的方针、政策和办法，因为经验还不足。在这种情形下，干部和群众，还得不到一整套的教材，得不到系统的政策教育，也就不可能真正有统一的认识和统一的行动。要经过一段时间，碰过一些钉子，有了正、反两方面的经验，才有这样的可能。现在好了，有了这些东西了，或者正在制定这些东西。这样，我们就可以更加妥善地进行社会主义革命和社会主义建设。"② "总之，工、农、商、学、兵、政、党这七个方面的工作，都应当好好地总结经验，制定一整套的方针、政策和办法，使它们在正确的轨道上前进。"③

---

① 《毛泽东文集》第8卷，人民出版社，1999，第304页。
② 《毛泽东文集》第8卷，人民出版社，1999，第305页。
③ 《毛泽东文集》第8卷，人民出版社，1999，第304页。

毛泽东把这次制定各方面的工作条例看作是系统总结正反两方面经验教训、探索经济建设规律的一次尝试，他提出要求说："在总路线指导之下，制定一整套的具体的方针、政策和办法，必须通过从群众中来的方法，通过作系统的周密的调查研究的方法，对工作中的成功经验和失败经验，作历史的考察，才能找出客观事物所固有的而不是人们主观臆造的规律，才能制定适合情况的各种条例。这件事很重要，请同志们注意到这一点。"①

第四，正式向全党提出了实现社会主义四个现代化的奋斗目标，并制定了"两步走"战略。

按照原来的估计，赶上和超过世界先进国家，把中国建设成强大的社会主义工业国，大概需要 50 年时间。在 1962 年"七千人大会"上，毛泽东又做出一个新的估计："中国的人口多、底子薄，经济落后，要使生产力很大地发展起来，要赶上和超过世界上最先进的资本主义国家，没有一百多年的时间，我看是不行的。也许只要几十年，例如有些人所设想的五十年，就能做到。果然这样，谢天谢地，岂不甚好。但是我劝同志们宁肯把困难想得多一点，因而把时间设想得长一点。"② 从 50 年推迟到 100 年，这不仅是时间上的调整，也是现代化建设指导思想的调整，变得比较稳妥，比较切合中

---

① 《毛泽东文集》第 8 卷，人民出版社，1999，第 305 页。
② 《毛泽东文集》第 8 卷，人民出版社，1999，第 302 页。据毛泽东在"七千人大会"上说，1960 年蒙哥马利来中国的时候，他就说过："在我国，要建设起强大的社会主义经济，我估计要花一百多年。"

国的实际。

根据毛泽东的提议，周恩来同志在全国三届人大一次会议上代表中共中央郑重提出四个现代化的目标和分两步走的发展战略。在审阅周恩来同志的政府工作报告时，毛泽东加写了一段话，比较系统地概括了关于中国现代化建设实行赶超战略的基本思路："我们不能走世界各国技术发展的老路，跟在别人后面一步一步地爬行。我们必须打破常规，尽量采用先进技术，在一个不太长的历史时期内，把我国建设成为一个社会主义的现代化的强国。"① 在这里，毛泽东把尽量采用先进技术作为现代化建设成功的关键，是很有眼光的。1963年12月，他在听取聂荣臻关于十年科学技术规划的汇报时还提出："科学技术这一仗，一定要打，而且必须打好。过去我们打的是上层建筑的仗，是建立人民政权、人民军队。建立这些上层建筑干什么呢？就是要搞生产。搞上层建筑、搞生产关系的目的就是解放生产力。现在生产关系是改变了，就要提高生产力。不搞科学技术，生产力无法提高。"②

"不搞科学技术，生产力无法提高"这句话，可以说是新中国成立以来中国社会主义现代化建设全部经验的总结。

第五，回顾新中国成立以来特别是1956年以来探索的历史经验，提出从"必然王国"到"自由王国"的转变问题，承认我们对社会主义建设规律的认识还有很大的盲目性。

新中国成立以后毛泽东反复强调，要学习科学文化知识，

---

① 《毛泽东文集》第8卷，人民出版社，1999，第341页。
② 《毛泽东文集》第8卷，人民出版社，1999，第351页。

学习和积累经济建设的经验，从外行变为内行。但在发动"大跃进"以后的一段时间里，却盲目骄傲起来，在强调"破除迷信"和突出"冲天干劲"的口号下，连必要的规章制度和科学规律都不要了。三年困难时期，毛泽东开始反思走过的弯路，承认"我们对于社会主义时期的革命和建设，还有一个很大的盲目性，还有一个很大的未被认识的必然王国，我们还不深刻地认识它"。① 从1961年起直到"七千人大会"前后，毛泽东多次拿民主革命时期的探索同社会主义时期的探索作比较，目的是要说明："对于建设社会主义的规律的认识，必须有一个过程。必须从实践出发，从没有经验到有经验，从有较少的经验，到有较多的经验，从建设社会主义这个未被认识的必然王国，到逐步地克服盲目性、认识客观规律、从而获得自由，在认识上出现一个飞跃，到达自由王国。"②

正是出于这样的目的，毛泽东反复阐明马克思主义的认识论，在1963年以后写了《人的正确思想是从哪里来的？》等文章。他把马克思主义的认识论同群众路线相结合，提出了"向群众的经验请教"的观点。如何对待错误，这个问题在当时比较突出。毛泽东指出："错误往往是正确的先导，盲目的必然性往往是自由的祖宗。"还提出："认识的盲目性和自由，总会是不断地交替和扩大其领域，永远是错误和正确并存。不然，发展也就会停止了，科学也就会不存在了。""人类同时

---

① 《毛泽东文集》第8卷，人民出版社，1999，第198页。
② 《毛泽东文集》第8卷，人民出版社，1999，第300页。

300

是自然界和社会的奴隶,又是它们的主人。"① 这些对于激励全党同志正视错误,改正错误,总结教训,继续探索,起了十分重要的指导作用。

① 《毛泽东文集》第 8 卷,人民出版社,1999,第 326 页。

第八章

决策推动中美关系正常化

进入20世纪70年代，一件影响整个国际格局的重大事件，在毛泽东的主导和推动下发生了。这就是1972年美国总统尼克松访华，同中国领导人共同签署《上海公报》，由此开启了中美两国关系正常化的大门。

这件事的发生，既是毛泽东审时度势，抓住美国急于从越南战争泥潭中脱身的机遇加以推动的结果，也是毛泽东果断纠正"文化大革命"造成的外交混乱局面的结果。

"文化大革命"兴起之后，中国外交战线成了遭受极左思潮冲击破坏最为严重的领域之一。促使中国外交恢复正常秩序的努力，是从1967年8月30日毛泽东批准周恩来的报告，对王力、关锋隔离审查开始的。这一举动，重申了中国外交的严肃性，对"中央文革小组"插手外事工作也是一个严重警告，并提高了周恩来在外事工作中的领导权威。

这以后，从1967年下半年到1968年，毛泽东就对外宣传问题多次做出批示，着重批评了极左的提法和自吹自擂、强加于人的做法。他在1970年12月6日的一个批示上，还把外交工作中的强加于人的做法称作"对内对外都有大国沙文主义，必须加以克服"。①

毛泽东真正意识到中国外交面临困境的严重性，是到了1969 年中共九大前夕。3 月 22 日，他第一次承认："我们现在孤立了，没有人理我们了。"② 随后，又做出了"两霸我们总要争取一霸，不两面作战"③ 的决断。

1969 年 4 月，中共九大召开，林彪集团和江青集团这两股在"文化大革命"迅速膨胀起来的政治势力，正式确立起了在中央的优势地位。特别是林彪集团，更登上了权力的巅峰。

当时的中国，表面上恢复了秩序，但实际上还处在极左思潮的控制下。国家安全同时受到来自苏联和美国的威胁，苏联的威胁已经上升到第一位。在国内政局继续混乱的同时，保持同美苏等国的紧张状态，这正是极左势力保持自己的影响力所希望的。

这时，毛泽东却在向另一方面努力。在国内政治方面，毛泽东希望在巩固"文化大革命""成果"的基础上，顺利召开四届全国人大，恢复正常秩序，腾出手来解决苏联威胁的问题，并弱化林彪集团在国家体制中的作用。在国际格局方面，毛泽东也试图寻求改变两面受敌的不利局面。

---

① 《毛泽东文集》第 8 卷，人民出版社，1999，第 433 页。
② 《毛泽东年谱（1949～1976）》第 6 卷，中央文献出版社，2013，第 237 页。
③ 《毛泽东年谱（1949～1976）》第 6 卷，中央文献出版社，2013，第 441 页。

　　从表面看，这一时期毛泽东关于警惕世界大战威胁的号召调门越来越高。1969 年 4 月 1 日林彪在九大政治报告中引用了毛泽东的一段讲话："关于世界大战问题，无非是两种可能：一种是战争引起革命，一种是革命制止战争。"① 4 月 28 日，毛泽东在九届一中全会上也估计，有小打和大打两种可能。他说："看你是小打还是大打。小打就在边界上打。大打，我主张让出点地方来。"② 而在审阅周恩来送来的《庆祝中华人民共和国成立二十周年口号》时，毛泽东又加上了第 22 条，即："全世界人民团结起来，反对任何帝国主义、社会帝国主义发动的侵略战争，特别要反对以原子弹为武器的侵略战争！如果这种战争发生，全世界人民就应以革命战争消灭侵略战争，从现在起就要有所准备！"③

　　实际上，毛泽东上述号召的着眼点还是在稳定国内。同样是在 4 月 28 日九届一中全会的讲话里，毛泽东在谈到对小打和大打的估计以后，紧接着就强调团结问题，重申"团结起来的目的，是要争取更大的胜利"。④ 当时一个最令人头痛的问题，就是派性斗争和地方性武斗。同年 8 月 28 日，毛泽东批准下发了中共中央的一项命令，要求"大敌当前，全体军

---

① 《建国以来毛泽东文稿》第 13 册，中央文献出版社，1998，第 32 页。
② 《建国以来毛泽东文稿》第 13 册，中央文献出版社，1998，第 38 页。
③ 《建国以来毛泽东文稿》第 13 册，中央文献出版社，1998，第 66 页。
④ 《建国以来毛泽东文稿》第 13 册，中央文献出版社，1998，第 35 页。

民要团结得像一个人一样，共同对敌"，并提出立即无条件停止派性武斗。①

另外，毛泽东也在力图控制局面，防止中苏关系的进一步恶化。1969 年 3 月 2 日珍宝岛事件发生后，毛泽东立即确定了"有理、有利、有节"的方针。3 月 21 日晚起，苏联方面几次向中方打听毛泽东的电话号码，苏联驻华使馆几次找到中国外交部，表示"奉苏联部长会议主席命，有话要转达"。毛泽东得知这些情况后表示："即准备举行外交谈判"。②

在毛泽东看来，这种为稳定国内政局和和缓国际紧张局势所做的内政外交的努力，是一个问题的两个方面。启用陈毅、叶剑英等老帅研究国际问题，则是整盘棋中的重要一步。

1969 年 2 月 19 日下午，毛泽东召集中央文革碰头会成员和陈毅等人谈话。在这次谈话中，他要几位老帅研究一下国际问题，还指定由陈毅挂帅，徐向前、聂荣臻、叶剑英参加。他感觉最近国际问题有些怪，还嘱咐研究国际问题要注意那些我们不注意的国家。

1969 年 2 月 24 日，聂荣臻得知陈毅打来一个电话，说：2 月 19 日下午，陈毅等在毛泽东住处开了一个会，毛泽东指示，由陈毅主持，徐向前、聂荣臻、叶剑英参加，召开国际形势座谈会，向中央提供咨询意见。③ 3 月 1 日、3 月 5 日、3 月

---

① 见《建国以来毛泽东文稿》第 13 册，中央文献出版社，1998，第 59～60 页注释[1]。

② 《建国以来毛泽东文稿》第 13 册，中央文献出版社，1998，第 21 页。

③ 见《聂荣臻年谱》下卷，人民出版社，1999，第 1107 页。

8 日、3 月 16 日，四位元帅在中南海紫光阁连续召开了四次国际形势座谈会，随后形成了一份题为《从世界森林看一棵珍宝岛树》的分析报告。① 中共九大以后，四位元帅又从 6 月 7 日起，在中南海武成殿多次召开国际形势座谈会。

7 月 11 日，四位元帅向毛泽东、周恩来提交了《对战争形势的初步估计》的书面报告。报告的结论是：中苏矛盾大于中美矛盾，美苏矛盾大于中苏矛盾，反华大战不致轻易发生。② 这一分析，为毛泽东下决心打开中美关系提供了依据。

中美缓和和恢复国内政治秩序一样，都是林彪、江青集团所不愿意看到的。在他们看来，这意味着"文化大革命"中被打倒的一批人将被重新启用，并加重周恩来的作用。

这样，在中美开始接近、逐步实现关系正常化的过程中，国内政治的影响主要表现在两个方面。一方面，毛泽东在周恩来、叶剑英等人的协助下，出于国家安全和国内政治稳定的考虑，越来越积极地推动中美关系正常化。另一方面，这种努力又不能不受到林彪、江青集团的牵制，或从中阻碍，或借机发难。

一个最典型的例子，就在四位元帅受毛泽东委托研究国际战略问题的同时，林彪等人也在研究国际战略问题，并继续坚持战争不可避免的论点。1969 年 6 月，黄永胜等人主持的中央军委办事组召开座谈会，按照林彪提出的"用打仗的观点，

---

① 见《陈毅年谱》下卷，人民出版社，1995，第 1213 页。《聂荣臻年谱》下卷，人民出版社，1999，第 1107 ~ 1109 页。

② 见熊向晖：《我的情报与外交生涯》，中共党史出版社，1999，第 173 ~ 178 页。

观察一切，检查一切，落实一切”的要求，提出了一个庞大的国防建设计划，严重地干扰了正在由周恩来主持制定的第四个五年计划纲要。①

同年 10 月 18 日，林彪还背着毛泽东等，通过总参谋长黄永胜向军队下达了《关于加强战备、防止敌人突然袭击的紧急指示》（即"林副主席第一号令"），调动人民解放军进入紧急战备状态。这是新中国成立以来前所未有的严重步骤。10 月 19 日，林彪采取电话记录的方式向毛泽东报告。毛泽东当即表示：烧掉。②

这些情况都表明，在中共九大以后，尽管林彪继续打着落实毛泽东指示的旗号谨慎行事，但同毛泽东的战略意图距离越来越远。这也是导致毛、林在政治上分手的重要因素。

在中共中央决策实现中美关系正常化的过程中，林彪的态度一直十分暧昧。后来据毛泽东说，他实际上是反对的。1972 年 2 月 21 日，毛泽东在会见美国总统尼克松时说："我们国内有一派也反对我们跟你们往来，结果坐一架飞机跑到外国去了。全世界的侦察，就只有美国的比较准确，其次就是日本。苏联就在那里挖尸。"③

1971 年"九一三"事件，是以林彪集团为代表的极左势

---

① 见《周恩来年谱（1949~1976）》下卷，中央文献出版社，1997，第 306 页。

② 见《毛泽东年谱（1949~1976）》第 6 卷，中央文献出版社，2013，第 271~272 页。

③ 熊向晖：《试析 1972 年毛泽东同尼克松的谈话》，载《党的文献》1996 年第 3 期，第 89 页。

力由盛而衰的转折点。在揭批林彪集团的同时，一大批老干部得到解放，周恩来在毛泽东的支持下主持中央日常工作，这在很大程度上使得江青集团不得不暂时有所收敛。再加上叶剑英的从旁支持，进一步加强了周恩来对外事工作的领导权。这种政治格局，为确保尼克松访华的成功，确保毛泽东中美关系正常化决策的顺利实现，创造了条件。

1969 年 3 月珍宝岛事件以后，中苏边境冲突有继续升温的迹象。不久，还传出苏联准备对中国罗布泊核试验基地进行空袭的消息。在中苏两国究竟战与和的问题前途未卜的情况下，1969 年 9 月 11 日，周恩来在北京机场同苏联部长会议主席柯西金举行历史性的会晤，就中苏两国通过谈判解决边界问题达成基本一致的意见。①

9 月 13 日，周恩来将有关中苏会谈内容报告毛泽东。并提出：中苏这样政府性质的接触还是第一次，我们争取和缓边境局势四条协议实现，发表外交文件，促进边界谈判。毛泽东明确批示："同意。"②

9 月 18 日，周恩来致信柯西金，将会谈结果用书面形式要求苏联方面予以确认。虽然苏联方面未能对此做出令人满意的答复，不过两国总理会晤，毕竟在中苏关系最为紧张的时刻直接促成了解决边界问题的副外长级的谈判，使边境冲突升级得到了有效的控制。

---

① 见《周恩来外交文选》，中央文献出版社，1990，第 462 页。
② 《毛泽东年谱（1949～1976）》第 6 卷，中央文献出版社，2013，第 266 页。

在 9 月 11 日的会晤中，周恩来还就苏联要用核武器轰炸中国的核基地一事当面问柯西金：你们说，你们要用先发制人的手段来摧毁我们的核基地，如果你们这样做，我们就宣布，这是战争，这是侵略，我们就要坚决抵抗，抵抗到底。但是，我们不希望出现这种情况。所以我要把这个话告诉你。柯西金没有回答，也没有澄清。①　这增加了中国领导人对苏联袭击中国核设施的警惕。就在这次会晤后不几天，9 月 17 日，中国政府在国庆 20 周年口号中，正式向全世界表明了准备应付核战争的决心。

1969 年 10 月 20 日，中苏边界谈判正式开始。这是历时最长的边界谈判。两国政府对这次谈判都给予了足够的注视。苏联代表团团长是外交部副部长库兹涅佐夫，中国代表团团长是外交部副部长乔冠华。不过，双方的差距实在太大，谁也不可能对解决边界问题抱有多大的希望。

中苏边界谈判没有任何结果，却并非没有一点作用。它使中国领导人在控制住中苏边界冲突以后，有可能把着眼点转移到谋求中美关系正常化方面来。而中苏边界谈判，也为中国领导人冷静观察美国对华动向提供了一次历史性契机。

与此同时，美国政府也正在重新考虑中苏严重对抗下的对华政策。珍宝岛事件后，美国总统尼克松估计，"由于害怕莫斯科进行一次先发制人的进攻，或者是进行一次全面战争，中国人希望找到一种对抗苏联压力的反威胁力量"。他认为，美

①　见《周恩来年谱（1949～1976）》下卷，中央文献出版社，1997，第 335 页正文及注 2。

中有了相互接近的机会。从此，尼克松加紧了向中国试探改善关系的步伐。

1969年6月26日，尼克松在给基辛格的信中提出，应鼓励参议员曼斯菲尔德访华。7月26日，周恩来收到西哈努克亲王转来的美国参议院民主党领袖曼斯菲尔德6月17日的来信。信中要求来华见周恩来，就中美关系问题进行接触。[①] 在此前后，美国总统尼克松还通过法国、巴基斯坦和罗马尼亚三条渠道，向中国领导人转达了愿意改善美中关系的信息。他在访问亚欧一些国家时还表示，美国不同意苏联关于建立"亚洲集体安全体系"的建议，不参加任何旨在孤立中国的行动，并愿意同中国对话。同时，他还宣布两个举措，一是放宽对华贸易、旅游等方面的限制，二是停止派驱逐舰到台湾海峡巡逻，对美中关系的发展前景作了暗示。

中国领导人对美国政府的这些姿态给予了足够的重视，并表示欢迎。就在11月16日周恩来将内有巴基斯坦总统叶海亚·汗转达尼克松口信的电报报送毛泽东。经研究，12月2日，周恩来接见巴基斯坦驻华大使凯瑟，请凯瑟转告叶海亚·汗总统说：尼克松如要同我接触，尽可利用官方渠道。[②] 表现出审慎而又积极的态度。这对于长期遭敌视的中国领导人来说，是不难理解的。

中国领导人还对美国方面的试探行动，给予积极的回应。

---

① 见《周恩来年谱（1949～1976）》下卷，中央文献出版社，1997，第312页。

② 见《毛泽东年谱（1949～1976）》第6卷，中央文献出版社，2013，第273页。

1969 年 10 月 27 日，美国驻香港总领事马丁探询当年 6 月 16 日因乘游艇非法进入中国广东珠海附近海域被中方拘捕的美国人鲍德温、唐纳德的下落及释放问题，并要求转递亲属信件。11 月 7 日，中国外交部报告分析：此举显然是美国政府采取试探我反应的一个新行动，建议适时释放美二人，并发消息，通知美驻波兰大使。12 月 4 日，周恩来将在华外国人研究处理小组关于释放两个美国人的报告，报送毛泽东、林彪，并在信中说：“经过政治局在京同志商榷，拟同意外交部对释放美国游艇两人的意见，时间拟定七日或稍后。”这个建议，当即得到毛泽东的批准。①

此后，毛泽东在周恩来的协助下，为打开中美关系大门，做出了三项重要决定。第一，适时恢复中美大使级会谈。第二，通过各种渠道和方式，多次传递了邀请美国的当权者访华的信息。第三，批准邀请美国乒乓球队访华，用“小球”带动“大球”。这些举措的最终结果，促成了中美关系正常化的到来。

争取中美关系正常化决策的做出，使中国外交有了重要转机。1971 年 11 月 8 日晚，毛泽东在周恩来的陪同下，接见了出席第 26 届联合国大会的中国代表团成员。当介绍到外交部办公厅主任、代表团秘书长符浩的时候，周恩来特意告诉毛泽东：他是“九十一人大字报”的签名者之一。毛泽东当众宣布：我赞成“九十一”。这句话，使得在“文化大革命”中因

---

① 见《毛泽东年谱（1949～1976）》第 6 卷，中央文献出版社，2013，第 274 页。

为保护陈毅副总理而遭受迫害的外交部一批工作人员得到平反，并恢复工作。

尽管如此，江青集团还是通过各种机会为中美关系正常化设置障碍。他们清楚地知道，中美关系正常化是当时毛泽东心目中的头等大事，如果能在这件事上使周恩来、叶剑英等人惹出麻烦，就会使毛泽东对周恩来等人失去信任。

1972年1月3日至10日，美国总统国家安全事务副助理黑格率先遣组访华为尼克松总统访华做准备。1月4日和5日，周恩来两次召集同黑格一行会谈的中方人员开会，研究美方提出的尼克松访华期间的一些技术性问题，并原则同意通过卫星电视转播尼克松在华活动情况。在会上，江青通过当时的国务院文化组负责人于会泳表示反对。周恩来强调：将采取由中国政府出资买下通讯卫星使用权，再租给美方使用，以维护国家主权。还批驳了江青等人关于不应该用电视"宣传"尼克松的说法。①

1月6日，周恩来、叶剑英到毛泽东住处汇报有关情况。毛泽东表示："二月逆流"经过时间的考验，根本没有这个事，今后不要再讲"二月逆流"了。还说：请你们去向陈毅同志传达一下。②

当天夜间，为中美缓和做出重要贡献的陈毅元帅去世。10日，毛泽东破例出席了陈毅追悼会，还表示邓小平的问题属于

---

① 见《周恩来年谱（1949~1976）》下卷，中央文献出版社，1997，第505~506页。
② 见《毛泽东年谱（1949~1976）》第6卷，中央文献出版社，2013，第422页。

人民内部矛盾。①

由于毛泽东对周恩来、叶剑英等人的支持，江青集团的破坏虽然给周恩来等人的工作带来一定的困难，但却没能从根本上颠覆中美关系正常化的进程。

这一时期中国国内局势与中美关系的影响，表现为一种互动关系。中美关系的推动力，主要是出于国家安全的考虑，但国内局势从激情向务实的变化也对中美关系有重要的影响。

1972 年 2 月，《上海公报》的发表，是中美关系解冻和正常化的开始。它标志着在中国外交决策中，国家安全因素成为重新确定外交战略的首要选择。这种变化，是在国内务实力量迅速增强的背景下发生的。同时，又进一步巩固了务实力量的阵容。

这一时期的一个决定性因素，是毛泽东在外交政策和国内政策上全力支持周恩来，这对周恩来全面主持中央党政日常工作是至关重要的。这种格局使得"文革"以来急剧膨胀的极左思潮暂时受到了抑制，务实的力量进一步聚集起来。

——在清理林彪余党的同时，开始逐步解放一大批老干部（特别是外事干部），既在国内政治上增强了同江青集团抗衡的阵容，也在外事工作中增强了务实的力量。

——随着被"文革"打乱了的国内秩序的逐渐好转，经济建设开始恢复，使得封闭了的国门被重新打开，中国人对外部情况的了解增多，要求加快发展经济、扩大对外交往的呼声

---

① 见《毛泽东年谱（1949～1976）》第 6 卷，中央文献出版社，2013，第 424 页。

越来越高。基辛格、尼克松访华，报纸上关于美国的报道增多，民众对美国的看法发生了很大变化，从"头号敌人"到强大的朋友。

——在中共十大以后，邓小平逐渐恢复工作，并掌握了主持党政军日常工作的大权，更为国内政治的稳定和中美关系发展注入了强有力的动力。

上述情况为中美关系的顺利发展创造了一个良好的政治空气和社会氛围。同时，打开国门，中美之间人员来往的成倍剧增，对美国了解的增强，又反过来推动了国内务实思潮的发展。对极左思潮的反感和对正常政治秩序的渴望，成为人心所向。

正是在这样的国内政治背景下，中美关系排除了国内种种不利因素（特别是江青集团的刁难）的困扰，发展比较顺利。

1972年6月19日至23日，基辛格第四次访华，向周恩来通报了刚刚结束的美苏关于限制战略武器会谈的情况。也就在基辛格离开中国的同一天，周恩来在中央批林整风汇报会最后一次全体会上，作了《关于国民党造谣诬蔑地刊登所谓"伍豪启事"的真相》报告，澄清江青等人借历史问题向周恩来的发难。①

基辛格离开北京不久，6月28日，毛泽东在周恩来的陪同下，会见斯里兰卡总理班达拉奈克夫人。在谈话中，毛泽东提到了所谓"左派"对外交工作的破坏和影响问题，并说：

① 见《周恩来年谱（1949～1976）》下卷，中央文献出版社，1997，第530～531页。

总后台的人现在也去了，叫林彪。这对渴望在外事工作中彻底清算极左思潮的周恩来等人来说，无疑是一种鼓励。

同年 8 月 1 日至 2 日，周恩来在一次外事工作会议上作长篇报告，提出外事工作也有极左思潮，各单位的极左思潮都是林彪放纵起来的。① 随后，为继续排除"左"倾思潮对外交工作的干扰，巩固打开中国外交新格局的成果，中联部和外交部根据周恩来的建议，准备召开外事工作会议。11 月 28 日，中联部和外交部为此写报告给周恩来并中共中央，明确提出要联系外事工作的实际，彻底批判林彪反党集团的极左思潮。11 月 30 日，周恩来批示："拟同意。"② 然而，令周恩来等人始料不及的是，张春桥、江青却借机发难，坚持认为林彪集团不是极左，而是"形左实右"，把周恩来的意见顶了回去。12 月 3 日，中联部和外交部根据前一天政治局会议讨论的意见，删去了"批判极左思潮和无政府主义"等内容，并报毛泽东同意。这表明，要想彻底清算极左思潮对中国外交工作的干扰，在当时确实阻力重重。

1973 年 2 月 15 日至 19 日，基辛格第五次访华。周恩来和基辛格举行了六次会谈，着重谈台湾问题和中美关系问题。双方在公报中宣布："双方一致认为现在是加速关系正常化的适宜时机。为此目的，他们约定要扩大他们在各方面的接触。他们商定了一项扩大贸易以及科学、文化和其他方面交流的具体

① 见《周恩来年谱（1949～1976）》下卷，中央文献出版社，1997，第 541～542 页。

② 见《周恩来年谱（1949～1976）》下卷，中央文献出版社，1997，第 565 页。

计划。为了便利这一过程并改善联络，经商定每一方将在不久的将来在对方的首都建立一个联络处。"2月17日，毛泽东会见了基辛格，第一次提出了"一条线"的联合反霸战略,[①] 显示出中国方面对中美关系正常化所抱的极大期望。

周恩来不但承受着江青等人的压力，还要忍受重病带来的折磨。而他最担心的是万一自己的体力不能支持下去，谁来接替他主持党政工作。1973年3月9日，周恩来致信毛泽东，汇报了中央政治局几次讨论恢复邓小平组织生活和国务院副总理职务的情况。在毛泽东同意后，3月10日，中共中央发出了《关于恢复邓小平同志的党的组织生活和国务院副总理的职务的决定》。[②] 3月29日，周恩来又根据毛泽东的建议，主持中央政治局会议并决定：邓小平"正式参加国务院业务组工作，并以国务院副总理身份参加对外活动；有关重要政策问题，小平同志列席政治局会议参加讨论"。[③] 这是朝着邓小平主持中央全面工作迈出的关键性一步。这一段时间，周恩来还利用在玉泉山检查治病的机会，多次找邓小平长谈。

1973年5月1日，中美双方分别在北京和华盛顿设立了联络处，黄华和戴维·布鲁斯分别担任中美两国联络处首任主任。

---

① 见《毛泽东年谱（1949~1976）》第6卷，中央文献出版社，2013，第468~469页。

② 见《毛泽东年谱（1949~1976）》第6卷，中央文献出版社，2013，第471~472页。

③ 《周恩来年谱（1949~1976）》下卷，中央文献出版社，1997，第585页。

这以后的一个时期，国内政治对中美关系的影响，主要表现为极左势力对外事工作的干扰破坏。同时，又由于毛泽东的重病，使得中国的内政外交都处于某种不确定的状态。

在外事工作方面，一个重要的事件是由外交部《新情况》第153期引发的。

1973年6月16日，毛泽东在同周恩来商谈中共十大政治报告的起草问题时提出，政治报告中要指出时代的特点。① 紧接着，就发生了勃列日涅夫访美，同美国签订了《关于进一步限制进攻性战略武器会谈的基本原则》和《美苏关于防止核战争协定》。

在谋求中美关系正常化的进程中，中国方面最为敏感和担心的问题，就是苏美缓和。苏美签订的上述两个文件，引起中国方面的警觉。6月25日，周恩来接见美国驻华联络处主任布鲁斯，毫不隐讳地表示：我们对美苏签订的核协定持怀疑态度，现苏联领导人访美给人以两个大国主宰世界的印象。② 第二天，毛泽东看到了这次会见的谈话要点，让人转告周恩来："这下腰杆硬了，布鲁斯就舒服了。"③

在这样的背景下，外交部根据周恩来的意见写了《对尼克松－勃列日涅夫会谈的初步看法》一文，6月28日刊登在

① 见《毛泽东年谱（1949～1976）》第6卷，中央文献出版社，2013，第482页。
② 见《周恩来年谱（1949～1976）》下卷，中央文献出版社，1997，第601页。
③ 《毛泽东年谱（1949～1976）》第6卷，中央文献出版社，2013，第484页。

外交部内部刊物《新情况》第 153 期上。文章认为美苏这次会谈的"欺骗性更大"，"美苏主宰世界的气氛更浓"。①

毛泽东看了这期《新情况》以后，当即提出严厉批评，认为这篇文章是反对他的意见的。7 月 3 日，周恩来从王海容那里得知毛泽东的批评，立即写信给外交部有关人员，表示："这个错误主要责任在我"，还说："望你们也应以此为鉴，发扬钻研商讨的积极性，有时也可要求我召集短小的会来交换意见。不要怕我忙，为大事而撇开小事，应该学习主席的工作方式"。②

7 月 4 日，毛泽东再次批评《新情况》第 153 期。他说：近来外交部有若干问题不大令人满意。我说大动荡、大分化、大改组，而外交部忽然来一个什么大欺骗、大主宰。在思想方法上是看表面，不看实质。"结论是四句话：大事不讨论，小事天天送。此调不改动，势必搞修正。将来搞修正主义，莫说我事先没讲。"③

这次谈话，毛泽东是批评外交部的，却没有找分管外交部工作的周恩来，而找了张春桥和王洪文等人，并且还在讲话里提到搞修正主义的问题，使主持中央工作的周恩来陷入了很大的被动。这种情况发生在中共十大筹备期间，又正值确定党内

---

① 《毛泽东年谱（1949～1976）》第 6 卷，中央文献出版社，2013，第 484 页。
② 《建国以来毛泽东文稿》第 13 册，中央文献出版社，1998，第 356～357 页注释[1]。
③ 《建国以来毛泽东文稿》第 13 册，中央文献出版社，1998，第 356～357 页注释[1]。

人事安排的敏感时期，不能不令人格外担忧。

第二天，7月5日，毛泽东看到了周恩来写给外交部有关人员的那封信，当即批示："此种顽症，各处都有，非个别人所有，宜研究改正办法。"① 毛泽东在这个批示里，通过"各处都有，非个别人所有"的说法，降低了前两次批评专指周恩来等人的针对性，并且通过"宜研究改正办法"这种委婉的表达方式，表明不存在要周"下台"的问题，只是"研究改正"的问题。

当天（7月5日），周恩来主持中央政治局会议，先由张春桥传达毛泽东4日批评的内容。接着，周恩来详细介绍了从6月下旬以来对外交部工作的批评和批示，并做了检讨。这次会议还根据毛泽东对国际问题的意见，对中共十大政治报告稿关于国际问题和任务的部分提出了修改意见。②

这以后，周恩来迅速召集外交部有关人员起草批评《新情况》第153期的文章。7月15日，他把起草好的批评文章送毛泽东审阅，并附信表示："关于错误的检讨，我当另写报告。"毛泽东当天看到了这篇文章，将文章中"受到中央的严厉批评"中的"严厉"两字删去，还批示："检讨不要写了。"③

---

① 《建国以来毛泽东文稿》第13册，中央文献出版社，1998，第356页。

② 见《周恩来年谱（1949～1976）》下卷，中央文献出版社，1997，第605页。

③ 《建国以来毛泽东文稿》第13册，中央文献出版社，1998，第356～357页注释[1]。

8 月 20 日，毛泽东原则同意了由周恩来主持起草的中共十大政治报告稿，确定由周恩来代表中央作这次政治报告。这是周恩来有生以来第一次在党的全国代表大会上代表中央作政治报告，实际上是毛泽东对周恩来在党的十大以后继续主持中央日常工作地位的肯定。

1973 年 8 月 23 日至 28 日，中共十大在北京召开。一大批被解放出来的老干部（包括邓小平在内）进入了中央领导层。同时，江青及其党羽也被选入中央领导层。特别是王洪文作为培养中的接班人，被选为党的副主席，名列周恩来之后，更是加重了江青集团的分量。

就在中国政局处在微妙变化的时刻，1973 年 11 月 10 日至 14 日，基辛格第六次访华。这时，基辛格的职务已经是美国国务卿兼总统国家安全事务助理。

11 月 11 日、12 日、13 日和 14 日，周恩来同基辛格连续举行会谈。在会谈中，周恩来十分谨慎。事实上，在国内局势变得十分敏感的情况下，周恩来如果在中美会谈中稍有不慎，就会给江青集团阻碍中美关系带来口实。然而，这种情况还是发生了。

在会谈中，基辛格和周恩来就建立两国高层热线和美国向中国提供卫星早期预警等问题交换了意见。双方都表现出对于建立战略协调关系的浓厚兴趣。因此，在 11 月 14 日发表的公报上有这样一段话："双方一致认为，在目前情况下特别重要的是，在具有权威的级别上保持经常接触，就共同关心的问题交换意见，并在不代表第三方谈判的情况下进行具体磋商。"

11 月 17 日，毛泽东得知周恩来同基辛格会谈的情况，认为周恩来在同基辛格会谈中说了错话，约见周恩来等，对这次中美会谈提出批评，并建议召开中央政治局会议讨论他的意见。①

毛泽东对周恩来说：不要受美国人的骗。美国人向中国捞稻草，救它的命。对美国要注意，搞斗争的时候容易"左"，搞联合的时候容易右。我看基本上一切不要，所谓基本上，就是不跟他搞什么军事同盟那一套。现在做生意买得也太多。我是点了头的，罪魁祸首是我。这回勾结美国，罪魁祸首又是我。后来，毛泽东谈到周恩来同基辛格的这次会谈的时候，还说：就是保护伞，借一个伞给我们。

当天晚上，周恩来主持召开政治局会议，传达毛泽东对中美会谈的意见，介绍了他同基辛格会谈的情况。江青在会上借机发难，指责周恩来是"右倾投降主义"。一向以忍耐著称的周恩来，被迫同江青争辩。②

这时，周恩来处于两难境地。一方面，他要向毛泽东承认错误；另一方面，他又必须同江青等人做斗争。

第二天（11月18日），周恩来两次写信给毛泽东，报告政治局会议情况，表示自己在这次中美会谈中"做得不够"。③

事实上，在此以前，江青等人已经想插手外事工作，寻机

----

① 见《周恩来年谱（1949～1976）》下卷，中央文献出版社，1997，第634页。

② 见《周恩来年谱（1949～1976）》下卷，中央文献出版社，1997，第634页。

③ 见《周恩来年谱（1949～1976）》下卷，中央文献出版社，1997，第634页。

向周恩来发难，从根本上动摇周恩来的地位。1973 年 11 月 13 日，江青提出要把中国人民对外友好协会编印的《外事活动简报》增发张春桥和姚文元。周恩来批示外交部："请从今日起，外事活动简报，一律印送主席、政治局在京全体同志，及有关各部、委、组，望通知友协照办。"① 接着，11 月 18 日，江青就借邀请土耳其两位音乐家访华演出一事提出："建议今后少接待或不接待资本主义国家的文艺团体，其后果是严重的！"还和张春桥、姚文元等人在北京、天津、上海等地发起"批判资产阶级无标题音乐泛滥"活动，致使这次访华演出被迫取消。②

这一次毛泽东对中美会谈的批评，给周恩来造成了更大的压力。11 月 21 日起到 12 月初，中央政治局根据毛泽东的意见连续开会，对周恩来和叶剑英进行批评，周恩来作了检查。在会上，江青、姚文元等穷追不舍，提出这一次是所谓"第十一次路线斗争"，周恩来是"错误路线的头子"，想要"迫不及待"地取代毛泽东。会后，江青还向毛泽东提出，要求增补她和姚文元为政治局常委。③

毛泽东严厉批评周恩来，但无意从根本上把他打倒。12 月 9 日，毛泽东先后同周恩来、王洪文谈话，表示：这次会开得很好。就是有人讲错了两句话，一个是讲"十一次路线斗

① 《周恩来年谱（1949～1976）》下卷，中央文献出版社，1997，第 633 页。
② 见《周恩来年谱（1949～1976）》下卷，中央文献出版社，1997，第 633 页。
③ 见《毛泽东年谱（1949～1976）》第 6 卷，中央文献出版社，2013，第 507～508 页。

争"，不应该那么讲，实际上也不是；一个是讲总理"迫不及待"。总理不是迫不及待，江青自己才是迫不及待。他还表示，江青、姚文元"增补常委，不要"。①

1974 年起，中美关系发展陷入了困境。这一年，尼克松总统因经济恶化和"水门事件"而陷入危机。周恩来病重，并受到江青集团的不断纠缠。

1974 年初，江青集团在批林批孔过程中，借"蜗牛事件"发难，企图给中美关系设置障碍，给周恩来主持的外事工作一个下马威。

1973 年 12 月，第四机械工业部派出彩电显像管考察组到美国康宁公司考察。康宁公司送给考察组蜗牛造型的玻璃工艺品作为纪念。谁也没有想到，这件很平常的事情，竟然引发出一场惊动中央政治局的涉外事件。

1974 年 2 月 10 日，江青到第四机械工业部讲话，指责该部考察组"崇洋媚外"，提出中断引进项目，退回礼品，并要向美国驻华联络处提抗议。周恩来得知此事，深谙江青的用意，十分谨慎。他几次要外交部认真调查，再作结论。2 月 21 日，外交部提交《关于美国人送"蜗牛"礼品等事的报告》，如实说明美方送蜗牛礼品并无恶意，建议不必退回礼品、作外交交涉。

周恩来看了外交部的报告，批示同意，并上报毛泽东。毛泽东此时正对江青等人借着批林批孔向叶剑英等老干部发难不

---

① 见《毛泽东年谱（1949～1976）》第 6 卷，中央文献出版社，2013，第 507～508 页。

满，当即圈阅同意了周恩来的批语。在此期间，周恩来还召开政治局会议，决定：江青在第四机械工业部的讲话不印发，不下达，已印发的立即收回。①

这以后，外事工作（包括中美关系）逐渐转由邓小平主持处理。这种变化，江青等人早有预感，因此在邓小平率团出席联大特别大会的问题上，倾全力阻止。

1974 年 3 月 20 日，毛泽东提议邓小平担任出席联合国大会第六届特别会议的中国代表团团长，要外交部写入有关报告。随后，中央政治局开会讨论外交部报告，遭到江青等人的反对。

3 月 25 日，毛泽东要人转告周恩来：邓小平出席联大，是我的意见，如政治局同志都不同意，那就算了。26 日，再次召开政治局会议，除江青以外，与会者一致赞同由邓小平出席联大会议。27 日，毛泽东得知政治局开会的情况，致信江青："邓小平同志出国是我的意见，你不要反对为好。"② 在这种压力下，江青被迫表态同意。

显然，毛泽东是想以邓小平接替周恩来主持外事工作，而这种情况是一直觊觎外交大权的江青集团所不能接受的。

在当时的情况下，邓小平主持外事工作也很难有所作为。一方面，国内问题成堆，需要邓小平集中全力解决国内问题。另一方面，美国国内政局和中国国内政局都不允许邓小平在中

① 见《周恩来年谱（1949～1976）》下卷，中央文献出版社，1997，第 650 页。

② 《毛泽东年谱（1949～1976）》第 6 卷，中央文献出版社，2013，第 523 页。

美关系上取得大的突破，以巩固其国内地位。这些都决定了邓小平的关注点只能在国内，而不是国际。

这一时期，在对外方针上，邓小平处理问题的一个基本点，就是照毛泽东的意见办事。具体说就是：（1）毛泽东关于"三个世界"划分的思想，作为外交战略的基石，而对这一思想要点的阐发正是邓小平做出的。（2）对国际局势的分析，坚持毛泽东所说的两句话，即"天下大乱"，"山雨欲来风满楼"。世界大战的危险主要来自苏联，美国在世界战略上处于防御地位。苏联想从次大陆打开出海口。（3）关于中美关系正常化的途径，关键是台湾问题，解决方式只能是日本方式，即承认一个中国，而不是"两个中国"或"一个半中国"。

即便如此，邓小平在外事工作上还是不可避免地受到江青集团的纠缠。而这一切纠缠的背后，第四届全国人大的筹备工作和政府人事安排的酝酿正在紧张进行。江青集团不愿意看到邓小平把务实力量重新集结起来，对自身形成严重威胁。所谓"风庆轮事件"，就是双方的一次较量。

"风庆轮"是一艘国产万吨级远洋货轮，在1974年国庆前夕从罗马尼亚返回上海港。当时主持中央工作的王洪文，乘机指责交通部没有批准"风庆轮"及早远航，是"崇洋媚外""卖国主义"作怪。10月14日，江青就"风庆轮事件"作了批示，借机指责国务院。17日，又在中央政治局会议上围攻邓小平，会后派王洪文去长沙向毛泽东告状。①

---

① 见《周恩来年谱（1949～1976）》下卷，中央文献出版社，1997，第678～679页。

10月18日，王洪文对毛泽东说：为"风庆轮"的事，江青和邓小平在政治局会议上发生争吵，吵得很厉害。看来邓小平还是搞过去"造船不如买船，买船不如租船"那一套。还说：邓小平有那样大的情绪，是和最近酝酿总参谋长人选一事有关。北京现在大有庐山会议的味道。周总理虽然有重病，但昼夜都忙着找人谈话，经常去总理那里的有邓小平、叶剑英、李先念等。他们来往这样频繁，是和四届人大的人事安排有关。毛泽东批评王洪文说：有意见当面谈，这么搞不好！要跟小平同志搞好团结。还要他多找周恩来、叶剑英谈，不要跟江青搞在一起。①

10月19日，江青又要同邓小平陪同丹麦首相去长沙的王海容、唐闻生向毛泽东反映国务院"崇洋媚外"的问题。周恩来得知此事，当即找来王海容、唐闻生，告诉她们：这是预先计划好了要整小平同志，小平同志已经忍耐了很久了。②

20日，毛泽东在长沙听了王海容、唐闻生的汇报后，表示："风庆轮"的问题是一件小事，先念已在解决，江青还这么闹。他要王、唐转告周恩来：总理还是总理，四届人大的筹备工作和人事安排由总理和王洪文主持，同各方面商量办理。他还再次建议邓小平任国务院第一副总理、人民解放军总参谋长。③

---

① 见《毛泽东年谱（1949～1976）》第6卷，中央文献出版社，2013，第552页。

② 见《周恩来年谱（1949～1976）》下卷，中央文献出版社，1997，第679～680页。

③ 见《毛泽东年谱（1949～1976）》第6卷，中央文献出版社，2013，第554页。

11 月 12 日，邓小平在长沙向毛泽东汇报了 10 月 17 日政治局会议争论情况，认为政治局内生活不正常，还谈到他同江青争吵的事。毛泽东对邓小平表示支持，还说："强加于人哪，我也是不高兴的"。①

12 月 23 日至 27 日，毛泽东在长沙听取周恩来、王洪文汇报四届人大筹备情况的汇报。毛泽东在谈话中批评江青有野心，重申由邓小平出任国务院第一副总理、中央军委副主席兼总参谋长。还采纳周恩来的建议，提出要安排邓小平担任中共中央副主席、政治局常委。他还表示：总理还是总理。四届人大以后，国务院的工作由邓小平去顶。②

由于这一时期毛泽东给邓小平以极大的支持和信任，最终确定了中共十届二中全会和四届人大的人事安排方案。这为邓小平在 1975 年大刀阔斧地进行全面整顿创造了必要的条件。

从此，中国外交进入了一个比较务实的新的发展阶段。这个阶段的成果，为新时期中国外交的根本转变奠定了基础。

随着中美关系正常化，以及中国外交新局面的出现，中国作为独立于苏美两极结构之外的重要一极，奠定了自己独特的国际战略地位。中国成为美、苏、欧、日、中五极格局中的一极，这是对战后雅尔塔体系的重大突破。战后世界多极化趋势发展从此进入了一个新的阶段。毛泽东"自立于世界民族之林"的理想真正开始成为现实。

---

① 见《毛泽东年谱（1949～1976）》第 6 卷，中央文献出版社，2013，第 557 页。

② 见《毛泽东年谱（1949～1976）》第 6 卷，中央文献出版社，2013，第 562～563 页。

第九章

对毛泽东错误发动"文化大革命"的几点分析

毛泽东为新中国的建立与发展立下了不朽功绩，但不是没有错误。其中一个最大的失误，就是在 1966～1976 年领导发动了历经十年之久的"文化大革命"。这场运动，给党和国家带来极其严重的损失，极大地损害了社会主义的声誉。

毛泽东作为一个伟大的马克思主义者犯错误，有其深刻的社会历史背景。其中最主要的原因，一是对实际情况做了完全错误的判断，二是基于这种判断形成了完全脱离实际的理论。

要正确评价毛泽东的历史地位和是非功过，"文化大革命"是一个绕不开的话题。

20 世纪 60 年代中期，在"以阶级斗争为纲"的指导思想支配下，毛泽东对当时国内阶级斗争形势以及党和国家的政治状况做出严重的错误估计，甚至认为"中央出了修正主义"，整个国家面临资本主义复辟的现实危险，因此只有实行"文化大革命"，公开地、全面地、自下而上地发动群众来揭发上述阴暗面，才能把被"走资本主义道路的当权派"篡夺的权力重新夺回来。① 由此出发，毛泽东错误地将刘少奇、邓小平等一批对党忠心耿耿的无产阶级革命家视为所谓的"党内走资本主义道路的当权派"，错误地认为党内存在着一个以刘少奇同志为首的所谓"资产阶级司令部"。历史已经证明，这是完全错误的判断，并被他重用过的林彪、江青、康生等人所利用，酿成了一大批冤假错案，给党和国家带来极其严重的后果。

这里，有三个密切相关的问题是需要解答的。一是毛泽东为什么要发动"文化大革命"？二是毛泽东的错误从何而来？三是毛泽东在整个"文化大革命"中是不是"一摸黑走到底"？有没有在他认识所及的范围内纠正察觉的错误？这三个问题，实际上也是许多网友和朋友们不断向我询问的。我感觉有责任给他们以对历史负责的解答。

在回答这些问题之前，有必要引用邓小平在1980年8月下旬回答意大利记者奥琳埃娜·法拉奇提问时讲过的一段话。当时，法拉奇向邓小平问了一连串尖锐的问题，这些问题也是许多外国人想要知道的。

她问："你说在后一段时期毛主席身体不好，但刘少奇被捕入狱以及死在狱中时，毛主席身体并不坏。过去还有其他错误，大跃进难道不是错误？照搬苏联的模式难道不是错误？对过去这段错误要追溯至何时？毛主席发动'文化大革命'到底想干什么？"

① 见《毛泽东年谱（1949～1976）》第6卷，中央文献出版社，2013，第45页。

邓小平答道：

　　错误是从五十年代后期开始的。比如说，大跃进是不正确的。这个责任不仅仅是毛主席一个人的，我们这些人脑子都发热了。完全违背客观规律，企图一下子把经济搞上去。主观愿望违背客观规律，肯定要受损失。但大跃进本身的主要责任还是毛主席的。当时，经过几个月的时间，毛主席首先很快地发觉了这些错误，提出改正这些错误。由于其他因素，这个改正没有贯彻下去。一九六二年，毛主席对这些问题进行了自我批评。但毕竟对这些教训总结不够，导致爆发了"文化大革命"。搞"文化大革命"，就毛主席本身的愿望来说，是出于避免资本主义复辟的考虑，但对中国本身的实际情况作了错误的估计。首先把革命的对象搞错了，导致了抓所谓"党内走资本主义道路的当权派"。这样打击了原来在革命中有建树的、有实际经验的各级领导干部，其中包括刘少奇同志在内。毛主席在去世前一两年讲过，文化大革命有两个错误，一个是"打倒一切"，一个是"全面内战"。只就这两点讲，就已经不能说"文化大革命"是正确的。毛主席犯的是政治错误，这个错误不算小。另一方面，错误被林彪、"四人帮"这两个反革命集团利用了。他们的目的就是阴谋夺权。所以要区别毛主席的错误同林彪、"四人帮"的罪行。①

---

① 《邓小平文选》第2卷，人民出版社，1994，第346页。

这番话实际上已经对上述三个问题做了解答。

第一个问题：毛泽东为什么会发动"文化大革命"？

毛泽东发动"文化大革命"的主观愿望，是为抵御帝国主义"和平演变"的图谋，消除官僚主义和特权思想等现象，防止国内资本主义复辟，并为人民群众参与对国家事务的监督和管理寻找一条途径。正如邓小平同志所说："搞'文化大革命'，就毛主席本身的愿望来说，是出于避免资本主义复辟的考虑，但对中国本身的实际情况作了错误的估计。"①

毛泽东是如何从一个本来正确的命题出发，却走入歧途而得出错误的结论。这就需要回顾一下毛泽东对巩固党的长期执政地位、防止党和国家改变颜色所做的长期探索。

如何巩固党的长期执政地位，按当时的话就是如何保持"江山不能变色"？这个问题应该说是毛泽东在中国共产党执掌全国政权前后长期探索的一个历史性课题，也是他去世以后留给后来的中国共产党人的跨世纪的历史课题。

勾画一下毛泽东在这一问题上进行探索的历史过程是非常重要的。它对于正确地认识和评价包括"文化大革命"这样一个被证明是错误的理论和实践都极为有益。事实上，很多被实践证明是错误的东西，对于研究者来说，也应该认真地去分析和思考，看看其中有没有一些合理的成分，有没有一些值得我们关注和深思的问题。这比起我们简单地否定它、拒绝它，甚至把它脸谱化要好得多。

这个探索的起点，就是毛泽东在1945年跟黄炎培的谈话。

---

① 《邓小平文选》第2卷，人民出版社，1994，第346页。

这里面已经包含着一个基本的思路。黄炎培当时跟毛泽东探讨历史周期率问题。毛泽东非常肯定地说，中国共产党绝对不会蹈历史的覆辙。靠什么呢？靠民主。① 对于民主，不同的阶级有不同的界定、不同的理解。毛泽东对它的理解，从上下文来看，指的是人民民主，就是靠人民群众对人民政权实行监督，保证它不致腐败。

接下来，就是毛泽东在 1949 年党的七届二中全会报告中提出的"两个务必"。马上要进城了，要坐天下了，在兴奋之余毛泽东首先考虑的是这个天下能不能坐稳？进城后的共产党人怎样才能不脱离群众、不丧失民心？会不会像李自成一样，由于失去了民心，屁股还没有坐热就被赶出来了？他认为，只要保持"两个务必"，就可以解决这个问题。因此，他在离开西柏坡时，斩钉截铁地说：我们一定不当李自成，一定要"赶考"成功。②

实际上，新中国成立以后面临的情况，要比原先预想的复杂得多。进城以后，马上遇到的就是官僚主义和贪污浪费的问题，因为地位变了，权力大了，管的人多了。再就是脱离群众的问题，群众有意见不敢提，不敢监督。

于是，毛泽东下决心搞"三反"和"五反"，并在运动中下令处决了刘青山和张子善。这一招，挽救了多少干部！为中国共产党和人民政府赢得了声誉，赢得了民心，管住了多少年！

---

① 见《毛泽东年谱（1893～1949）》中卷，中央文献出版社，2002，第 688 页。
② 见《毛泽东年谱（1893～1949）》下卷，中央文献出版社，2002，第 527 页。

　　毛泽东从新中国成立之时起，一直就在探索人民民主的问题。他在建国前夕写的《论人民民主专政》一文中就说过，"对人民内部的民主方面和对反动派的专政方面，互相结合起来，就是人民民主专政"。① 有了这样的制度，人民就有可能享有最充分的民主权力，实现人民当家做主。

　　人民民主的思路是对的，问题在于用什么形式、什么途径来实现人民民主。这是毛泽东后来一直在探索的，包括在"文化大革命"时期。

　　在社会主义改造完成以后，毛泽东探索的一个重要步骤，就是1957年的"开门整风"。延安整风是我们党的一个成功整风运动，它实际上是党的一种自我教育，用现在的话来讲，就是关门整风。新中国成立以后进行的整党，刚开始也采取了关起门来的形式，但后来毛泽东感觉到这种形式是有局限性的。到了1957年形成"正确处理人民内部矛盾"理论的时候，他提出了一个发动党外人士来监督、帮助中国共产党整风的形式，就是要将党内监督和党外监督结合在一起，发动民主党派给共产党提意见，帮助共产党整风。这个思路很好，但不幸的是，后来反右派斗争扩大化了。反右派斗争扩大化以后，毛泽东对民主的问题有了一个新的认识，这就是大家很清楚的"大民主"的思想：大鸣、大放、大字报、大辩论。实践证明，它是有害的，很容易使运动失控。

　　接下来，在20世纪50年代末期毛泽东提出了防止和平演变的思想。就整个战略来说，这种考虑是有预见性的，在当时

---

　　① 《毛泽东选集》第4卷，人民出版社，1991，第1475页。

提出来是正确的。其实我们现在也还存在这个问题，就是境外敌对势力对我们实施西化和分化的问题。毛泽东的失误在于，在防止和平演变的思想下，他将党内对于新中国建设道路的一些不成熟的探索、一些理应是正常的意见分歧，简单地和修正主义、右倾思潮画上了等号，这是一个深刻的教训。

作为防止和平演变思想的进一步发展，20 世纪 60 年代中期形成了"反修防修"战略。"反修"就是国际上的中苏论战，"防修"就是国内的"四清"运动，这两个运动实际上是同一个战略指导下的两个车轮。

对于确立中国的大国地位来说，中苏论战是非常重要的一个步骤。但是，如果就国内的情况来看，中苏论战助长了对国内问题的一些错误的或者说是偏激的判断。比如说，对资本主义复辟的理解，"九评"里面的"三评"完全以南斯拉夫的情况为界划了一个杠杠，并用这个杠杠来说明国内的一些情况，这就把很多问题的界限混淆了。有些现象尚在探索之中、改革之中，还不能够简单地下定论，但在这里却被当成是资本主义的复辟。

从这个思路走下来，最后就形成了一个重要结论：要警惕中央出修正主义。① 这个结论，就理论而言，是可以成立的，但付诸实践，就会混淆现实的危险和长远的危险。从长远的危险来说，从原则意义上讲，毫无疑问，要警惕内部出现一些对党和国家不忠的人、一些异己分子。但是，当时毛泽东提出这个问题，就是认为有现实危险，就是认为必须采取果断措施来

① 见《毛泽东年谱（1949～1976）》第 5 卷，中央文献出版社，2013，第 197 页。

解决这个问题。这就涉及一个很现实的问题：谁是修正主义者？与此同时，也就涉及另一个重大的理论问题：什么是现代修正主义？前面谈到，在中苏论战中写的"三评"中，事实上已经划定了一个标准。按照这个标准，很容易把渡过三年困难时期的改革探索，当作"修正主义"和"资本主义复辟"来批判。因此，最后这个矛头不可避免地越来越指向刘少奇等人。毛泽东与刘少奇在如何建设社会主义这个问题上出现的一系列分歧使他认为刘少奇就是党内资产阶级的代表人物。在得出了这个结论后，他就想找一个能彻底反掉党内修正主义的办法。在毛泽东看来，这个办法不是头痛医头、脚痛医脚的办法，而是要从根本上解决在他百年之后党和国家不变质的根本之策。什么办法呢？就是搞一种反对修正主义的演习，通过这种演习锻炼群众，这样，即使在他去世以后中央还出现修正主义，老百姓就可以通过"大民主"的方式、通过自下而上的方式起来造反，使得党和国家的权力重新回到马克思主义者手里。

但是，毛泽东对刘少奇、邓小平等人的判断失误了，特别是他对自己所依靠的一些人（像林彪集团、江青集团）失察了。毛泽东更没有想到的是，自己轻车熟路的群众运动的办法，到了"文化大革命"的时候居然会走向反面，群众运动被少数人所利用。"文化大革命"的教训是深刻的。同时我们应该看到的是，毛泽东在发动"文化大革命"的时候探讨的基本问题仍然是巩固党的长期执政地位的问题，他要直接解决的问题是防止中央出修正主义，他针对的对象是他认定的那些所谓的走资本道路的当权派，他所采用的方法是群众运动的方法、自下而上的方法、"大民主"的方法。从这个意义上看，

"文化大革命"同样延续了毛泽东一直以来对于人民民主的探讨，只是这种探讨走到了极端，把人民民主同社会主义法治对立起来，就成了错误的东西。

"文化大革命"的问题很值得研究。只有这个问题得到很好的研究以后，我们才能了解到，中国共产党在探求人民民主的历程中，在探求巩固中国共产党长期执政地位的过程中走了怎样的一条道路，我们现在的认识又是怎么从当年的认识中吸取它的合理因素，摒弃它错误的东西，从而更接近于真理的。

在这个问题上，存在着一些错误的看法。最有代表性的就是认为这是一场党内权力斗争，毛泽东认为刘少奇等人是"赫鲁晓夫式的人物"，因而要夺回失去的权力。这种说法，表面看去似乎有一定的道理，毛泽东本人也的确说过类似的话。但是，如果把这些说法放到当时那个历史条件下，就会发现，如果真是要夺回权力的话，根本不需要如此兴师动众，只要毛泽东宣布谁有问题，一切都可以解决了。可见，不简简单单是所谓"权力斗争"问题，更不简单是毛泽东想整谁的问题。对老干部，毛泽东提出要"三结合"，要解放一批老干部；[1] 对知识分子，毛泽东也借用京剧《智取威虎山》里面的话说过"老九不能走"。[2] 这些"整人"的说法，"权力斗争"的说法，都是把那段复杂的历史简单化了。

毛泽东的错误，尽管带来的各方面损失巨大，但从根本上

---

[1]　见《毛泽东年谱（1949～1976）》第 6 卷，中央文献出版社，2013，第 47 页。

[2]　见《毛泽东年谱（1949～1976）》第 6 卷，中央文献出版社，2013，第 583 页。

说，是探索中的错误。正如邓小平同志主持起草的中共中央《关于建国以来党的若干历史问题的决议》指出：毛泽东"虽然在'文化大革命'中犯了严重错误，但是就他的一生来看，他对中国革命的功绩远远大于他的过失。他的功绩是第一位的，错误是第二位的。他为我们党和中国人民解放军的创立和发展，为中国各族人民解放事业的胜利，为中华人民共和国的缔造和我国社会主义事业的发展，建立了永远不可磨灭的功勋"。[①] 在 32 年之后重温这个论断，的确是公允之论。

第二个问题：毛泽东的错误从何而来？

要回答这个问题，就必须搞清楚毛泽东发动"文化大革命"的理论。他是一个注重从实践中总结和提出理论的思想家。既然是用理论支配行动，那么解释其行动，就必须首先搞清所依据的理论。

毛泽东发动"文化大革命"的主要论点是：一大批资产阶级的代表人物、反革命的修正主义分子，已经混进党里、政府里、军队里和文化领域的各界里，相当大的一个多数的单位的领导权已经不在马克思主义者和人民群众手里。党内走资本主义道路的当权派在中央形成了一个资产阶级司令部，它有一条修正主义的政治路线和组织路线，在各省、市、自治区和中央各部门都有代理人。"文化大革命"实质上是一个阶级推翻一个阶级的政治大革命，以后还要进行多次。上述论点曾被概

---

① 《十一届三中全会以来重要文献选读》上册，人民出版社，1987，第 331 页。

括成为所谓"无产阶级专政下继续革命的理论"。① 历史已经证明，毛泽东发动"文化大革命"的主要论点，既不符合马克思列宁主义，也不符合中国实际。这些论点对当时国内阶级形势以及党和国家政治状况的估计，是完全错误的，明显地脱离了毛泽东思想的轨道。

毛泽东是伟大的马克思列宁主义者，但也是一位犯了严重错误而不自觉其为错误的马克思列宁主义者。他在犯严重错误的时候，还多次要求全党认真学习马克思、恩格斯、列宁的著作，还始终认为自己的理论和实践是马克思主义的，是为巩固无产阶级专政所必需的。对这样一种复杂的社会历史现象，决不能用否定一切的态度来对待，而要做具体的历史的分析。

毛泽东发动"文化大革命"的主观愿望，是为抵御帝国主义"和平演变"的图谋，消除官僚主义和特权思想等现象，防止国内资本主义复辟，并为人民群众参与对国家事务的监督和管理寻找一条途径。正如邓小平同志所说："搞'文化大革命'，就毛主席本身的愿望来说，是出于避免资本主义复辟的考虑，但对中国本身的实际情况作了错误的估计。"②

这一错误，有一个发展过程。这个过程，本来是和正确的命题相联系的。这个命题，就是毛泽东在新中国建立前夕在七届二中全会上提出来的"两个务必"思想，也就是"务必使同志们继续地保持谦虚、谨慎、不骄、不躁的作风，务必使同

---

① 见《十一届三中全会以来重要文献选读》上册，人民出版社，1987，第 314~315 页。
② 《邓小平文选》第 2 卷，人民出版社，1994，第 346 页。

志们继续地保持艰苦奋斗的作风"。这一思想的核心，就是如何防止中国共产党因为贪图享乐或脱离群众而腐化变质，最终丧失政权。

问题在于，后来毛泽东的思考，特别是在1957年反右派斗争严重扩大化以后，逐渐偏离了原先的正确轨道，从而改变了以经济建设为中心的中共八大路线，沿着以"阶级斗争为纲"的指导思想朝着"无产阶级专政下继续革命"的思路越走越远。正如第二个历史决议所指出的那样：

在一九六二年九月的八届十中全会上，毛泽东同志把社会主义社会中一定范围内存在的阶级斗争扩大化和绝对化，发展了他在一九五七年反右派斗争以后提出的无产阶级同资产阶级的矛盾仍然是我国社会的主要矛盾的观点，进一步断言在整个社会主义历史阶段资产阶级都将存在和企图复辟，并成为党内产生修正主义的根源。一九六三年至一九六五年间，在部分农村和少数城市基层开展的社会主义教育运动，虽然对于解决干部作风和经济管理等方面的问题起了一定作用，但由于把这些不同性质的问题都认为是阶级斗争或者是阶级斗争在党内的反映，在一九六四年下半年使不少基层干部受到不应有的打击，在一九六五年初又错误地提出了运动的重点是整所谓"党内走资本主义道路的当权派"。在意识形态领域，也对一些文艺作品、学术观点和文艺界学术界的一些代表人物进行了错误的、过火的政治批判，在对待知识分子问题、教育科学文化问题上发生了愈来愈严重的"左"的偏差，并且在后来发展成为"文化大革命"的导火线。①

明白了这一发展过程，也就可以理解，为什么我们说毛泽东是从良好的愿望出发，做了事与愿违的错事，因而酿成了毛泽东一生当中的悲剧，也是党和国家的悲剧。历史已经证明，"文化大革命"是一场由领导者错误发动，被反革命集团利用，给党、国家和各族人民带来严重灾难的内乱。

同样，明白了这一发展过程，我们就可以懂得，要想保证党和国家避免苏联的历史覆辙，避免中国历史上重复上演的"历史周期率"，光有良好的愿望是远远不行的，还必须找到一条正确的符合规律的拒腐防变道路。这个任务还远远没有完成。但无论如何，一不能脱离经济建设这个中心，二不能脱离社会主义民主与法治的轨道，三不能脱离中国共产党的领导。这三条经验，是历史反复证明了的，必须始终牢记，不可背离。

有人错误地认为，铲除党内和社会上的腐败问题，还要用"文化大革命"的手段。事实上，实践已经证明，用"文化大革命"这种方式（即激烈的群众性政治运动和所谓"阶级斗争"方式）不但不能解决腐败变质的问题，而且会给社会主义民主法制造成极大破坏，给社会带来极大的动荡。我们必须永远记取这一教训，永不再犯。

毛泽东犹如"凤凰涅槃"，以其晚年错误证明用"大民主"的方式走不通。我们今天要继续探索一条在社会主义民

---

① 《十一届三中全会以来重要文献选读》上册，人民出版社，1987，第312~313页。

主与法治的轨道上，依靠群众路线和党内民主，确保党和国家不改变颜色的中国特色反腐败之路。我们既要牢牢记取毛泽东在这个问题上所犯的错误及其严重教训，又必须十分珍视毛泽东关于党和国家拒腐防变的宝贵思想遗产。如何确保党和国家拒腐防变，至今仍然是一个关系党和国家前途命运的重大课题。我们要认真地分析毛泽东是如何从一个本来正确的命题出发却走入歧途而得出错误的结论，牢牢记取在这个问题上的"左"、右两方面教训，并在新的历史条件下根据改革开放新的实践来努力破解这一重大课题。

正如习近平总书记所说："毛泽东同志当年在西柏坡提出'两个务必'，包含着对我国几千年历史治乱规律的深刻借鉴，包含着对我们党艰苦卓绝奋斗历程的深刻总结，包含着对胜利了的政党永葆先进性和纯洁性、对即将诞生的人民政权实现长治久安的深刻忧思，包含着对我们党坚持全心全意为人民服务根本宗旨的深刻认识，思想意义和历史意义十分深远。全党同志要不断学习领会'两个务必'的深邃思想，始终做到谦虚谨慎、艰苦奋斗、实事求是、一心为民，继续把人民对我们党的'考试'、把我们党正在经受和将要经受各种考验的'考试'考好，使我们的党永远不变质、我们的红色江山永远不变色。"[1]

第三个问题：毛泽东在整个"文化大革命"中是不是"一摸黑走到底"？有没有在他认识所及的范围内纠正察党的错误？

这就需要从另一个历史侧面来回答。

---

[1] 《人民日报》，2013 年 7 月 13 日，第 1 版。

众所周知，"文化大革命"是毛泽东发动的。按照他自己的话来说，当时赞成的不多，反对的不少。但是，从另一个方面看，最早提出要尽快结束"文化大革命"的，同样是毛泽东。从现有的史料看，从中共九大起，他至少三次提出结束"文化大革命"，并为此做过努力。

从1969年召开中共九大之日起，如何结束"文化大革命"的问题提上了议程。在此以前，毛泽东曾经多次谈到结束"文化大革命"的问题，但都因为条件不成熟而作罢。

在毛泽东看来，中共八届十二中全会解决了刘少奇的问题，全国也建立了省、市、自治区一级的革命委员会，"文化大革命"已经取得了决定性的胜利，再经过"斗、批、改"，这个运动就基本上可以结束了。因此，他向中共九大提出了这样的希望："我希望，我们的大会，能够开得好，能够开成一个团结的大会，胜利的大会。"①

毛泽东的希望落了空。他没有料到，党面临的是一场更加惊心动魄的斗争，其始作俑者正是那位"亲密战友和接班人"林彪。

1971年9月13日，林彪摔死在温都尔汗，客观上宣告了"文化大革命"的理论和实践的破产。毛泽东在精神上陷入极大的痛苦和自责之中。然而，毛泽东毕竟是饱经风霜、通晓古今、具有丰富阅历的无产阶级革命家，他以非凡的毅力尽力弥补已经觉察到的过失，积极支持周恩来主持中央日常工作，使各方面工作有了转机。

---

① 《建国以来毛泽东文稿》第13册，中央文献出版社，1998，第23页。

周恩来在主持中共中央工作期间，提出了要集中批判极"左"思潮的问题。这使结束"文化大革命"有了可能。在这个问题上，毛泽东与周恩来的看法不同。毛泽东认为，当时的任务仍然是反对"极右"。还说：林彪路线的实质是极右，修正主义，分裂，阴谋诡计，叛党叛国。[①] 尽管周恩来是在充分肯定"文化大革命"的前提下，提出要批透极"左"思潮的，但是，这个口号本身，毕竟触及到了对"文化大革命"的评价等深层问题。这不但是靠"文革"起家的江青等人所不能容忍的，也遭到了毛泽东的否定。接踵而来的所谓"批林批孔"运动，又把中国卷入了无休止的动乱之中。结束"文化大革命"的努力再次落了空。

1973 年起，毛泽东多次提议恢复邓小平的工作。1975 年 1 月，中共十届二中全会选举邓小平为中央副主席、政治局常委，他在毛泽东的支持下开始主持中央工作。

毛泽东希望在肯定"文化大革命"的理论和实践的前提下，结束"文化大革命"。事实证明，这只是空想。1975 年 11 月 20 日，毛泽东提议要邓小平主持中共中央政治局会议，做出一个肯定"文化大革命"的决议，总的评价是"七分成绩，三分错误"。邓小平婉言拒绝了这个提议，表示：由我主持写这个决议不合适，我是桃花源中人，不知有汉，无论魏晋。[②] 这年年底，毛泽东批准发动"批邓、反击右倾翻案风"，

---

① 见《毛泽东年谱（1949~1976）》第 6 卷，中央文献出版社，2013，第 458 页。

② 见《毛泽东年谱（1949~1976）》第 6 卷，中央文献出版社，2013，第 625 页。

全国再度陷入混乱之中。

从以上三次结束"文化大革命"的努力看，毛泽东真诚地希望结束"文化大革命"，却无力回天。他曾经无奈地形容这是"树欲静而风不止"。产生这种巨大矛盾的根本原因，是毛泽东不仅不愿意放弃"无产阶级专政下继续革命的理论"，而且始终认为这是捍卫马克思列宁主义理论的纯洁性、战斗性所必需的。他讲过，他一生做过两件大事，一件是把蒋介石赶到一群小岛上去，另一件就是发动"文化大革命"。[①] 可见"文化大革命"在他心目中的地位。他看到并且亲自纠正了"文化大革命"的某些错误，包括像"打倒一切""全面内战"这样重大的错误，但却始终坚持"三七开"的结论。邓小平后来说："毛泽东到了晚年，确实是思想不那么一贯了，有些话是互相矛盾的。比如评价'文化大革命'，说三分错误、七分成绩，三分错误就是打倒一切、全面内战。这八个字和七分成绩怎么能联系起来呢？"[②] 这时，毛泽东已经不能正视错误，否定自我，像以往那样奇迹般地从困境和曲折中走出来。

毛泽东曾经这样评价斯大林："党和国家的任何一个领导人，当他不是把个人放在党和群众之中，而是相反地把个人放在党和群众之上的时候，当他脱离了群众的时候，他对于国家的事务就会失去全面的洞察力。只要是这样，即使像斯大林这样杰出的人物，对于某些重大的事务，也不可避免地要作出不

---

① 见《毛泽东年谱（1949～1976）》第 6 卷，中央文献出版社，2013，第 649 页。

② 《邓小平文选》第 2 卷，人民出版社，1994，第 301 页。

合实际的错误的决定。"① 像毛泽东这样的时代巨人，同样不能超越历史的局限。结束"文化大革命"，也就成为毛泽东的一桩未了的心愿。

毛泽东无法按照他的设想来结束"文化大革命"。那么，结束"文化大革命"，是不是当时历史发展的大势所趋呢？答案是肯定的，又是和毛泽东的想法相反的。历史进到70年代中期，已经形成了这样一种局面：不根本否定"文化大革命"，就无法结束"文化大革命"。

这场结束"文化大革命"的序幕，是由邓小平1975年整顿开启的。

邓小平曾经说过："其实，拨乱反正在一九七五年就开始了。那时我主持中央党政工作，提出了一系列整顿措施，每整顿一项就立即见效，非常见效。这些整顿实际上是同'文化大革命'唱反调，触怒了'四人帮'。他们又一次把我轰下了台。"②

邓小平整顿的纲领是毛泽东的"三项指示"。邓小平在中央读书班的一次讲话中，传达了毛泽东的三条意见：第一，要学习理论，反修防修；第二，要安定团结；第三，要把国民经济搞上去。并说："这三条指示互相联系，是个整体，不能丢掉任何一条。这是我们这一时期工作的纲"。③ 随后，他又要人起草了《论全党全国各项工作的总纲》，对"三项指示"做了进一步的阐发。

---

① 《建国以来重要文献选编》第8册，中央文献出版社，1994，第230页。

② 《邓小平文选》第3卷，人民出版社，1993，第81页。

③ 《邓小平文选》第2卷，人民出版社，1994，第12页。

《总纲》虽然重复了"无产阶级专政下继续革命理论"的内容，重复了"文化大革命"的一些错误结论，但是把锋芒对准了极"左"思潮及其表现——拉山头、打派仗，并批驳了盛极一时的所谓"造反""反潮流"精神，剥掉了极"左"思潮的马列主义外衣。

尤其重要的是，《总纲》集中批驳了极左理论家挥舞的所谓"唯生产力论"的大棒，旗帜鲜明地提出了"辩证地理解政治和经济的对立统一关系"和关于社会生产力标准的观点。《总纲》援引列宁的话："政治教育的成果，只有用经济状况的改善来衡量。"又引了毛泽东讲过的话："中国一切政党的政策及其实践在中国人民中所表现的作用的好坏、大小，归根到底，看它对于中国人民的生产力是否有帮助及其帮助之大小，看它是束缚生产力的，还是解放生产力的。"接着指出："区别真马克思主义和假马克思主义，区别正确路线和错误路线，区别真干革命和假干革命，区别真干社会主义和假干社会主义，区别干部所做工作的成绩是坏是好，是大是小，归根结底，只能也只应按照列宁和毛主席所提出的这个标准来衡量。"这实际上是 1975 年整顿的指导思想，在当时的特定条件下，具有振聋发聩的作用。

1975 年 3 月 5 日，邓小平在全国工业书记会议上明确提出：把国民经济搞上去，为实现四个现代化目标而奋斗，这就是全党的大局。[1] 会后有人说，这是"复辟纲领"。[2]

---

① 见《邓小平文选》第 2 卷，人民出版社，1994，第 4 页。
② 见《邓小平文选》第 2 卷，人民出版社，1994，第 10 页。

就这样，一场系统纠正"文化大革命"错误的变革，紧锣密鼓地拉开了帷幕。这场变革，来得突然，但却有纲领、有理论、有步骤、有策略。从1975年2月到9月，邓小平召开了全国工业书记会议、钢铁工业座谈会、全国农业学大寨会议、中央军委扩大会议、国防工业重点企业会议、农村工作座谈会等一系列的会议，并听取了中国科学院的工作汇报，开始了全面整顿。

邓小平大胆指出："当前，各方面都存在一个整顿的问题。""整顿的核心是党的整顿。""整党主要放在整顿各级领导班子上"，"领导班子整顿好了，党员的问题就容易解决了"。

他还指出："割裂毛泽东思想这个问题，现在实际上并没有解决。比如文艺方针，毛泽东同志说，要古为今用，洋为中用，百花齐放，推陈出新。这是很完整的。可是，现在百花齐放不提了，没有了，这就是割裂。"[1]

经过几个月的整顿，全国工农业生产和交通运输的形势明显改观，党、政、军、民、学等各个方面有了新的气象，长期受到极"左"思潮压抑的知识分子开始扬眉吐气。更重要的是，邓小平在毛泽东的支持下，同江青集团展开了针锋相对的斗争，并且迫使江青向毛泽东和中央政治局交出了书面检讨。[2] 这件破天荒的稀罕事，极大地打击了极"左"思潮的气焰。

1975年底，正当整顿逐步发展成为对"文化大革命"错

---

①　《邓小平文选》第2卷，人民出版社，1994，第35～37页。
②　见《毛泽东年谱（1949～1976）》第6卷，中央文献出版社，2013，第593页。

误的系统纠正的时候，形势急转直下。毛泽东提出："对文化大革命有两种态度，一是不满意。二是要算帐，算文化大革命的账。"① 他还对整顿的纲领提出尖锐批评，说："什么'三项指示为纲'，安定团结不是不要阶级斗争，阶级斗争是纲，其余都是目。"② 并且再次重申对"文化大革命""三七开"的评价，即"七分成绩，三分错误"。③

就这样，一场整顿与变革，被"以阶级斗争为纲"的指导思想扼杀了。接下来，是一场很不得人心的大批判运动。然而，这次整顿唤醒了人们长期受到极"左"思潮压抑的理性思考，促使人民群众朦胧地感到了中国未来的方向。"以阶级斗争为纲"的批判火焰，实际上为彻底否定自身创造了条件。在这种情况下，批判越猛烈，不满和反抗就越强烈。人心向背，发生了根本性的转变。

常言道，"柳暗花明又一村"。1976 年，是中国人民化大悲为大喜的一年。这年伊始，周恩来总理病逝。接着，众望所归的邓小平，在主持了周恩来的追悼会以后，被再次打倒。随之而来的，是一浪高过一浪的"批邓、反击右倾翻案风"的大批判浪潮。2 月 2 日，中共中央根据毛泽东的提议，决定由华国锋担任国务院代总理。毛泽东没有让江青集团染指党和国

---

① 《建国以来毛泽东文稿》第 13 册，中央文献出版社，1998，第 487 页。

② 《建国以来毛泽东文稿》第 13 册，中央文献出版社，1998，第 486 页。

③ 《建国以来毛泽东文稿》第 13 册，中央文献出版社，1998，第 488 页。

家的重要权力。

从 1976 年 1 月到 4 月，人民悼念周总理的各种活动有增无减。4 月 5 日清明节前后，一场声势浩大的悼念周总理、声讨"四人帮"的群众运动席卷全国。

江青集团的骨干分子，都是靠运动群众起家的。但是，他们最终逃不脱群众运动的惩罚。这是人民的抗争。

四五运动绝非偶然。它是林彪事件以来，人民群众对极"左"思潮多年观察反省的结果。这场运动，集中地表现出人民群众对极"左"思潮的代表者——江青集团的痛恨，表现出人民群众对党内健康力量的代表者——周恩来、邓小平等人的怀念和呼唤。为了表达拥护以邓小平为代表的党的正确领导，许多人甘冒受批判、被关押的风险。

四五运动虽然被镇压了，但是，结束"文化大革命"的愿望并没有消失。它使中共中央领导层的相当一批人看清了人民的意志，并为后来粉碎"四人帮"奠定了坚实的群众基础。

毛泽东再次做出了错误的决断。他在听取了关于天安门事件是"反革命政治事件"的汇报后，表示：这次，一、首都，二、天安门，三、烧、打。这三件好，性质变了。[①] 他还提出：撤销邓小平党内外一切职务，保留党籍，以观后效。[②] 但是，毛泽东在作最后一次重大人事安排时，仍然没有让江青集团染指党政军大权，而由华国锋担任中共中央第一副主席、国

---

① 见《毛泽东年谱（1949～1976）》第 6 卷，中央文献出版社，2013，第 646 页。
② 见《毛泽东年谱（1949～1976）》第 6 卷，中央文献出版社，2013，第 647 页。

务院总理。

1976 年 9 月 9 日，毛泽东逝世。尽管他在晚年犯了严重错误，但是，他在人民心中仍然享有崇高的威望。人民深切地悼念他为共和国立下的不朽功绩。同时，毛泽东的去世，也为系统地纠正"文化大革命"的错误、结束这场内乱，铺平了道路。用叶剑英的话说，人们没有了"投鼠忌器"之虞。①

毛泽东去世后不久，一场党内健康力量同极"左"思潮的最后堡垒——江青集团的总决战，终于不可避免地到来了。这场较量，实际上是邓小平在全面整顿中同江青集团斗争的继续。斗争的结果，中共中央政治局执行党和人民的意志，一举粉碎了江青集团，"文化大革命"终于以人民的胜利宣告结束。

"文化大革命"的最后结局，表面看富于戏剧性，却揭示了历史的必然。实际上，这个结局本身，正是十年生聚的必然结果。"文化大革命"十年间，人民群众和党内健康力量同极"左"思潮的斗争较量，从来就没停止过。一次次抗争，一次次挫折，使人们逐渐悟出一个道理：不彻底否定极"左"思潮，"文化大革命"就不可能结束。这样，就使得人民的抗争开始进入更高的形态：否定"文化大革命"。促使人民深刻地认识到这一点的，正是邓小平的全面整顿。在邓小平同江青集团的较量中，邓小平暂时失败了。但是，他却因此成为人民心目中的英雄。"四人帮"表面看是胜利者，却从此彻底脱离了群众。这就是历史发展的辩证法。

---

① 见《叶剑英传》，当代中国出版社，1995，第 644 ~ 645 页。

结束语

毛泽东在新中国发展中的历史地位

今天，我们坚定不移地走在中国特色社会主义道路上。历史反复证明，维护毛泽东的崇高历史地位是坚持和发展中国特色社会主义的前提。就毛泽东一生来说，他的功绩是第一位的。就毛泽东在新中国成立后的政治生涯来说，他的贡献也是第一位的。

总结前面各章所述，我们有理由得出一个结论：毛泽东对于中华民族、对于新中国、对于中国共产党，至少有六大历史性贡献。

第一个历史性贡献，是带领中国人民经过了长期的革命斗争，终于赢得民族独立和人民解放，创建了新中国。这是他的最伟大的历史性贡献。

大家都知道，1840 年以后，英、法等西方列强都来侵略中国，来欺负中国，来掠夺中国，中国变成了他们的半殖民地，国家主权被严重践踏。而此时中国的社会制度仍是延续了几千年的封建社会，且已进入它的腐朽时期，社会矛盾重重，民不聊生，内忧外患交集在一起，中国人民受到了西方列强和本国封建势力的双重压迫。所以无数的仁人志士，包括早期的林则徐、魏源、龚自珍，一直到洪秀全，再到康有为、梁启超，最后到孙中山先生，都为民族独立、人民解放做出了不懈努力。

但是真正能够给中国指明一条道路，找到正确方向，而且把它变成现实的是毛泽东和他的战友们。中国共产党人团结奋斗了28年，浴血奋战，牺牲了上千万革命者，包括毛主席自己的家人，六位烈士，其中有五位都是在民主革命时期牺牲的，另外一位是毛岸英，新中国成立以后在抗美援朝中牺牲的。毛泽东同志和那一代伟人，为我们中华民族立下了不朽的功勋，就像邓小平同志说的，没有毛泽东，中国人民还将在黑暗中摸索很长一段时间。

第二个历史性贡献，是在创建新中国后带领中国人民走上了社会主义现代化的道路。

中国长期是一个自给自足的小农经济的农业国家。近代以来，西方进行了工业革命，实现了社会的近代化，而中国却没有赶上世界的浪潮，被西方国家远远地抛在后面。这是我们苦难深重的中华民族上百年来积贫积弱、被动挨打的一个重要原因。所以，毛泽东和他的战友们从新中国成立以后，没有忘记要创建一个工业化的新中国。没有工业化，一切都谈不上。所以，在1953年国民经济刚刚恢复，抗美援朝战争接近尾声的时候，我国就开始了第一个五年计划，在苏联的援助下兴建了156个项目，初步解决了我国工业化的基础问题。从毛泽东开始，到邓小平同志第二代领导核心，再到江泽民同志第三代领导核心，再到以胡锦涛、习近平同志为总书记的党中央，一代一代不懈努力。到现在，我国正顺利实施第十二个五年计划。我们在享受工业化成就的同时，不能忘记革命先辈们创立下的丰功伟绩。

尽管在此过程中，毛泽东也犯过错误，也偏离过经济建设这个中心，特别是犯了"文化大革命"的错误，但是我国工业化建设始终没有停顿。即便在"文化大革命"这艰难的十年中，我国排除各种干扰，还是在继续进行工业建设。最显著的就是1970年我国发射了自行研制的第一颗人造地球卫星，1975年又成功发射了第一颗返回式卫星。葛洲坝水利枢纽工程的建设，也是在70年代开始的。在中美关系正常化以后，成批、成套地引进西方的化工设备，也是从那个时候开始的。所以，到70年代中期，我国已经实现了现代化的第一步，也就是已经初步建成一个比较完整的、独立的工业化体系和国民经济体系，解决了整个工业基础的问题，解决了我们制造业从无到有的问题。特别需要强调的是，四个现代化目标的提出和战略部署，最初是在毛泽东主持下进行的。1964年第三届全国人民代表大会正式提出了在20世纪末实现工业、农业、国防、科学技术四个现代化。这些目标虽然没有按期实现，但是已经打下了初步的基础。学界经常讲，中国是在70年代中期完成了初始工业化。然后在这个基础上，我们才谈得上向全面的现代化迈进。而这个目标现在我们已经一步一步地接近了。也就是说，到21世纪中叶我们将基本上实现现代化，接近中等发达国家的水平。这是一个了不起的历史性的进步。

第三个历史性贡献，是创立了中国社会主义根本制度，并开始了对适合中国国情的社会主义建设道路的探索。

在毛泽东的领导下，新中国破天荒地建立起具有中国自己特点、适合中国国情的社会主义根本制度，制定了第一部共和国宪法，成为中国特色社会主义制度的基石。我们首先建立起来的，是以工人阶级为领导、工农联盟为基础、最广泛的人民民主统一战线为纽带的人民民主专政的国体。这一国体的建立，使新中国有可能在对极少数敌对势力实行专政的同时，在人民内部实行最广泛的民主。毛泽东还为新中国建立了社会主义基本制度。这些基本制度包括人民民主专政的国体和人民代表大会制度的政体，以及人民代表大会制度作为根本政治制度，中国共产党领导的多党合作和政治协商制度、民族区域自治制度作为基本政治制度，全民所有制和集体所有制为主体的社会主义基本经济制度，以马克思主义为指导的社会主义基本文化制度等。以上这些制度在中共十一届三中全会以后进一步发展完善，成为中国特色社会主义制度的基石。

与此同时，毛泽东是中国社会主义建设道路的开辟者。在他的领导下，开启了走自己道路、开辟适合中国国情的社会主义建设道路的伟大探索，为成功开辟中国特色社会主义道路提供了必要的经验积累和理论准备。他为新中国确立的发展目标，"是想造成一个又有集中又有民主，又有纪律又有自由，又有统一意志、又有个人心情舒畅、生动活泼，那样一种政治局面，以利于社会主义革命和社会主义建设，较易于克服困难，较快地建设我国的现代工业和现代农业，党和国家较为巩固，较为能够经受风险"。他深信，"采取现在的方针，文学艺术、科学技术会繁荣发达，党会经常保持活力，人民事业会欣欣向荣，中国会变成一个大强国而又使人可亲"。

第四个历史性贡献，是极大地加强了我们的国防。

在 1840 年以后很长一段时间，无数的仁人志士都慨叹中国"有边无防"。我国有漫长的边疆、广阔的海洋，但是没有设防，就是设防也经不起西方列强船坚炮利的侵略。所以甲午海战，一个小小的邻国日本，我们都败在它的手下，这对有识之士是极大的震动。新中国成立后，毛泽东在既没有财力，也没有工业基础的极端困难情况下，白手起家，使我们的国防工业、国防现代化取得了长足的进步。毛泽东提出要建设强大的海军，巩固海防；建立强大的空军，巩固空防。到 20 世纪 50 年代后半期，又提出要加强国防工业的建设，要加强三线建设的布局。那时我国的主要工业，包括国防工业，都在沿海，内地很少有工业。60 年代中期和整个 70 年代，我国的国防工业，特别是三线建设完成了合理的布局。从沿海到内地，一直到西部地区，到处都有工业基地，包括原子能基地、核试验基地等。这是了不起的成就。正因为如此，从 50 年代到 60 年代世界上虽然不断地发生局部战争，不断有紧张的态势，但是我国的整个边防和国防是非常稳固的，没有谁敢轻易地来欺负我们。这也是一个了不起的贡献。

第五个历史性贡献，是建设了一个马克思主义的先进政党——中国共产党。

毛泽东首先奠定了中国共产党的思想基础，即实事求是的思想路线。同时，还奠定了良好的群众基础，并形成了深入民心的优良传统，这就是群众工作路线。特别重要的是，因为中国共产党从诞生之日起就肩负着民族独立、人民解放和国家富强、人民富裕的神圣使命，为完成这样一个使命就必须用一套科学的世界观和方法论来认识世界、改造世界，改造我们伟大的祖国，使它真正能实现民族复兴。这个科学的世界观和方法论，也是毛泽东奠定的基础，这就是找到了马克思主义中国化的正确的道路。这个法宝一直延续至今。当然，毛主席在有生之年，并没有对毛泽东思想的活的灵魂作过概括。这个活的灵魂是谁来概括的呢？是邓小平同志。邓小平同志把它概括为：实事求是、独立自主、群众路线。这三大法宝既是毛泽东思想的哲学基础，同时也是我们中国特色社会主义理论体系的哲学基础。

第六个历史性贡献，是极大地提升了我国的国际地位。

鸦片战争后，我国在世界上没有什么国际地位，只是到了抗日战争的时候，特别是抗战的胜利，作为中国近代史上反侵略的第一次彻底性的胜利，才扭转了这种状况。但在这之后较长一段时间里，国家陷入内战，经过毛泽东和中国共产党的不懈努力，终于建立了新中国，为国家赢得了最后的和平。

新中国成立以后，以美国为首的西方资本主义国家不承认这个新生政权。当时美国提出一个理论叫作"尘埃落定"。什么意思呢？它认为中国共产党建立的新中国维持不了几年，那就等着有朝一日中国共产党下台以后再考虑建交的事，实际上就是不承认中国共产党的执政地位，也不承认新中国在世界上的地位。在这种情况下，我们不信邪，也不怕各种各样的压力，中国共产党有骨气，坚持独立自主这个活的灵魂，顶住了压力，而且赢得了抗美援朝战争的胜利。美国人不得不和我们打交道。于是，1954 年在日内瓦召开的解决朝鲜半岛问题和印度支那问题的国际会议上，美国人不得不邀请我们参加，它在外交上不承认我们，但它又不得不承认，在国际会议上没有中国的参加，这两大问题解决不了。

在毛泽东的领导下，新中国外交以打破西方封锁、为国内和平建设营造良好外部环境为突破口，发展到中美关系正常化、开创外交新格局，并提出"三个世界"的战略构想，推动世界格局向多极化方向发展，极大地提升了中国的国际地位，为中共十一届三中全会后实行对外开放战略创造了必要条件。

综括这六个方面的历史性成就，我们完全可以说，毛泽东同志是一个不朽的民族英雄，为了中华民族的民族独立、中国人民的解放，为了新中国的繁荣富强，为了老百姓能过上好日子，他无私地奉献了自己的一生，也包括他家中的6位亲人。当然他也犯错，甚至有犯严重错误的时候，给国家、民族和我们的党都带来了很大的损害，给人民也带来了损害。但是，人民仍牢记他，怀念他。什么道理呢？就是因为事实充分证明，毛泽东作为中国社会主义基本制度的奠基人、中国社会主义现代化事业的开创者、中国特色社会主义道路的先驱探索者，他当之无愧。同样的，他也是追求中华民族伟大复兴梦想的第一人。没有毛泽东的艰辛探索及其积累的正反两方面的经验教训，我们不可能如此顺利地找到中国特色社会主义道路。没有毛泽东为新中国奠定的物质基础和制度基础，我们也不可能如此顺利地推进改革开放和现代化建设。

当然我们还要说一句话，就是如果没有十一届三中全会以后，党带领我们大胆地摆脱了过去的社会主义传统观念的束缚，长期以来的"左"的束缚，我们也不可能走到改革开放这条路上。从这一点来说，这是我们中国共产党一代又一代人接力探索、不懈奋斗的结果。

在结束语中，我们还需要集中讨论同毛泽东在新中国发展中历史地位密切相关的几个问题。

第一，如何认识以毛泽东为代表的中国共产党人对社会主义道路及其制度的选择？

今天流行着一种普遍的说法，叫作"早知今日，何必当初"。意思是说，今天的改革开放证明当年社会主义改造的道路选择和制度选择弄错了。果真如此吗？我们应当历史地看问题。

首先，这种选择，是近代以来不断选择的继续。

从1840年起，中国近代的仁人志士就在思索中华民族重新振兴的出路问题。最初的探索，自然是从最为温和的改良开始的。从龚自珍、林则徐、魏源等人的"放眼看世界""师夷之长技以制夷"开始，经过洋务运动、维新变法，面对顽固不化的封建专制统治，人们开始意识到中国不推翻封建专制不行，不进行资产阶级民主革命不行。于是出现了改变中国历史命运的第一位伟人——孙中山先生和他领导的辛亥革命。

辛亥革命成功了，孙中山革命派的建国纲领却失败了。这以后，孙中山在重新思索，新生的一派胡适、陈独秀、李大钊等在思索，后起之秀毛泽东、蔡和森、周恩来等也在思索。他们中的大多数人，或者认共产主义和社会主义做朋友，或者逐渐信仰了共产主义。最终，他们在1924年国民党一大后携起手来，掀起了轰轰烈烈的第一次大革命。

国民党靠国共合作和北伐战争上了台，却不许共产党分享胜利果实。在白色恐怖之中，中国共产党被逼上"梁山"，开始了农村包围城市、武装夺取政权的漫漫长路，但也由此逼出了无产阶级领导中国资产阶级民主革命的新民主主义纲领。革命的性质是资产阶级的，革命的领导者却是工人阶级，革命的前途必定要通向社会主义。这一条道路，先是得到广大农民的热烈拥护，在抗日战争后期和解放战争时期又扩大到民族资产阶级和其他爱国阶层，结成了空前的反帝反封建的革命爱国统一战线。这一统一战线，既是创建新中国的政治基础，也是选择社会主义道路的政治基础。

中国近代以来的历史，就是这样走过来的。面对这段历史，后人可以有各种解读。但是，有一点是必须遵循的，那就是不能割断历史，更不能曲解历史。

其次，这种选择是一种现实的选择，既不能回避，也不能逾越。

前人在进行选择的时候，所处的是当时特定的历史条件。这些历史条件决定了当时的选择范围。我们不能用现在的条件来苛求当时。

选择社会主义道路，有当时的国际背景。当年在进行选择时，我们只能倒向社会主义阵营一边，不可能对西方国家开放。不是我们不开放，而是西方封锁遏制我们。我们只能向苏联学习，得到苏联的帮助。这种学习和帮助是全方位的，对我国进行经济建设和国防建设是极其宝贵的。从历史的眼光看问题，应当说，对我们来说这是最为有利的一种选择。

我们当时选择社会主义道路，还有一个重要的国际背景，就是在第二次世界大战结束不久，社会主义在世界上还处在发展的高峰，它的优越性十分明显。相反，资本主义制度面临着深刻的危机和矛盾，正在调整之中。不单我国选择了社会主义道路，世界上许多刚刚获得民族独立的国家都纷纷选择了社会主义。这是当时的人心所向。当然，后来的发展证明，这里有一个如何看待资本主义的问题。我们当时以为资本主义世界遇到了总危机，已经气息奄奄，就要进历史博物馆了。实际上，当时资本主义世界遇到的危机还是阶段性的，科技革命和社会福利政策帮助它度过了这场危机，进入了新的发展阶段。与此相反，社会主义各国由于体制上和政策上的原因，未能很好地解决自身的问题，而逐渐在 20 世纪 60 至 70 年代遇到了困难。当时未能估计到双方对比会发生那样大的交替变化而导致过于乐观，这固然是历史局限，但是，如果因为后来的变化而否认社会主义在世界上曾经有过这样一段黄金发展时期，也不是正视历史的态度。

从国内的情况来说，当时选择了社会主义道路、决定进行社会主义改造，也是有特定的历史条件的。在新中国建立后的一段时间里，为了集中精力完成民主革命的遗留任务，为了尽快恢复国民经济，曾经强调实行社会主义是遥远的将来的事情。这是中国共产党人当时主观上的认识。然而，经过平抑物价的斗争、统一全国财经的努力、统购统销政策的实行，特别是经过"五反"和调整工商业政策，人们突然发现，这些本来是新民主主义性质的政策措施，却实际上引导着整个资本主义工商业从接受国营经济的领导而走上了国家资本主义的轨道。这种公私关系的重大变化，再加上农村里面分得了土地的农民组织起来搞互助合作的大趋势，就成为中国共产党提出过渡时期总路线的客观依据。当时有一句很流行的话，叫作"瓜熟蒂落，水到渠成"，当时的历史发展就是这样。

最后，这种选择，是努力结合中国国情的选择，是在前人经验基础上的创造性的选择。

邓小平讲过一句话，我们长期以来对于什么是社会主义、怎样建设社会主义没有搞清楚。一些人对这句话有一种误解，以为我们当年连社会主义都没有搞清楚，就懵里懵懂地错搞了社会主义。

邓小平的这段话，的确鞭辟入里。关键在于我们如何正确地理解这段话。应当说，就当时的思想认识而言，我们是既懂又不完全懂。在有些方面是清醒的，也是基本正确的，而在另外许多方面却又知之不多，甚至还有误解，用当时的话说叫作"还处在必然王国之中"。对此，要做历史的、具体的分析，不能一概而论。

当时我们党在进行制度选择的时候，对于什么是社会主义基本制度，总体上认识是清醒的。在这方面，不能说我们连社会主义基本制度都没有搞清楚。我们建立起来的社会主义基本制度，具有中国自己的创造、自己的特色。这一点，必须充分肯定。

坚持和发展这种选择，是我们今天进行社会主义改革开放和现代化建设的基础。同时也要看到，经过社会主义改造建立起来的社会主义基本制度，尽管有中国自己的特色，是我们前进的基础，但这时建立起来的社会主义制度还很不完备，很不成熟。这是就实践而言。而在理论认识上，存在的问题就更大一些。当时一个突出的问题，就是思想理论准备严重不足。这就使我们把苏联体制上的一些东西也照搬过来，甚至认为这是由社会主义本质所决定的，这对我们自己是一种严重的束缚，而且还使我们对马克思主义经典作家的有关论述产生了严重的误解，误以为事情本应如此。从这个意义上说，我们当时对于什么是社会主义、怎样建设社会主义没有完全搞清楚。进一步解决好什么是社会主义、怎样建设社会主义的问题，巩固和发展中国特色的社会主义制度，是历史向我们提出的根本性任务。正如邓小平所说，完成这个历史任务，需要很长的历史阶段，需要几代人、十几代人，甚至几十代人坚持不懈地努力奋斗。

社会主义基本制度建立起来以后，中国进入了社会主义初级阶段。在这个阶段，基本矛盾仍然是生产关系和生产力、上层建筑和经济基础之间的矛盾。实践证明，解决这一矛盾的最好办法，不是"大跃进"，不是"文化大革命"，而是社会主义改革。社会主义改革，是社会主义制度的自我完善和发展。首先就是要坚持社会主义改造的成果，坚持社会主义基本制度。在此基础上，大胆进行社会主义经济体制改革、政治体制改革、文化体制改革，以建立中国特色社会主义。中国特色社会主义事业，是在充分肯定和继承社会主义改造的成果的基础上，在充分肯定和继承社会主义基本制度的基础上，对于"什么是社会主义、怎样建设社会主义"这两个根本性问题进行大胆的理论创新和实践创新的结果。其根本目的，不是要放弃社会主义制度，而是要充分发挥社会主义制度的优越性。

第二，如何理解毛泽东领导下社会主义建设最为突出的成就是"在一穷二白的基础上建立了独立的比较完整的工业体系和国民经济体系"？

毛泽东和中国共产党经过 20 多年的不懈努力，尽管历经曲折，仍然取得了令中国人民自豪的社会主义现代化成就。事实胜于雄辩。

——以较快的发展速度实现了工业化"从无到有"的历史性跨越。从"一五"时期（即执行发展国民经济的第一个五年计划的时期）开始到 1976 年的 20 多年，是中国社会主义现代化事业打基础的重要发展时期。尽管经历了"大跃进"和"文化大革命"的严重挫折，这个时期中国经济的发展速度仍然是比较快的。1952 年到 1978 年，工农业总产值平均年增长率为 8.2%，其中工业年均增长 11.4%。[①] 1952 年到 1976年，国内生产总值从 679 亿元人民币增加到 2943.7 亿元，人均国内生产总值从 119 元增加到 316 元。[②]

——大兴农田水利基本建设，农业生产稳步增长，农业现代化开始起步，人民基本生活需求得到保障，并有力地支援了工业建设。全国总人口从 1949 年的 5.4167 亿增长到 1976 年的 9.3717 亿，同期粮食的人均占有量从 418 市斤增加到 615市斤。1952 年至 1976 年全国居民人均消费水平，农民从 62 元增加到 125 元，城市居民从 148 元增加到 340 元。[③] 能够初步

---

① 《中国近现代史纲要》（2013 年修订版），高等教育出版社，2013，第 256 页。

② 国家统计局编《中国统计年鉴（1998）》，中国统计出版社，1998，第 55 页。

③ 国家统计局编《中国统计年鉴（1984）》，中国统计出版社，1984，第 81、167、454 页。

满足占世界 1/4 人口的基本生活需求，这被世界公认为奇迹。

——大力发展社会主义文化教育、医疗卫生事业，人民的文化素质和健康水平有较大幅度的提高。1949 年到 1976 年，小学校从 34.7 万所发展到 104.4 万所，在校生从 2439 万人发展到 1.5 亿人；中学校从 4045 所发展到 19.2 万所，在校生从 103.9 万人发展到 5836.5 万人；高等学校从 205 所发展到 434 所，在校生从 11.7 万人发展到 67.4 万人。[1] 人均预期寿命，1949 年为 35 岁，1975 年男性提高到 65.34 岁，女性提高到 67.08 岁。[2]

——取得一批重要的科技成果。新中国在核技术、人造卫星和运载火箭等尖端科学技术领域，也取得一系列重要的成就。1964 年 10 月，中国爆炸了第一颗原子弹。1967 年 6 月，爆炸了第一颗氢弹。1970 年 1 月，第一枚中远程导弹发射成功。同年 4 月，第一颗人造地球卫星发射成功。1975 年，可回收人造卫星试验成功。这些成就表明，中国在尖端科技领域的某些方面正接近世界先进水平。

新中国先后制定了两个科学技术长远发展规划。其中，1956 年制定的第一个十二年发展规划提前实现。1963 年又提前制定了十年发展规划。新中国还专门成立了中国科学院，一些重要的现代科学分支和新兴应用技术，如生物物理学、分子物理学、地球化学、射电天文、高能物理以及核技术、喷气技

---

[1] 国家统计局编《中国统计年鉴（1984）》，中国统计出版社，1984，第 485、484 页。

[2] 国家统计局编《中国统计年鉴（1984）》，中国统计出版社，1984，第 83、95 页。

术、计算机技术、半导体技术、自动化技术、无线电技术等，也都在这一时期逐步发展起来。华罗庚、李四光、茅以升、竺可桢、童第周、钱三强、钱学森、邓稼先、陈景润等一批科学家为国家发展做出重大贡献。

——初步建立起现代国防工业，高科技领域以"两弹一星"为标志取得突破性进展，人民解放军实现了从单一兵种到多军种、多兵种的历史性转变。从国防和国家安全的考虑出发，开展了大规模的国防工业建设。从1953年"一五"时期开始到1975年"四五"时期结束，共投资1946.8亿元。这不仅极大地增强了国防力量，而且对改善工业布局和城市布局起了重要的促进作用。

——新中国外交从以打破西方封锁、为国内和平建设营造良好外部环境为突破口，发展到中美关系正常化、开创外交新格局，为中共十一届三中全会后实行对外开放战略创造了必要条件。同中国建交的国家，从1965年的49个增加到1976年的111个，仅1970年以后的新建交国就有62个。① 邓小平同志指出："我们能在今天的国际环境中着手进行四个现代化建设，不能不铭记毛泽东的功绩。"②

新中国在短短的时间里取得如此巨大的成就，是同中国共产党的领导、同举国上下艰苦奋斗和勤俭建国的创业精神分不开的。这一时期涌现出像大庆和大寨那样艰苦创业的英雄集

---

① 《中国近现代史纲要》（2013年修订版），高等教育出版社，2013，第261页。

② 《邓小平文选》第2卷，人民出版社，1994，第172页。

体，涌现出大量英雄模范人物，如雷锋、王进喜、焦裕禄等，集中反映了当时的社会道德和精神风貌。

毛泽东给改革开放不仅留下了物质遗产和制度遗产，还留下了弥足珍贵的精神遗产和思想遗产。他为中国共产党长期执政、共和国长治久安、马克思主义中国化永葆生机活力留下的最为宝贵的思想遗产，莫过于"三大法宝"：实事求是、群众路线、独立自主。这"三大法宝"，将中国革命道路与中国特色社会主义道路一脉贯通，成为实现中华民族伟大复兴取之不尽、用之不竭的精神动力和创造力源泉。正如习近平总书记在纪念毛泽东同志诞辰 120 周年座谈会上的讲话所说："站立在 960 万平方公里的广袤土地上，吸吮着中华民族漫长奋斗积累的文化养分，拥有 13 亿中国人民聚合的磅礴之力，我们走自己的路，具有无比广阔的舞台，具有无比深厚的历史底蕴，具有无比强大的前进定力。中国人民应该有这个信心，每一个中国人都应该有这个信心。"

第三，如何认识和评价毛泽东"使古老的中国以崭新的姿态屹立在世界的东方"的奋斗历程？

这里既是讲建设成就，也是讲国防成就和外交成就。经济是基础，国防是后盾，外交则是谋求大国地位的舞台。

毛泽东为了确立中国的大国地位，中心是向雅尔塔格局美苏两极挑战，特别是要去除雅尔塔秘密协议强加给中国人民的屈辱和不平等，他做了不懈努力。

首先，在新中国成立前夕，以毛泽东为首的中共中央确立了"一边倒"政策。在今天，对这一决策，我们可以做出各种假设。然而，在当时特定的历史条件下，这不能不是唯一正确的"打破帝国主义封锁之道"。在以美国为首的西方国家对华实行封锁遏制的情况下，和苏联结盟，保障了新生的中华人民共和国的国家安全，得到了工业化建设必需的资金、装备和技术等方面的有力援助，并且极大地推动了国防现代化。而且更为重要的是，我们并没有因为"一边倒"就束缚了自己的手脚，而是在结盟谈判的过程中最大限度地维护了国家主权和利益，使得苏联同意归还中长铁路和旅顺港口。

接着，毛泽东还决策出兵抗美援朝，在新中国成立之初就和武装到牙齿的美国军队展开了一场生死较量。抗美援朝战争，是通过谈判结束的，基本上恢复了朝鲜战争爆发以前的局面。就这一点而论，战争似乎没有赢家，打了个平手。但是，抗美援朝战争，就中国人民志愿军而言，是在以美国为首的"联合国军"打到鸭绿江边、大军压境的情况下开始的。这是一个最基本的客观事实。而在这场战争结束时，我们不但把"联合国军"打回了"三八线"，而且还守住了"三八线"。因此，我们有充分的理由说，中国人民志愿军和中国人民赢得了这场战争。

就中国的大国地位来说，抗美援朝的意义还不仅仅在战场上。正是有了抗美援朝的正确决策，才使中国在世界上树立起了负责任的大国形象。当时，中国政府不是没有向美国发出严正警告。但是，美国政府并没有把长期积弱的中国看在眼里。抗美援朝战争的胜利证明，要让强权国家认识到"中国人从此站立起来了"，必须要有行动，必须让它认识新中国的力量。中国人不但站立起来了，而且成为敢于同强权国家抗争的主持正义、维护和平的重要力量。就这点来说，抗美援朝决策的深远影响，不能低估。正因为如此，当美国人想要利用"北部湾事件"把越南战争扩大到越南北方的时候，周恩来总理代表中国政府发表了警告美国人的四句话，即：中国不会主动挑起对美国的战争；中国人说话是算数的；中国是作了准备的；战争打起来，就没有界限。① 美国政府对此十分重视，始终不敢把地面战争扩大到越南北方。

在中国确立自己的大国地位的过程中，具有重要意义的第三件大事，就是中国在1964年10月16日成功地爆炸了第一颗原子弹。这一胜利，是中国依靠自己的力量打破美苏等大国的核垄断取得的，极大地提高了中国的国际战略地位。十分巧合的是，中国成功爆炸原子弹，同苏联赫鲁晓夫下台，正好同时发生在1964年10月，向世人揭示出这次核爆炸的政治含义，显示了它在苏中两国控制与反控制斗争中的重要地位。随着第一颗原子弹爆炸的成功，中国得到了冲破阻力走向国际社会的一次历史性机会。

在第一颗原子弹爆炸成功后，中国政府郑重声明："中国发展核武器，是为了防御，为了保卫中国人民免受美国发动核战争的威胁。中国政府郑重宣布，中国在任何时候、任何情况下，都不会首先使用核武器。"正是这样的声明，赢得了广大发展中国家人民的心。从此以后，中国作为唯一一个拥有核力量的发展中国家，坚定不移地同亚非拉广大发展中国家站在一起，共同为维护世界和平而奋斗。也正是这些长期被人看不起

---

① 见《周恩来外交文选》，中央文献出版社，1990，第460~461页。

的"穷朋友",在恢复中国在联合国的合法地位的斗争中发挥了关键性的作用,1971年10月25日第26届联合国大会以压倒多数通过了恢复中华人民共和国在联合国合法席位的提案。

中国在国际社会地位的大幅度提高,迫使美国政府不得不放弃敌视中国的政策,转而谋求美中关系的正常化。1971年7月9日至11日,美国总统国家安全事务助理基辛格秘密访华,揭开了这一进程的序幕。1972年2月21日至28日,美国总统尼克松访问中国,中美最高层首脑举行会晤,并发表了著名的中美第一个上海联合公报。至此,毛泽东、周恩来等老一辈革命家从新中国成立前夕就开始为之不懈奋斗的目标,终于开始实现。1957年1月,毛泽东曾经预言:"我们跟美国建交,可能要在第三个五年计划完成以后,也就是说,要经过十八年或者更长的时间。""总有一天,美国要跟我们建交。"① 事实证明了毛泽东的预见。

回顾这段历史,可以看到毛泽东在为新中国的大国地位而奋斗的历程中,有这样几个特点。

第一,毛泽东依靠的国际战略理论,就是"中间地带理论"和"三个世界划分理论"。这一理论及其实践的核心,就是在第二次世界大战后形成的美苏两极格局之外,顺应世界多极化的发展趋势,以办好中国的事情为基础,以广大发展中国家为依托,充分利用各种国际矛盾造成的历史性机遇,求得中国国际地位的迅速提高,求得有利于国内建设的良好国际环境。

---

① 《毛泽东文集》第7卷,人民出版社,1999,第189、190页。

第二，高举和平和反霸的旗帜，紧紧依靠广大发展中国家，在美苏两大阵营之间纵横捭阖，是毛泽东国际战略的成功之道。中国永远不称霸；中国永远属于发展中国家；中国是维护世界和平的重要力量。这些基本思想，至今仍然是中国独立自主的和平外交政策的基本点。

第三，要在错综复杂的国际矛盾中取得成功，毛泽东有一个重要的策略思想，就是要使自己立于不败之地。怎样才能使自己立于不败之地呢？关键有两条。第一条，是要确保自己不犯错误。一犯错误，就会错失良机，就会前功尽弃，就会一失足成千古恨。所以要有科学判断形势的能力，要有驾驭各种复杂矛盾的能力。第二条，同样重要，那就是要利用自己的对手所犯的错误。从抗美援朝战争利用美国军队狂妄骄横的心理取得初战告捷，到炮击金门在美蒋之间打入矛盾的楔子，再到援越抗美使美国深陷战争泥潭无力自拔，等等，都是毛泽东在国际斗争中充分利用对手所犯错误的范例。

以上三点，以及第九章中所涉及的问题，都是在研究毛泽东在新中国发展中的历史地位，以及在研究新中国前30年历史中，经常遇到也是需要反复回答的问题。这些问题归结起来，就是如何看待新中国历史发展的本质特征和主题主线，如何看待改革开放前和改革开放后两个历史时期的关系。

新中国成立以来在毛泽东为核心的党中央领导下的这段历史，是一段在曲折中前进的建设史，是一段在严重的挫折中艰难发展的探索史。我们在研究这段历史的时候，一定要把这段历史作为一个整体来研究，因为只有这样才符合历史的实际。新中国全部历史的主题和主线是什么呢？就是对适合中国国情的社会主义建设道路的探索，就是历经艰辛探索终于开创和发展中国特色社会主义，这就是新中国全部历史的主题和主线。它犹如一条中轴线贯穿于党在社会主义时期的历史之中，贯穿于共和国的历史之中。割断了这两段历史，就割断了新中国历史发展的主线。即使是"文化大革命"这样的全局性失误，也是探索中的失误，是一种失败的探索。当这种探索正确方面占主导的时候，社会主义建设就会取得巨大成就；当这种探索偏离了正确指导而陷入迷误的时候，社会主义建设就会遭受不应有的巨大损失，但也不是说整个建设就此停顿了。在研究这段历史的时候，一定要把握好探索过程的完整性和建设成就的完整性。千万不能因为犯了错误，就否认它是一种探索；千万不能因为犯了错误，就不敢承认这个时期有建设成就。

新中国前30年的建设成就，同改革开放以来30多年的巨大成就，前后接续、密不可分。正如习近平同志所说：我们党领导人民进行社会主义建设，有改革开放前和改革开放后两个历史时期，这是两个相互联系又有重大区别的时期，但本质上都是我们党领导人民进行社会主义建设的实践探索。中国特色社会主义是在改革开放历史新时期开创的，但也是在新中国已经建立起社会主义基本制度，并进行了20多年建设的基础上开创的。虽然这两个历史时期在进行社会主义建设的思想指导、方针政策、实际工作上有很大差别，但两者绝不是彼此割裂的，更不是根本对立的。不能用改革开放后的历史时期否定改革开放前的历史时期，也不能用改革开放前的历史时期否定改革开放后的历史时期。

新中国的历史，是一部沿着内在的理论逻辑和历史逻辑接续发展的历史。这个理论逻辑，就是科学社会主义在中国的运用和发展。这个历史逻辑，就是把马克思主义基本原理同中国实际相结合，走自己的现代化发展道路，探索和开创中国特色社会主义。科学社会主义来到中国以前，已经经历过从空想到科学、从理论到实践、从一国到多国的长期发展。中国共产党从自身的实践中深切地体会到，必须把科学社会主义同本国实际相结合，独立自主地探索适合本国国情的社会主义建设道路。然而，在一个经济文化落后、人口众多的农业大国里如何建设社会主义，这是前无古人的事业，既缺乏现成的理论，也缺乏现成的实践。毛泽东的探索，不能不受到历史条件和认识水平的制约和局限，在探索过程中经历过严重曲折，付出过沉重代价，包括像"文化大革命"这样的全局性错误，但在探索中，在不断纠正已经察觉的错误中，仍然取得了独创性理论成果和巨大成就。不能因为改革开放前后两个时期中间有个"文化大革命"时期，就否定毛泽东全部探索的成就，就否认两个时期之间存在着割不断的理论逻辑和历史逻辑。党的十一届三中全会实行改革开放和现代化建设的历史性决策，是在彻底纠正"文化大革命"错误、全面拨乱反正、实现全党工作重心向经济建设转移的基础上做出的。这一时期，新中国发展的理论逻辑和历史逻辑在开创、坚持和发展中国特色社会主义这一聚焦点上达到了高度统一，对中国特色社会主义的探索紧紧围绕"什么是马克思主义、怎样对待马克思主义""什么是社会主义、怎样建设社会主义""建设什么样的党、怎样建设党""实现什么样的发展、怎样发展"这些重大理论和实际问题得以展开。实践证明，只有中国特色社会主义理论体系第一次比较系统地回答了在中国这样经济文化比较落后的国家如何建设社会主义、如何巩固和发展社会主义的一系列基本问题，用新的思想观点，继承和发展了马克思主义，开拓了马克思主义新境界，把对社会主义的认识提高到新的科学水平。

以毛泽东为代表的中共中央第一代领导集体为中华民族的伟大复兴做出的独创性历史贡献，为新中国的创建和发展做出的独创性历史贡献，为中国特色社会主义道路做出的筚路蓝缕的历史贡献，为中国特色社会主义制度做出的奠基性历史贡献，将永远铭记人心、彪炳史册。

图书在版编目（CIP）数据

毛泽东对新中国的历史贡献：典藏版/李捷著.—北京：社
会科学文献出版社，2015.6（2022.6重印）

ISBN 978 - 7 - 5097 - 7208 - 9

Ⅰ.①毛…　Ⅱ.①李…　Ⅲ.①毛泽东（1893～1976）-
人物研究　②毛泽东思想研究　Ⅳ.①A755 ②A84

中国版本图书馆 CIP 数据核字（2015）第 048055 号

毛泽东对新中国的历史贡献（典藏版）

著　　者/李　捷

出 版 人/王利民
项目统筹/祝得彬
责任编辑/仇　扬　陈　荻
责任印制/王京美

出　　版/社会科学文献出版社·马克思主义出版分社（010）59367004
　　　　　地址：北京市北三环中路甲29号院华龙大厦　邮编：100029
　　　　　网址：www. ssap. com. cn
发　　行/社会科学文献出版社（010）59367028
印　　装/三河市东方印刷有限公司

规　　格/开　本：889mm × 1194mm　1/32
　　　　　印　张：11.75　字　数：265千字
版　　次/2015年6月第1版　2022年6月第3次印刷
书　　号/ISBN 978 - 7 - 5097 - 7208 - 9
定　　价/59.00元

读者服务电话：4008918866